U0522858

学习力就是竞争力

中小学生学习力提升策略

杨娟　张玉梅◎著

图书在版编目（CIP）数据

学习力就是竞争力：中小学生学习力提升策略 / 杨娟，张玉梅著. -- 北京：中信出版社，2025.1.
ISBN 978-7-5217-7079-7
Ⅰ. G632.46；G782
中国国家版本馆CIP数据核字第20247XB553号

学习力就是竞争力——中小学生学习力提升策略
著者：　　杨　娟　张玉梅
出版发行：中信出版集团股份有限公司
　　　　　（北京市朝阳区东三环北路27号嘉铭中心　邮编　100020）
承印者：　河北鹏润印刷有限公司

开本：880mm×1230mm 1/32　印张：10.25　字数：247千字
版次：2025年1月第1版　　　　印次：2025年1月第1次印刷
书号：ISBN 978-7-5217-7079-7
定价：59.00元

版权所有·侵权必究
如有印刷、装订问题，本公司负责调换。
服务热线：400-600-8099
投稿邮箱：author@citicpub.com

目录

前言　v

第 1 章　困惑与误区：为什么让孩子学习这么难？

　　1　孩子为什么不喜欢学习？　　　　　　　　　003
　　2　如何让孩子知道学习是自己的事情？　　　　013
　　3　如何让孩子体验到学习中的掌控感？　　　　023

第 2 章　视角转换：学习是一门科学

　　1　努力就会获得好成绩吗？　　　　　　　　　032
　　2　如何让孩子变得更聪明？　　　　　　　　　041
　　3　如何让孩子学习更好？　　　　　　　　　　048

第 3 章　底层逻辑：让孩子爱学习的三大系统

　　1　学习动力，自主学习的能量来源　　　　　　061
　　2　学习策略，学习效率提升的关键　　　　　　071
　　3　学习习惯，保障学习的长期续航　　　　　　082
　　4　学习三大系统的作用机制　　　　　　　　　088

第 4 章　科学评估：孩子的学习系统怎么样

1　如何发现孩子学习的真正问题？　091
2　如何了解孩子的学习动力水平？　096
3　如何判断孩子的学习方法好不好？　108
4　如何准确评估孩子的学习状态？　114
5　如何评估和优化孩子的学习环境？　126

第 5 章　学习动力：孩子爱学习的原动力

1　学习动力系统不是"出厂标配"　137
2　学习的自驱力可以靠培养　147
3　如何让很聪明但不努力的孩子更努力？　157

第 6 章　学习方法：让孩子爱学习的科学策略

1　科学学习方法之专注力　169
2　科学学习方法之记忆力　178
3　科学学习方法之阅读力　186
4　科学学习方法之反思力　195

第 7 章　学习习惯：让孩子爱学习的关键习惯

1　保持精力旺盛，"躺赢"的基础　205
2　搞定时间管理，学习轻松又高效　214
3　抓住关键节点，孩子主动拿成果　224

第 8 章　家庭教育：给孩子创造爱学习的好环境

  1　读懂孩子才能更好地助力孩子　　252

  2　家庭教育中的管理学原理　　259

第 9 章　资源管理：做好家庭教育的CEO

  1　如何让学校教育效益最大化？　　274

  2　巧用社会公共资源，促进家庭教育　　280

  3　利用有限资源，塑造学习好环境　　286

第 10 章　终身成长：父母的持续自我提升

  1　树立成长意识，为放手做准备　　297

  2　善用思考与感觉，提升家庭教育能力　　303

  3　学会表达，传递爱与支持　　311

前言

今天刚刚送走来北京师范大学参加学习力指导师培训的学员，下一期培训班的报名又满员了。不知不觉，学习力指导师培训已经开展了6年。几十期课程，几千名来自全国各地的学员，他们完成了培训，拿到结业证书，在为千万家庭的子女教育赋能。从一开始只有在校老师参加，到有更多的培训机构老师加入，再到今天，我发现越来越多的家长自发参加这个原本为老师开办的学习力指导师培训班。不得不说，带着让自己的孩子学业发展更好的目标来参加培训的家长，甚至比专业的教育工作者学得更投入，学得更积极。用一位学员的话来说，家长都是带着案例，带着困惑来的，他们想要在学习中找到答案。庆幸的是，几乎每个参加过学习力培训的家长都觉得收获满满，也都感叹，关于指导孩子提高学习力的内容，每个家长都应该学习。

研究影响学生学习的因素，开展学习力指导师培训的念头可以追溯到我在英国留学时期。在英国留学的日子里，我对学习力指导的认知得到了深刻的启发和洗礼。这源自我所目睹的两件极具启发性的事情。一件事情是，我注意到英国大学的数学教育方式与众不同，数学学习不再是以往的公共课形式，而是与各个专业紧密结合，由本专业的老师进行授课。例如，经济学系的数学课程被称为经济数学，它将高等数学的每一个概念和公式与经济学紧密结合。在学习微积分时，学生不仅仅是学习知识点本身，而是将其与边际量、边际收益、边际成本等经济学概念相联系。这种教学方法大大提高了学生学习的兴趣，因为让他们明白学习数学的目的和意义，即解决实际的经济问题，可以提高他们的学习内驱力，此外经济学案例还方便了学生更好地理解抽象的数学模型。这件事情让我意识到学习是有规律可循的，采用正确的学习方法可以事半功倍。另一件事是英国针对中学生提供职业规划咨询。在英国，当学生们对未来专业选择感到迷茫时，他们可以接受一对一的职业规划咨询。咨询师会通过一系列测试和辅导，为学生们提供专业的建议。此外，英国还编写了详尽的职业宝典，介绍各种职业的学历、专业、能力要求以及工作内容、时间和薪资等信息，为中学生提供了清晰的职业指导。这与国内的做法截然不同，为我在教育领域的研究指明了方向。

在后来的研究和教学工作中，我始终追寻着一系列至关重要的问题：如何让孩子们爱上学习，学会学习？如何助力他们在求知的旅程中茁壮成长并收获满满？如何让孩子们锻炼出赢到高考，又赢得人生大考的能力？我在日常的教学实践、深入的教育研究以及与众多家长和学生的密切交流中，深切感悟到父母在孩子的学习进程里扮演着不可替代的关键角色。父母期望孩子的学业获得更好的发展，但又不知道如何做，而我们研究的学习力提升是家长苦苦探索寻求，却不得法的内容。正是这份触动与使命感，驱使我和我的同事张玉梅老师撰写了本书。

在竞争激烈、信息如潮的今天，孩子们面临的学习环境和学习方式不同于往昔，他们被海量的知识与多元的信息重重包围，学习的压力如影随形，困难也接踵而至。与此同时，父母满心期盼着孩子能够学业有成，却常常在保障孩子身心健康和让孩子奋发读书之间徘徊，陷入迷茫与困惑。有的父母过度关注成绩，把希望寄托于课外培训；有的父母则在教育方式上摇摆不定，时而宽松，时而严苛，让孩子无所适从；还有的父母因自身工作繁忙，在孩子的学习陪伴与引导上力不从心。这些现实困境促使我深入思考：该如何通过这本书，给父母们带来思想的启发、知识的充实、技能的指导，让更多的父母能够激发孩子内心深处对学习的热爱，为孩子的学习之路点亮明灯，使其坚定不移地迈入知识的殿堂？

本书以家长常见的困惑开篇，结合案例解答孩子为什么不喜欢学习、如何让孩子变聪明、如何让孩子学习更好等看起来简单却往往让家长陷入误区的问题。针对这些问题，我们在后面的九章中给出了具体的解决方案与家庭指导方法，而这些都是基于我们提出的"BMA学习轮"理论，这个理论是我们团队10余年教学和学生辅导实践所凝结的指导智慧。"BMA学习轮"理论认为，孩子的学习会受到学习策略（Brain）、学习动力（Motivation）、学习习惯（Action）三要素的影响，而这些要素又与学校教育、家庭教育密不可分。

本书既有理论，又有大量真实生动且具代表性的案例，紧紧围绕"让孩子更爱学习"提出了切实可行、富有针对性的家庭教育策略与方法。从如何发现孩子学习的真正问题，到精准评估孩子的学习动力、学习方法以及学习状态，从而实施个性化的教育引导；从巧妙运用科学有效的沟通方式，点燃孩子的学习热情与自信心，到助力孩子提高兴趣、改变思维，于点滴中完成学习动力的驱动；从协助孩子构建科学合理的学习规划与目标，到巧妙化解孩子在学习过程中遭遇的各种挫折与压力……我们试图基于"BMA学习轮"中关于孩子学习动力、学习方法、学习习惯各个维度的指导方法，为各位父母提供一套全面系统、兼具理论深度与实践可操作性的"学习力辅导"家庭指南。

我由衷期望各位父母在阅读本书时，能够深切领悟到家庭教育绝非机械地传授知识，而是一场充满爱与智慧的心灵滋养之旅。每个孩子都是独一无二的，都拥有自身独特的天赋与潜力。父母需要通过自我的学习和成长，敏锐地洞察孩子在学习过程中遇到的困惑与困难，精心呵护孩子的好奇心与探索欲，让孩子在学习中真切感受到关爱、尊重与切实有效的支持。唯有在这种积极健康、充满正能量的家庭氛围与教育环境中，孩子才能欣然接纳学习，将学习内化为一种自觉自愿的行为与习惯，而非被动地承受外界的压力与强制。

同时，我也深知每个家庭都是独一无二的，每个父母都有自己的教育经验和教育困惑，助力孩子的学业发展是一项复杂且长期的系统工程，其间会充满各种挑战与变数。在孩子的学习成长道路上，各位父母或许会遭遇诸多棘手的难题，或许会在某些时刻感到沮丧或无助。但请坚信，父母持续学习与不断探索科学的教育方法，是解决孩子学业发展问题的捷径，也一定能让自己在这充满挑战的家庭教育征程中寻得正确方向，收获满满的喜悦与成就。

在撰写本书的漫长过程中，我得到了众多教育界同人，尤其是广大学习力指导师、家长以及学生的大力支持与无私帮助。他们与我分享了许多宝贵的教育经验与心得体会，这些犹如璀璨明珠的智慧结晶，为本书的创作注入了源源不断的灵感与活力。在此，我谨向他们致以最诚挚、最衷心的感激与敬意。

愿每一个孩子都能在父母充满智慧与爱的陪伴下，开启快乐学习之门，踏上精彩人生之路，绽放出属于自己的绚烂光彩。

杨娟

2024 年 11 月

第 1 章

困惑与误区：为什么让孩子学习这么难？

1
孩子为什么不喜欢学习？

无论是在日常生活中还是在各类媒体上，总能看到很多家长在吐槽自己的孩子不爱学习，为孩子的学习问题感到"头疼"成了很多家长共同的"心病"。

有人说，孩子爱不爱学习是天生的，既有天生爱学习的孩子，也有不爱学习的。

有人说，孩子不爱学习归根结底是家庭教育问题，家长不会管理，习惯没养好。

有人说，孩子不爱学习是因为不知道学习重要，只要他自己知道学习重要，就会好好学习。

把孩子不爱学习的原因简单归结为孩子天性如此、年龄小、贪玩、父母管得少或者某一个习惯是经不起推敲的。在过往的教学和研究工作中，我们看到很多孩子的变化，孩子可以从贪玩变得爱学，可以从逃避学习变成主动学习，可以从沉迷游戏变得对学习"上瘾"。这些变化的背后既有老师的指导，也有家长的努力，变化往往从理解并找到影响孩子学习的因素开始。所以，找到孩子不爱学习的根源，有针对性地引导，方法得当，很多不爱学习的孩子也会发生转变，变得更爱学习。

孩子不是不爱学习，是不爱"学校学习"

孩子真的不爱学习吗？很多家长发现，孩子不喜欢写家庭作业，但喜欢看课外书；不喜欢上物理课，但喜欢看科普纪录片；不喜欢背历史考点，但喜欢听历史名人故事。想用的电子产品，即便没有说明书，孩子也会很投入地研究，并且很快就会用；想玩的游戏，即便没有人指导，孩子也会自己钻研，或者向同学请教，直到掌握玩法。孩子做这些喜欢做的事情的过程都是学习的过程。在现实生活中，遇到生活难题时，孩子都在积极努力地学习，寻找问题的解决办法，最终解决问题。多少家长都感慨：如果孩子能把打游戏的劲头用在做数学题上该有多好！为什么同样是学习知识、掌握技能，孩子对做数学题就没兴趣呢？

这表明，孩子并非不爱学习，而是比起生活中真实的学习，孩子更不喜欢学校的学习，不喜欢语文、数学、英语这样分学科的学习。这是因为，在学校里进行学科学习和在生活中学习本领体验很不同。首先，在学校里学习的学科内容是被高度概括的，例如数学学习，孩子不是自己通过测量知道一个圆形的面积，而是直接学习了圆的面积公式，这个知识点是前人的智慧结晶，但它抽象又枯燥，和真实的生活离得比较远。其次，自进入小学后，大部分孩子学习的时间越来越长，在学校学习，既要遵守学校的纪律，按照课时要求听课，又要完成学校布置的学习任务，体验越来越难的学习内容，这些都会让孩子难以爱上学校学习。最后，通过考试成绩来评价孩子的学习成果，也是让很多孩子不喜欢学校学习的原因。学校会通过考试检验孩子的学习效果，在家庭中，家长也会不由自主地关注每次考试的分数，由此传递出的"学习很重要、分数很重要"的社会观念，无形中给很多孩子带来压力。

一个孩子带着好奇心来到这个世界，原本充满着探索世界的意愿，从咿呀学语、尝试走路，到兴奋地写出"苹果"两个字，学习一直伴随着孩子的成长，学习的喜悦也贯穿其中。在幼儿园和小学低年级的时候，大部分孩子学到新知识都很兴奋，学习是一件让孩子开心的事情。只是，随着学科学习的深入，学习的内容变得更加抽象，并不总是和生活相关，但占据了更多的时间，作业也不再是轻易就能全部做对，加上学习被高度重视，孩子经常能感受到学习带来的压力……在这样的背景下，很多孩子对学习的兴趣逐渐降低。

孩子不爱学习的本质："学习让人痛苦"

家庭教育案例

> 乐乐是小学三年级的学生，进入三年级以后，数学就没考及格过，每天晚上做数学作业要做到半夜，有很多看起来很简单的题目，他也要反复做好几次才能做对，有时候看着一道题愣神，十多分钟都不动笔。为了让乐乐尽快做完数学作业，妈妈每天都陪着他，给他讲解，但经常因为乐乐"不开窍"被气哭。乐乐妈妈说，乐乐的语文还可以，英语也说得很好，打游戏也无师自通，但就是数学不开窍。家长也向数学老师求助过，老师说要培养孩子的数学学习兴趣，慢慢来。可乐乐说自己就是不喜欢学数学，妈妈很发愁，怎么才能让孩子有兴趣学数学，爱上数学学习呢？

很多家长会遇到类似案例中乐乐的情况，孩子对某个学科就是没兴趣，不喜欢，不爱学。当孩子这么说时，潜台词往往就是——这一科我学得好痛苦！孩子不爱学习的表现可能不同，原因也多种多样，不过，往往都有个共同点——学习让他感到"痛苦"，或者说学习带来的"痛苦"大于"快乐"。这个"痛苦"可能是自尊心受挫，可能是缺乏掌控感，可能是受到批评，可能是自卑，也可能是感觉无奈。总之，对不爱学习的孩子来说，学习的过程或结果给他带来的大部分感受都是负面的。

很多家长在听到"学习让孩子感到痛苦"这样的话时，都觉得是不是太夸张了。尤其是很多小学生的家长会认为，小学学的东西很简单，作业也不是特别多，上课稍微认真一些应该都能学会，孩子怎么会感到痛苦呢？

就像案例中的乐乐同学，三年级的数学也就是简单的计算题，能难到什么程度呢？乐乐自己说："数学太难了！如果难的标准是100分，我就觉得数学的难度是10000分。难度爆表！"成年人看起来很简单的三年级数学，对这个孩子来说却好像是"刀山、火海"。成年人看起来简单无比的数学，对于处于小学学习阶段的孩子来说，就是很大的"困难"。

案例中的乐乐在学习数学时遇到了这么大的困难，他要如何战胜呢？他的数学老师会批评他作业写不好，妈妈也会发脾气。老师的批评让他觉得没面子，上课会不舒服；作业不会做，总做错，没有成就感；妈妈发脾气，自己心情也不好。这样看，学数学对这个孩子来说确实没有什么快乐可言，或者说带来的都是不舒服、痛苦的感受。试想一下，如果做一件事时都是痛苦的感受，他能愿意做吗？

如果某个成年人自己做不好工作，天天挨批评，经常被扣工资，家人还总是因为工作的事情唠叨他，那么他十有八九会辞职，换份工作。可是对孩子来说，他不能"辞职"不上学，只能忍着去，学习状态和学习成绩自然会受到影响。

如何让学习数学没那么痛苦，提高数学学习兴趣呢？案例中的乐乐提出了他想要的方式：换个老师，布置的作业容易些；妈妈不要总发脾气，一发脾气，自己就什么都想不起来了。虽然乐乐换老师的需求不容易实现，但从他的需求可以看出，乐乐希望学习的感受更好一些，感觉到的"痛苦"少一些，这样数学学习的体验会更好，他对数学的兴趣就会更高。

爱学习的孩子在学习中都很"快乐"吗？

孩子不爱学习的本质是"学习让人痛苦"，那家长是不是应该让孩子快乐学习呢？辅导作业时，家长可以更科学、更温和，减少孩子的负面情绪；做练习时，孩子可以从简单的开始，逐渐深入，从而有好体验；但学科学习毕竟是越来越难，要提高成绩，很难不经历挫折和艰辛。再看看很多成绩不错的孩子，他们也会遇到难题，也会喊"作业太多了！题目太难了！"，他们真的在学习过程中都一直保持快乐吗？

其实，从小学中高年级开始，尤其是到了初中、高中阶段，学习难度提升，每个孩子都会从学习中感受到或多或少的痛苦，只不过每个孩子的承受能力不同，应对方式不同，最终，即便是同样的难题，每个孩子的感受也不同。

有些孩子觉得做家庭作业枯燥，老师讲的也无趣，但当他从学习中得到的乐趣和收获大于痛苦时，他就会觉得写作业是可以接受的事情，甚至觉得写作业的感觉也不错。在外人看来，这些孩子就表现得更爱学习。就像我们的工作，如果工作内容自己很擅长，个人能力和工作成果得到同事的认可和领导的重视，那这些收获带来的成就感也可以让很多人战胜工作的辛苦。

由此可以看出，要让孩子爱上学习，不仅要减少孩子的"痛苦"感受，还要增加孩子在学习中的收获和快乐。看看那些爱学习的孩子可以从学习中收获哪些快乐，对提高自己孩子的学习兴趣定有帮助。

第一种快乐，是学习本身的快乐。这种快乐源于孩子对这个世界的好奇心和求知欲，是孩子的认知内驱力。有些孩子，确实喜欢学习某一学科，比如特别喜欢数学，觉得数学很有趣，只要让他做数学题他就会很开心，既不用奖励，也不用表扬，孩子自然就可以从学习中获得快乐。这类孩子做对了题目很高兴，做错了也不难过，还会一直钻研，直到弄懂为止。这与孩子喜欢乐高、喜欢看小说是一样的，就是单纯的喜欢。做这件事本身就让他感到快乐，而这份喜欢可以让孩子战胜很多困难。

学习本身带来的快乐，在孩子成长的早期就会表现出来，但这类快乐的保持并不容易。随着学习难度提升，只有极少数孩子在学习中还能保持这种单纯的热爱。并且，几乎没有一个孩子会对所有科目都很感兴趣，能有一两科孩子特别喜欢学，学的过程中自己觉得很有收获，就已经很不错了。此外，如果孩子已经处于中学阶段，对某些学科的兴趣一直不高，那么对于家长来说，通过引导让孩子获得学习这些学科的快乐，从而爱上以前不喜欢的学科并不容易。

第二种快乐是收获的快乐，是每个家庭都可以通过学习让孩子获得的快乐。许多爱学习的孩子并不一定很喜欢某个科目。以一个六年级的女生为例,她妈妈说她从二年级开始学英语,经常哭闹,不想学,有时候会发脾气说"再也不要上英语课了""讨厌英语"。但到了五年级,她的英语学得很不错,甚至成绩一直保持在班级前几名。尤其是英语口语表现优异,她还经常做演讲练习。

这个女生最初对英语并没有太大的兴趣,但为什么可以克服学习的困难,把英语学得很好呢?家长做了关键的几步。在孩子学习早期遇到困难时,家长的做法很有智慧。当孩子哭着说"记不住""不想学"的时候,家长既没有批评孩子,说"想要学习好,就得努力,别人学得好就是因为很努力",也没有单纯同情孩子,安慰孩子"不想学可以不用学";而是看到了孩子的痛苦,与孩子共情,让孩子先感受到家长的支持,与孩子探讨解决方案,并且把英语学习和孩子最想达成的到国外演出的目标结合,提高孩子学好这一科的意愿。

▶ **解决方案**

- **看到孩子的痛苦并共情孩子**
  "学习英语的时候确实有些难,单词记了第二天也会忘掉,妈妈能理解。"
- **探讨解决方案**
  "单词记不住是不是因为一下子记太多了?我们改一下,从每天10个单词改成6个吧!"
- **提高学习意愿**
  "如果有一天你去国外演出获奖了,发表获奖感言要用英语,我们能练好那一段就好。"

对于这个女生来说，刚开始时，学习英语确实痛苦，但妈妈的理解与鼓励、方法的改变，以及目标带来的动力，都减少了学习带来的痛苦。当她努力一段时间后，英语成绩变好了，老师的肯定、同学的敬佩，以及她清楚学好英语可以实现自己到国外演出的目标，都在给她带来更多积极的感受。

孩子从学习中获得的第二种快乐，是把学习与自我提升、获得荣誉、实现自我目标联系在一起。当他感受到学习能带来这些乐趣与收获的时候，即便对这一科没那么感兴趣，学习过程很辛苦，他也仍然可以感到"快乐"大于"痛苦"，自愿投入学习。投入学习后成绩提高了，其实孩子自己都分辨不出来，是因为喜欢才学得好，还是因为学得好才喜欢。

如何让不爱学习的孩子在学习中感到"快乐"？

既然孩子不爱学习的根源是学习让孩子"痛苦"，或者说"痛苦"大于"快乐"，就要想办法让孩子在学习中感受到"快乐"大于"痛苦"。这样，即便孩子有不喜欢的科目，也一样可以爱上学习。

怎么样才能让孩子感受到学习的"快乐"呢？一定不是为了让孩子写作业更开心，就忍着不批评，一味好言相劝；也不是为了让孩子上课更开心，以礼物、玩手机、物质奖励做交换。这么做虽然可以让孩子因为奖赏或礼物感到一次快乐，却并不能让孩子在学习中感受到长久的快乐。想要让孩子战胜学习中的"痛苦"，有三个关键词：责任感、掌控感、价值感。

责任感这个词，很多家长不陌生，简单地说，就是孩子愿意对自己的学习负责，这是每个家长期待的状态。但在实际的家庭教育中，很多家长往往走了弯路，比如有些家长会苦口婆心地给孩子讲"学习多重要，如果学习不好，以后受苦的是你自己"，希望通过这样的劝说让孩子明白学习是他自己的事情，他要对自己的前途负责。实际上，孩子的责任感很少能通过劝说进行培养，更多的是通过家长的行为示范和自己在学习过程中真实地承担责任来培养。例如在小学低年级时，就可以通过让孩子自己整理书包，为第二天的上学做准备来培养孩子的责任意识。刚开始时，孩子可能会出错，不过这个错误也是孩子要承担的部分，家长可以指导，但不能代替孩子去做。孩子正是通过自己的劳动，去体验"这是我的事情"，从而增强责任意识。

除了责任感，很多孩子之所以感到学习痛苦，是因为他说了不算，也就是没有掌控感，从学科学习的内容到进度安排，很多时候孩子只能跟着学校的整体节奏进行，这些孩子还可以接受，更重要的是学习成绩他是无法掌控的。随着年级升高，学习内容难度增加，没有哪个孩子可以说自己一学就会，会了不忘，考试一定能考到自己想要的分数。进入小学高年级以后，大部分孩子在学习中感受到的是不断出现的失败与挫折，这个时候孩子就会觉得学习不受自己控制了，不是自己想学好就能学好的。孩子一旦失去了对学习的掌控，尤其是对成绩的掌控，"痛苦"就会比"快乐"更多。

最后一个关键词是价值感。学习占据着孩子的大部分时间和精力，如果没有好的成绩或成就，孩子就很难感受到自己的价值所在。尤其是在重视教育的社会背景下，无论是老师还是家长，总会不自觉地用学习成绩的好坏来评价孩子，无形中让孩子形成"如果学习不好，就一无是处"的感觉。当孩子有这种感觉的时候，他在学习时的情绪就会受到影响，觉得学习"痛苦"，学不好尤其"痛苦"。

只要孩子在学习中的责任感、掌控感、价值感到位，他就能从学习中体验到乐趣与收获，或者说乐趣和收获大于痛苦，就会更加喜欢学习。如何让孩子对学习更有责任感、掌控感，同时让孩子的价值感得到提升，将在后文一一展开。

2

如何让孩子知道学习是自己的事情?

谁应该对孩子的学习负责?

> **家庭教育案例**
>
> 初一女生小青,小学的时候成绩一直不错,进入初中以后,因为学习科目增多,总觉得时间不够用,成绩忽高忽低,某一科花费的时间多了,成绩就上去了,而另一科成绩就下降了。家长看到这个情况非常着急,为了帮助孩子提高成绩,给孩子报了很多的课外补习班,希望通过补习提升孩子的成绩,但结果是报的课外班越来越多,小青的成绩不但没有提升,反而下降了。而且因为报的课外班比较多,小青疲于应对上课和补习的作业,自己反而更不做学习计划了。小青的妈妈说:"孩子对学习特别不上心,都上初中了,还不知道学习是自己的事情,不知道抓紧时间。"可小青说:"我根本没有自由时间,上课的时间已经被老师安排好了,课后的时间又被爸妈安排好了。"

谁应该对学习的结果负责？这个问题的答案显而易见。

每一个家长都很清楚地知道，受学习成果影响最大的是孩子自己。孩子的学习当然是孩子来负责，学习的结果无论如何也都是由孩子自己来承担。但在家庭教育过程中，很多行为并没有体现出孩子的学习由孩子负责，而恰恰是行为上的偏差导致孩子对学习的责任心下降。

经常会有孩子抱怨："我没有时间需要管理。时间要么用来上课，根据老师的安排去学习；要么被爸妈安排好了，我只能按照他们的安排做。"在这种情况下，孩子即便知道学习是自己的事情，他也没有办法自己安排。在家长看来，孩子好像并没有把学习当成自己的事情。

既然家长知道孩子应该对自己的学习负责，孩子是学习的第一责任人，为什么在实际的教育过程中，家长才反而成了最操心、最关注孩子学习的人呢？有些家长认为，孩子不知道学习对自己的意义以及重要性，同时自我管理能力比较差，只有家长监督到位，孩子才能够完成学习任务。还有些家长认为，学习很辛苦，学习任务比较难，每个孩子都会有畏难情绪，这时就需要家长提醒和监督，不然面对困难时，孩子会停滞不前。

这就相当于在职场中，本应由员工完成自己的工作，承担职责，领导却不断督促。员工在督促中越发觉得工作是领导吩咐的，做多错多，由此变成只要领导不吩咐，就不主动去做。我们在职场中很容易观察到，领导管的事情越具体，员工越没有主动性；若领导参与过多，员工就会逐渐失去对自己工作的责任感。

同理，家长在面对孩子的学习问题时，要特别注意坚持"学习是孩子自己的事情"这一理念。虽然实际操作起来需要技巧和策略，但坚持这个理念本身就对指导孩子很有帮助。有个三年级的孩子，周末两天去其他城市参加比赛,到了周日晚上回到家才想起来自己应该做的作业还没做完。孩子就问妈妈:"能不能跟老师说一下,我去参加比赛了,所以作业没做完。"这位妈妈也觉得孩子周末两天非常辛苦,没完成作业情有可原,但妈妈没有答应孩子,而是跟孩子说:"学习是你自己的事情,你来做决定吧。如果不想做,明天你和老师说一下情况,我也会和老师说的。如果想做,现在开始做应该也来得及。"孩子想了一下,便打开书包开始补作业,虽然比平时完成得晚一些,但还是把作业做完了。为什么这位妈妈既没有劝说孩子赶紧写,也没有拒绝向老师解释,孩子反而自己决定要做完作业呢?关键就在于,这位妈妈让自己抽身于这件事,"你的事情你来决定"。当家长有了这种态度,孩子或许会有些压力,但同时也会开始思考自己该如何处理这件事。

为什么很多孩子好像在为家长学习?

家庭教育案例

家豪是一个二年级的男生,在家里,他的口头禅是"我不给你写作业了"。家豪刚上一年级时,为了鼓励他写作业、背古诗,爷爷奶奶会给他些零花钱,当他不愿意写作业的时候,爷爷奶奶还会提高额度,单独给他一些奖励。家豪爸爸意识到这样奖励不是办法,就制止了爷爷奶奶的做法。结果发现,没有了额外的奖励,孩子就不愿意写作业,虽然爸爸妈妈努力变着花样劝说、引导孩子写作业,但孩子只要不高兴就会用"我不给你写作业了"来"威胁"家长。家豪爸爸很发愁,怎么才能改变孩子对作业的看法呢?

每个家长都期待孩子能够独立完成家庭作业，主动为自己的学习做规划，思考如何让自己的学习成绩变得更好。这不仅仅会让家长省心，也代表着孩子对个人学业发展有责任意识。有些家长为了培养孩子的责任感，会经常向孩子强调"学习是你自己的事情，你要对自己的学习负责"，但效果并不理想。要让孩子意识到并认同"学习是自己的事情"，不仅需要家长通过语言谆谆教导，更需要孩子在成长过程中从家长和学校的教育行为和社会氛围中感受到这一点。所以，当孩子需要家长提要求、坐在旁边监督，连哄带骗才去写作业，甚至到了初中、高中，即便他明白学习很重要，也仍然糊弄作业、逃避学习任务时，我们就需要思考，明明学习的受益人是孩子，为什么他总像在为家长学习？

很多家长都知道，需要从小培养孩子在学习上的责任感，尤其是在小学低年级时期。低年级孩子的责任心发展处于强制性水平，他虽然还不能完全理解学习对自己的意义，但会把老师和家长布置的学习任务看作必须完成的。虽然贪玩的特点让他感到自己受到了约束，有时会有一些抵触情绪，但是他往往会迫于家长和老师的压力被动接受。这一时期就需要家长对孩子的具体学习任务提出约定和要求，并引导孩子独立完成，只在孩子遇到困难和请求帮助的时候给予指导。也就是说，家长只负责提要求、给帮助，但具体学习任务需要孩子独立完成。

家长主动帮助孩子完成具体的学习任务，或者过度关心学习，会降低孩子对学习的关心程度。一个四年级的孩子，因为花粉过敏，有两周的时间总是打喷嚏、流眼泪，很不舒服，吃了药后又犯困。家长看到孩子这么难受，建议孩子向老师说明情况，这几天的家庭作业先不写了，但孩子害怕第二天不交作业给老师留下不好的印象，所以家长主动帮孩子把作业做了,让孩子抄一遍。后来孩子的病好了,时不时还想让家长帮忙做一下自己不想做的作业,若家长拒绝,孩子就很不高兴。无论是出于对老师批评的担心,还是害怕不写作业会跟不上学习进度,孩子想完成家庭作业,都是对学习尽责的体现。家长心疼孩子,用主动帮孩子写作业的方式减轻孩子的负担,的确会让孩子感受到关爱,同时也会让孩子体验到不用完全负责很轻松。这就相当于两个人一起乘火车旅行,其中一个人一直很关心行李有没有放好、贵重物品怎么保管,时不时检查一下,另一个人大概率就不会那么关心了。表面上看,父母的关注是为了引起孩子的重视,但恰恰因为父母过度插手,孩子反而彻底放松下来。在单次的具体学习任务中帮忙、考试前反复叮嘱复习等偶尔对孩子过度关注的行为,对孩子责任心的影响可能不明显,但如果持续时间长,不知不觉形成了家庭教育常态,孩子对自己学习的主动性和责任感就会逐渐下降。

孩子犯错了,家长需要批评。孩子做了好事,家长需要奖励或夸奖。在教育孩子的过程中,奖励和惩罚不当也会让孩子的责任感降低。就像前面提到的案例,爷爷奶奶用物质奖励可以快速解决当天写作业的问题,但持续使用这种方法,孩子对学习的责任感就会逐渐被破坏。

很多父母喜欢用物质奖励来鼓励孩子,并且特别喜欢在孩子考试成绩好的时候奖励,有时在考试前就设置了考多少分奖励什么礼物的规则。这种奖励单次或者短期内会有明显的效果,尤其是对于小学中低年级的孩子,但用外在物质奖励带来的学习动力是短暂的,甚至对内部动力是有破坏性的。

例如孩子很喜欢数学,数学考高分本身就会让孩子很开心,但因为高分给孩子一笔奖金，或者奖励一个孩子很想要的手机，数学考高分带来的愉悦就会被手机带来的开心掩盖。多次以后，孩子要的奖励会越来越多，可能有些家长不愿意，或者不能满足，这时不给孩子他想要的物质奖励，孩子的积极性就会下降，学习本身带来的愉悦感没有了，孩子的责任感也会被破坏。

另外，因为害怕孩子犯错，提前帮助孩子规避错误，也会降低孩子的责任感。以小学阶段的孩子为例，他写作业时难免会有一些小的错误，但是家长害怕孩子写错，总想提醒。例如，在孩子还没有犯错的时候，提醒孩子这道题要注意什么，反复叮嘱要认真、要仔细，或者在孩子出现错误的时候，立刻帮孩子指出来。家长的这些提醒虽然会提高效率，可以让孩子尽可能地避免犯错，但缺少了思考，尤其是犯错后的思考过程，孩子就难以体验犯错给自己带来的后果。而思考过程也是责任心培养的重要环节。在孩子的成长过程中，犯错不可避免，如果要犯错，最好早犯错。小学阶段，孩子在学习中犯的错误往往很小，错误带来的后果也是孩子可以承受的。让孩子练习自己承担后果，孩子才会从中思考如何对自己的行为负责。

"孩子好像在为家长学习"这个现象的背后，是孩子的责任心培养问题，而家长对孩子的学习过度关注，奖惩方式不恰当，以及害怕孩子犯错，不让孩子犯错，都有可能削弱孩子的责任意识。随着年龄增长，孩子的责任意识会有所增强，他开始理解责任的意义。如果家长把孩子当作独立的个体，跳出具体的学习任务，通过沟通引导、行为示范，在他遇到困难时提供帮助，让孩子尝试自己做主，培养孩子的自理能力，孩子就会愿意主动对自己负责，对学习的责任心也会慢慢被培养起来。

让孩子对学习感到焦虑不等于激发孩子的责任心

让孩子学习好几乎是每个家长的期待,而参与孩子的学习是为了达成这个目标所采取的行动。其实大部分家长都清楚地知道,自己过度参与孩子的学习,会降低孩子的自主性和责任感。可若不参与孩子的学习,家长又难以放心。作为过来人,家长更清楚学习对个人未来发展的影响,也更明白孩子处在知识积累、能力提升的关键期,所以愿意通过自己的努力,让孩子少走弯路,提高效率,学到本领。这背后既有积极的期待,也有焦虑的传递。

看到孩子没有努力学习,家长有时会试图用"未来竞争激烈,如果不好好学习,就没有好工作,无法养活自己"这样的表述来激发孩子的责任心和进取心。这也是家长在鼓励孩子通过努力学习提高未来的竞争力,可往往并不奏效。有的家长认为,让孩子感受到压力,有危机意识,孩子会因为担忧而努力。但从孩子的角度来看,他感受到的焦虑远大于鼓励。这些压力并非来源于真实的生活,而是父母的劝说。例如,考试后,孩子发现有一道题只有自己错了,别的同学都答对了,他就会有直接的压力,思考"为什么只有我一个人错了";而无论家长如何表达,言语中关于未来竞争的描述,对孩子来说都是"二手"的压力。有一个初二男生,成绩不太理想,他觉得自己以后反正可以做游戏主播,成绩不好也没关系。孩子的爸爸经常跟孩子说:"当游戏主播也需要好好学习,大学生当游戏主播也比高中生当游戏主播做得好。如果不好好学习,即便当游戏主播,你也不够资格。"孩子每次听到爸爸这么说,都很不耐烦,觉得爸爸危言耸听,有那么多做得很好的游戏主播,自己做也不会差。后来,爸爸找机会让孩子体验了两个月游戏主播的工作。事后,孩子自己说，做游戏主播太难了，一点意思都没有，也挣不到钱。这就是父母传递的信息和自己真实感受的不同。

有的家长可能会担心，毕竟有些现实情况孩子当下没有办法去体验，例如真实的职场竞争。难道要让孩子到时候真实体验后再来后悔吗？正是因为这份担心，有的家长才会提前告诉孩子职场竞争激烈。但大量的实验研究和调查发现，告诉孩子竞争激烈，对持续提高孩子的学习动力作用有限。更多的数据显示，过度表达未来竞争激烈反而会破坏孩子的积极性。这就相当于，在工作中领导总是说，如果你做不好，完不成业绩，就会被惩罚、降级、扣工资、扣奖金，甚至被开除。这样能够让人愿意更努力地工作吗？可能答案不言自明。孩子并不能完全理解当下不努力学习，对自己未来的生活有多大影响。尤其是进入青春期的孩子，批判性思维的发展使他很容易辨别出父母的表达漏洞与逻辑不合理的地方。家长作为过来人，亲身体验、感受过学习对于个人发展的重要性，才会有如此深刻的体会。对社会经历尚浅的孩子来说，无论家长怎么表达，他都难以像家长那样理解学习与未来发展的关联性，也很难认同"当下若不努力学习，未来一定很糟糕"的观点。

拿"学不好就没有好前途"跟孩子讲道理起到的积极作用很有限，反而会增加孩子对未来的担忧以及学习的焦虑，从而破坏孩子当下的学习状态。相反，用"学习不一定能改变命运，但学好会让生活更加美好"的理念引导孩子，却真的能够让孩子学习更积极。当孩子认同当下的学习投入和未来的美好生活息息相关时，孩子才会更加愿意承担起学习的责任。

孩子知道学习重要就会更努力学习吗？

也有家长反馈，孩子知道学习很重要，也说要好好学习，但是并没有采取非常积极的行动。孩子知道了学习重要，会比不知道时更努力；孩子认同了学习重要，会比只是知道学习重要时更努力。从知道到认同，再到努力学习，这中间有着两道鸿沟。

第一道鸿沟是从知道到认同。随着年龄增长，很多初高中阶段的孩子，很清楚学习对于他们来说很重要。哪怕他们可能暂时还没有真实感受，但家长、老师经常强调，同时家长对孩子学习的重视和时间、金钱、精力上的投入，都会让孩子无形中感知到学习确实是非常重要的事情。一个初二的孩子说："学习对我来说是'不明觉重'。我也不明白为什么，可总觉得学习很重要，至于为何重要从来没有人给我讲清楚过。"孩子知道学习重要并不等于他认同学习重要。进入青春期的孩子，心中多多少少都会有疑惑，学习真的那么重要吗？学习真的事关未来发展吗？这些困惑和批判性思维的发展有关，也和孩子接触到的真实社会的信息有关。即便孩子知道了学习重要，也仍然会有很多困惑，以及很多关于学习的不同观点和想法。

引导孩子从知道学习重要到认同这一点，对很多家长来说并不容易，因为孩子对学习的认同感靠社会、学校、家庭等因素的共同作用。作为家长，最重要的是在日常生活中通过言行对孩子引导教育。例如，有位家长一边对孩子说学习很重要、学历很重要，一边又向孩子表达自己对某个学习不好却挣了很多钱的校友的羡慕。这时，孩子有了疑问："如果我学习不好，但能挣很多钱，不是也可以吗？"这位家长用"你能挣很多钱当然好，但你学习都学不好，挣钱估计也挣不到"回答了孩子，孩子的困惑没有得到解决，他反而会更认同"挣钱比学习重要"的理念。面对同样的情况，另一位家长的处理方式就更有助于孩子认同学习的重要性。这位家长也向孩子表达了自己的羡慕，羡慕没有上大学但挣了很多钱的校友，同时向孩子说明这位校友的真实情况，以及在做生意过程中的机遇与艰难、学习和努力，还与孩子探讨这位校友挣到这么多钱和他的哪些能力有关，他会不会因为没有上过大学而觉得遗憾。这位家长，既表达了对挣很多钱的认同，又通过探讨引导孩子理解"挣很多钱的背后有机遇、有学习、有艰辛"。在家庭中，家长的言行无时无刻不在影响孩子，单次效果可能有限，但持续产生的影响，就是让孩子从知道到认同的关键。

孩子从认同学习重要到落实在具体的学习行为上，中间有着第二道鸿沟。很多孩子在沟通中表示认同学习重要，在学习的过程中也有一定的责任感，理解当下的学习对自己未来发展的重要性。但是我们会发现，他们在学习上并没有表现出足够的责任心，或者高度投入。这个时候家长首先要理解，"懂得道理不代表能做到"，即便孩子懂得学习重要，也不意味着他一定能够更努力，学得更好。因为学习的复杂性，仅仅有责任感并不能解决学习过程中的所有问题，责任感只是让孩子更清楚地意识到学习是自己的事情，自己要承担学习的后果。但是孩子有时候会觉得自己难以掌控学习，付出的努力和学习的结果也不一定成正比。责任感让孩子学习更主动，但在学习中遇到困难，尤其是付出和收获不成正比时，孩子会信心不足。所以当一个很想学好的孩子表现得不够努力时，家长最好不要再批评他责任感不足，而应更加关注他的学习策略和对学习的掌控感。

3

如何让孩子体验到学习中的掌控感？

可以想考多少分就考多少分吗？

家庭教育案例

初三女生玲玲成绩一直很好，父母的期待是她能够考入重点高中，但到了初三下学期，玲玲的成绩开始出现波动，时而高时而低。父母非常着急，对孩子要求比较严格，每次模拟考试、测验考试后，都要拿着试卷和她一起分析，"这个分数不应该丢""这道题应该拿到高分"。玲玲的父母每次都很认真地帮助她分析试卷，指导她制订下一阶段的学习计划，但玲玲的成绩一直没有达到父母期待的水平。最近的一次模拟考试，当妈妈又在说玲玲应该可以考得更好时，玲玲一下子就情绪崩溃了，向父母大喊："考试是我想考多少分就可以考到多少分的吗！"

俗话说："考考考，老师的法宝。分分分，学生的命根。"考试是一种评价手段，在一定程度上能够反映孩子的学习情况。但不是孩子想考多少分就可以考多少分的，考试的分数受很多因素影响，例如知识掌握的情况、考试题目的难易程度、临场发挥的水平、外界因素等。家长希望孩子考出理想的分数，往往并不能轻松地如愿以偿。

正因为考试成绩不完全受孩子控制，所以，当家长批评孩子考试成绩不理想时，孩子心中总会有莫名的委屈和无法言说的自责。大多数孩子会觉得自己考得不理想与努力不够有关，但也会有一种"我也没办法"的感受。这种感受的背后，就是对学习的掌控感降低。

总用考试成绩衡量会降低孩子对学习的掌控感

基于现有的升学路径，人们往往会用考试结果评价一个孩子是否成功。平时学习成绩好的孩子，如果高考结果不理想，也可能会被认为是失败的。在学校里，有些老师甚至会说："如果你成绩像某某同学那么好，你就可以不交作业。"家长也会和孩子说："如果你每次都考第一名，那么你做什么我都不管你。"这使得很多孩子认为，无论自己做什么，只要考得不够好，就都是错误的；无论自己做什么，只要成绩好，就都是正确的。这个理念给孩子的学习带来的负面影响比我们想象的更大。

在成长过程中，如果社会、学校、家庭，都在用考试成绩来评价一个孩子，孩子就会认为考试成绩代表着重大的成就。当成绩不够理想时，孩子就会感受到巨大的挫折和失败。很多孩子正是因为对考试结果太重视,所以在考试失利时有遭受巨大打击的感受,甚至一蹶不振,放弃努力。有些孩子还会因为考试成绩不理想而认为自己是一个失败者,甚至采取极端的行动。

即使孩子没有因为考试失利自暴自弃,过于重视考试成绩或者单独用考试成绩作为评价标准依然会给很多孩子带来很多负面影响。其中一个比较常见的影响是会让孩子更喜欢找捷径。当孩子把更多的注意力放在考试成绩上时,他会更加期待有"学习秘诀"和"考试技巧",即所谓的捷径(用很少的努力获得更好的成绩)。在一项针对初中生的调查中,绝大多数学生会觉得比起通过努力获得好成绩的学生,不够努力但是能取得好成绩的学生更"牛"。对大部分孩子来说,学习并没有捷径,不经过艰苦的努力,不经过长时间的学习训练,是很难取得好成绩的。面对持久枯燥的学习时,期待有捷径的孩子会觉得投入很多,回报太少,抱怨自己的努力没有结果,从而更容易对学习有负面情绪,甚至对自己的学习能力感到失望。

另一个负面影响是降低孩子在具体学习任务上的投入程度。有的家长过分关注、强调成绩,会变相忽视对学习过程的管理,或者对学习过程做出不恰当的评价。例如,孩子考试成绩好的时候会原谅孩子不完成作业,对孩子考试成绩不满意的时候,即便孩子付出了很多努力,也仍然不愿意对其付出进行肯定和奖励。这时,孩子也会更希望通过成绩来证明自己。家长们相信,孩子做好了每一步,结果自然不会差,但在实际的学习过程中,影响考试成绩的因素是多元的、复杂的,更是不可控的。人的注意力有限,当过度关注结果的时候,过程有时反而会被忽视。就像一位家长描述的那样:"我儿子其实也很想考好,但他只是想,我也没看到他为了考好努力学习。"

孩子之所以有"想考好,却并不行动"的表现,就是因为学习的过程没有被重视和强化,或者说对成绩的关注比过程更多。想要孩子"不管结果如何,都持续努力",家长就需要弱化对考试成绩的重视,提高对学习过程的重视程度。例如,孩子考了好成绩,家长要夸奖孩子的努力和投入;孩子的成绩不理想,家长要看到影响因素的复杂性,看到孩子最近在努力学习,即便如此也要夸奖。当家长越来越关注学习过程,孩子的注意力也会转向可把控的学习过程。

只要孩子努力学,考得怎么样并不重要?

如果家长只要求孩子努力学,并告诉他考得怎么样并不重要,孩子就会更加努力学习吗?首先,家长难以做到。很多家长都向孩子提出过这样的要求:"只要你尽力去学,考得怎么样我都可以接受。"孩子却反馈说:"怎么样才代表我尽力了呢?我妈永远认为我没有尽力。"尽力去学是一个无法量化的规则,没有评判标准。一个初二的孩子,写作业非常慢,拖拖沓沓,别人在晚上十点前能写完作业,他要写到十一点半。有意思的是,作业多,他十一点半写完;作业少,他也是十一点半写完。问他为什么写得这么慢时,孩子给出的答案是:"如果我早早写完了,我妈就会认为我还有精力学习,还会布置额外的作业。所以我只有把时间耗到十一点半,我妈才觉得我已经尽力了,然后放过我。"

假设有两个选择,一个是"孩子很努力,但是考试成绩并不理想",另一个是"孩子不怎么努力,但是每次考试成绩挺不错",你会选哪一个?其实没有正确答案。我们一般不会选择第一个,因为让孩子辛苦不是我们的目的,孩子获得更好的学业发展才是目标,所以，认可"只要孩子努力学，成绩不重要"这一点并不容易做到。

提高对孩子日常学习行为的关注，避免用分数高低评估孩子也许是更优解。平时孩子若努力学习，考试结果一般也会比较理想。努力学习和考试成绩之间是有关联的，虽然努力了也不一定得到期待的分数。当家长和孩子都没有办法掌控学习成绩的时候，家长能够掌控的其实只有孩子平时的学习过程。

用"看结果，管过程"提高孩子对学习的掌控感

孩子进入中学以后，学习难度增加，几乎都会经历成绩的波动，很少有孩子的学习成绩是持续提高的。大部分孩子都会遇到努力学习但考试成绩不理想的情况。这种情况下，孩子会觉得自己无法控制考试成绩，对学习的掌控感下降，学习的痛苦大于快乐。如果这时家长仍只关注结果，孩子就会觉得家长不够理解自己，不够支持自己。

想要提高孩子对学习的掌控感，让孩子觉得自己的努力可以获得回报，就需要训练孩子掌控学习过程的能力，而不是掌控学习结果。当孩子对学习感到无奈，认为自己没有办法改进的时候，家长可以使用"看结果，管过程"的方式来提高孩子在学习过程中的掌控感。

"看结果"指的是适度关注考试成绩，但不以考试的结果来评判孩子的努力程度。平时孩子是否努力认真，家长是可以看到的。成绩是否理想，可能受孩子是否足够努力影响。面对孩子成绩不理想的情况，有些家长有时会抓住机会教育孩子："你努力了，为什么还没有考好？"单纯用成绩去评价孩子的努力，是在单纯评价孩子的

过去，对下一步行动的指导意义并不大。所以，"看结果"时要明确，成绩无论好坏，都是对过去的总结，代表当下的水平，以及接下来学习的起点。调整态度后，指导孩子的思路就会发生变化。

"管过程"指的是对孩子的学习过程要更关心、更关注。家长向孩子提出学习要求的时候表达往往很笼统，比如"你要努力""你要加油""你要用功"。这类要求虽然代表着家长的期待，但大部分孩子并不知道做到什么程度才符合家长期待的"努力"。孩子无法从中体会到对自己学习的掌控。管好过程，就是当孩子说"好的，我下次努力"的时候，要和孩子探讨准备怎么努力、做哪些事情，让孩子思考具体的行动。这意味着孩子要做接下来的学习计划，可能是每天背二十个单词，也可能是多做一些数学练习或者是向老师寻求帮助。

这种探讨才有助于孩子落实学习计划。让孩子思考具体行动，不是批评他考得不好并做出的惩罚，而是为了提高孩子对学习的掌控感采取的行动。只要孩子采取具体行动，例如按计划认真背诵单词，即便下次考试的成绩还不是特别理想，家长仍然要肯定和赞扬孩子在学习过程中的付出。当家长把注意力从单纯"看结果"转向同时"管过程"以后，就会发现孩子的注意力也转向了学习过程。很多家长和孩子都会表达同样的心愿——"只要平时尽力，考什么样的结果都可以接受"。提高对学习过程的掌控感，就是面对考试时孩子和家长都可以心安的最好方式，也是增强孩子学习中正向感受的主要方式。

学习中，总有很多事情是家长和孩子都无法控制的。对于缺乏掌控感的孩子来说，在微小学习任务的完成中，不断提高对学习的掌控感，会更容易体验到学习的"快乐"。

第 2 章

视角转换：学习是一门科学

20世纪90年代初,美国科学界首先提出学习科学（Learning Sciences）概念。学习科学是一个研究教与学的跨学科领域,涉及教育学、心理学、社会学、脑科学、认知科学、信息科学、生物医学等众多研究领域,主要研究"人究竟是如何学习的,怎样才能有效地促进学习"。伴随着科学技术的进步,学习科学正在成为推动教育教学改革的核心理念和强大力量,为教育改革提供科学支撑。学习科学现已颠覆性地改变了欧美发达国家的学校教育和传统课堂。至今,发达国家基于学习科学对教育系统进行的改革仍在持续,并且在很大程度上以服务国家科学和创新经济发展为最高目标。

在学术界,虽然研究人员在从不同的角度界定和探究学习科学研究的广度和深度,但在"学习是一个系统工程,学习的背后是科学"这一基础认识上已经高度统一。在具体的学校教学和广大的家庭教育中,"教育需要使用科学的方法"等理念已经被普遍认可。虽然如此,但具体到一个家庭,具体到一个孩子的教育,对学习的基本认识仍然存在"不科学"之处。

1

努力就会获得好成绩吗？

小问题：为什么有的同学成绩很优秀？

让学生回答"为什么有的同学成绩很优秀"这个问题时，我们会发现大家的答案高度一致，一般离不开聪明、努力、会学习、爱学习之类的。当被问到"为什么有的同学成绩不理想"的时候，答案就变得丰富多了，而且非常引人深思。很多家长会说，孩子成绩之所以不好，是因为没有足够的努力；还有家长会觉得成绩不好是智力因素导致的，有些孩子天生不是学习的料；也有部分家长会觉得成绩不好的原因是不喜欢学习，不会学习，没有找到好方法。如果让孩子来回答，许多家长或者老师第一时间想不到的因素，都会是孩子认为的成绩不好的原因，比如，自己的同学本来学习很好，后来他爸妈离婚了，他学习就变不好了；某个同学从小学到初中都上非常好的学校，不过成绩也不好，可能因为学校太好了，他根本跟不上。如果让孩子们把影响学习的各种因素列出来，就会发现这是一个长长的表单（见表2-1），在上万名初高中孩子的回答中，有几十个因素是常常出现的。这些因素里，有的是孩子用一句话做的描述，有的是指向了心理学、教育学的专有名词，有的是一种现状，有的是孩子的直观感受。

表 2-1 调查中常常出现的影响学习成绩的因素

序号	因素	序号	因素
1	不聪明	24	不了解未来的发展目标
2	时间投入不足	25	父母约束矛盾
3	时间利用效率不高	26	基础差
4	作业完成情况不佳	27	家庭经济情况
5	练习不足	28	家庭学习氛围差
6	缺少课外补习	29	健康状态
7	课外补习效果不佳	30	抗挫折能力弱
8	课上专注程度不高	31	考试焦虑
9	课上接受效果不好	32	没有目标
10	不喜欢授课老师	33	缺乏创造力
11	授课老师风格不适合	34	缺乏深入思考
12	缺乏应试技巧	35	缺乏体育锻炼
13	学习任务太重	36	缺少鼓励与夸奖
14	学习的方法不对	37	生理因素（遗精、例假、自慰等）
15	练习内容不适合	38	手机
16	自我调节能力弱	39	拖延症
17	没有自信	40	网络游戏
18	自学能力弱	41	学习动力不强
19	睡懒觉	42	学校学习氛围差
20	白日梦	43	他人期望过高
21	恋爱	44	自控力弱
22	暗恋	45	身边同学的学习表现
23	被追求	46	记忆力不佳

无论是孩子的回答还是家长的答案,我们都不难从中看出,成绩好的孩子身上展现出相似的特征,而对于每一个在学习上遇到困难的孩子来说,影响他学习的因素可能各不相同。努力就会获得好成绩吗?这个问题的答案显而易见。大部分家长都会冷静地思考,然后回答说"不一定"。作为成年人的家长其实很清楚,想要获得好成绩需要努力,但是影响学习的因素很多。即便如此,当自己的孩子遇到学习问题、成绩不够理想的时候,家长的第一反应也还是"孩子学习不努力",甚至会质问孩子:"如果努力了,你不可能是这个成绩!"在孩子听来,其实这句话就等同于"你没有好成绩,就代表着你不努力"。家长脱口而出的这句话,导致很多孩子拒绝进行学习方面的沟通。家长强硬的态度、"无懈可击"的表达,让很多孩子不知道该如何向父母求助,并解决自己在学习过程中遇到的困难。因为这句话恰恰代表着,家长看不到影响学习的其他因素,把学习上的一切问题归结为"是否努力"。

也许有些家长内心会有"不努力怎么能提高成绩"这样的坚持和疑问。确实,无论怎么克服影响孩子学习的因素,最终都需要孩子在学习上投入,才能令学习成绩得到提升。可是这里有一个先后顺序的问题:成绩不理想需要努力,那么孩子不努力,需要做什么呢?需要找到阻碍他努力的因素。很多时候,孩子之所以不努力学习,正是因为有些因素影响了他的努力,让他难以努力。

看到不努力的真相

>> 家庭教育案例

初一女生翠翠无意中看到了爸爸的微信聊天内容,她觉得爸爸出轨了,但不知道该怎么处理这件事,没有和任何人说,但又总想起这件事。她藏着这个秘密,在家里和爸妈的关系变得"奇怪"起来,总会和爸爸莫名其妙地冷战,拒绝和爸爸沟通,对妈妈却是经常发脾气。妈妈指导她学习的时候,她会突然很烦躁,时不时和妈妈冲突,说:"你管好你自己,不要管我。"翠翠有时候会觉得很烦躁,不想学习,甚至很多次家庭作业都没有做。在学校里,翠翠也会想起这件事,上课时走神好长时间,影响了听课。这样的状态持续一段时间后,她的学习成绩明显下降了。看到成绩下降,翠翠很难过,但她也不知道该怎么办。

在这个案例中,翠翠的妈妈并不知道孩子心中的秘密。小学时,妈妈经常陪翠翠写作业,指导她学习,她都会认真地去做,按照妈妈的要求准时完成作业,成绩也不错;在妈妈看来,她很听话,也努力学习。当她有了这个小秘密以后,对妈妈的态度和学习的态度都发生了改变,妈妈看到的是她学习不够努力,成绩下降了,没有以前听话了。翠翠不想让成绩下降,确实应该努力地学习,这样才能让学习成绩再次得到提升。这些努力包括按时完成家庭作业,上课的时候认真地听讲。不过试想:心中藏着这样一个小秘密的孩子,能不能做到不去想它,当作无事发生,只专注于自己当下的学习呢?无论是青春期的孩子还是成年人,都很难做到。

有类似"小秘密"的学生是少数,更多的孩子是因为在学校和同学之间存在冲突与矛盾，在写家庭作业之前听到了家长的催促与唠叨，考完试后被家长或者老师批评，甚至看到让自己不舒服的社会新闻，引发困惑和复杂的情绪，从而影响了在学习上的专注和投入，以及在学习过程中的行为表现——看起来好像没有努力学习。

孩子不努力的背后，既有个体内在的原因，也有外部因素的影响；既有深刻长久的因素，例如孩子对学习价值的认识，也有情绪带来的即时影响。如果把孩子努力学习看成向前奔跑，那这些影响就像是绑在孩子腿上的沙袋，跑道上绊脚的石子，不合脚的鞋子。任何一个影响，都会导致孩子跑得没有那么快，没有那么好。

理解和认同"孩子不努力有复杂的原因"这一点，是科学指导孩子学习的前提。有一位初三学生的妈妈，看到儿子面对中考"不慌不忙"，很是着急。以往她会不断催促，甚至给孩子安排具体的学习任务，反而越催越慢。理解了孩子不努力有复杂的原因这一点后，这位妈妈做了一张小卡片，上面写着"我认为孩子没有努力学习是因为以下三点：……"。每当想催促孩子时，她就先尝试写下三个影响孩子努力的原因，然后再和孩子沟通。在面临中考这样重大的考试的时候，孩子只要没有在学习，她就会感到焦虑，担心孩子耽误时间，落后于他人。这些小卡片提醒她思考：孩子是真的不努力吗？哪些原因让孩子不努力？这样，她就能够更加理解学习过程的复杂性，以及努力与成绩之间的关系，从只会焦虑和催促变得更加理解和心疼孩子。父母的理解本身就是一种力量，孩子感受到父母的理解时，会更愿意"回报"这种理解。这位妈妈没有更多地唠叨和督促，孩子反而在学习中更投入。

为什么家长总盯着孩子努力不努力呢？

努力背后的复杂性并不难理解，大部分家长也知道"努力"并不是孩子想做就可以做到的。落实到具体的学习过程中，家长却下意识地盯着孩子努力不努力，即便很清楚努力了也不一定有好成绩，也仍会把努力不努力放在首位。有人说，家长这么做会减少孩子的学习动力，破坏孩子的学习兴趣。好像家长督促孩子努力，反而成了孩子学习成绩不理想的"罪魁祸首"。其实家长盯着孩子是否努力并没有错，因为努力确实是学业进步的基础，也是孩子成绩提升的直接原因。

有一位妈妈，在孩子三年级的时候开始给他安排奥数（奥林匹克数学）课程，可孩子并不喜欢学习奥数，但妈妈一直让孩子坚持学习。她知道即便孩子学了奥数，也不一定能考出优异的成绩，进入她为孩子规划的顶尖初中，但她给出的理由是——如果不努力就一点希望都没有，努力了还会有一点希望，就算没达到目标也认了。与其说家长认为努力就会得到好成绩，不如说家长清楚不努力一定没有好成绩，甚至没有机会。

很多家长不是教育专家、专业研究人员，也不是老师、教育工作者。作为接受过多年教育、体验过学习过程、积累了大量教育与学习经验的成年人，他们认为，如果没有更好的教育方法，最朴素、最直接的方法就是努力，因为努力离好成绩最近。经验告诉我们，努力通常会有好结果，如果没有好结果，努力过也是可以接受的。让孩子努力的背后，往往还有着家长无法为孩子提供更好教育资源的无奈。让孩子努力，是广大普通家庭能用的教育"武器"中的撒手锏，所以盯着孩子努力不努力本身并没有问题，也应该盯着孩子。

不过，如何让孩子努力才是家长需要思考和学习的方向。

家长做什么，孩子会更努力？

让孩子努力学习没有错，某些家长被批评逼着孩子学习，受批评的也不是让孩子努力的意愿和需求，而是逼孩子努力的方法。思考"家长做什么，孩子会更努力"才是更现实、更有效的行动。

评估孩子的努力程度。想让孩子更努力学习之前，家长可以默默地为孩子的努力程度打一个客观的分值，不与其他的孩子相比，只评估自己孩子的努力程度。如果满分是 10 分，你会给自己孩子打几分？很多家长会给自己的孩子打六七分，认为自己的孩子不是完全不努力，只是不够尽力，希望孩子能够十分努力。这里需要澄清的是十分努力意味着什么——意味着孩子把所有的精力和时间都用在学习上，意味着孩子不关注学习以外的事情。冷静思考一下，这样真的对孩子的发展有帮助吗？这样的话，他在生活常识、实践体验等方面可能就会存在短板；而这些短板，会在学校教育之外的生活中，特别是孩子进入职场后，阻碍孩子的全面发展。所以，当一个家长可以给自己孩子的努力程度打七八分时，这一般意味着孩子已经足够努力，家庭教育的重心将不再是督促孩子更加努力，而是调整孩子的学习习惯，优化孩子的学习方法，提高学科学习的效率。

只盯着孩子投入的学习时间，会让孩子更容易陷入"假努力"。孩子为了让家长满意，在学科学习上花更多的时间，减少玩的时间——看起来投入的时间很长，学习却很低效。我们在对近 1000 名初三学生的调查中发现，在中考备考过程中，超过 70% 的孩子即便不学习也会坐在书桌前，装作在学习，以减少家长的督促与唠叨。在一项针对数学学科补习的观察实验中，观察人员通过跟班观察发现，补习课堂上，超过50%的初中生会采用发呆、睡觉、做其他学科作业、讨论无关问题等方式打发时间；事后的访谈还发现，这些孩子中只有少部分跟家长提过退出补习班，大部分并不会要求退出。家长期待孩子更努力，而孩子也总会不自觉地朝着家长期待的方向发展。如果家长期待的"努力"是用学习时间来衡量，孩子就会表现为"努力"花费时间在学习上。这就是为什么很多孩子明明花费了很多时间学习，成绩却不理想。

真心称赞孩子的"用心学习"。 要想减少孩子的"假努力"，让孩子的努力真正起作用，就不仅仅要关注孩子的学习时间，更要多关注孩子在学习过程中的自觉性、主动性，以及解决问题的意愿和行为。当孩子投入学习时，哪怕没有好成绩，也要夸奖孩子的努力。当孩子越来越多地感受到，比起自己考多少分，父母更在意自己是不是认真学习，有没有应付学习的时候，孩子会更清楚家长不能容忍自己的"假学习"，这样就会在学习过程中朝着家长期待的踏实认真的方向改变。很多家长会困惑："我在乎的就是他平时好好学，考出什么结果我都可以接受，但他就是不好好学。要是好好学，就不会是这个成绩了。"其实，说出这话的时候，家长已经在用成绩来评判孩子了——因为看到孩子成绩不理想，所以推断出他没有好好学。试想一下，如果孩子考出了家长期待的成绩和名次，家长还会想办法调整孩子的学习习惯吗？如果答案是否定的，那么家长其实还是在用成绩做评价。虽然升学是靠成绩选拔，学校也用考试检验学习成果——这些都是用结果来评价，但作为家长，如果想要提升孩子的学习结果，需要更关注学习过程，用学习过程做评价。成绩对于家长和孩子来说都不可控，可控的是孩子的学习过程。关键是把过程和成绩分开，管孩子的学习过程，因为成绩管不住。无论孩子成绩如何，指导孩子的时候，家长都要关注孩子的学习态度，肯定孩子的努力和时间投入。

2

如何让孩子变得更聪明？

当孩子还是婴儿的时候，很多家长会发现自家孩子非常聪明。尤其是在进入学校学习前，孩子学东西很快，几天不见，往往会又学到一些新本领，经常让父母感到惊喜。孩子进入学校学习后，尤其是到了小学高年级或者中学的时候，很多家长觉得孩子进步缓慢，非常普通，在辅导作业时甚至会感觉孩子不开窍、很笨。常常有家长感慨：孩子两岁时，觉得他是人中龙凤，聪慧过人，是考清华北大的苗子，而他上了学后，逐渐觉得能考上大学就不错了。这是因为家长没有好好培养，所以孩子变笨了吗？这个问题，很多家长一定思考过，甚至有的家长还会懊恼，感觉自己没有发掘孩子的天赋，错过了教育的关键期，耽误了孩子。

很多聪明的孩子被家长"耽误"了？

绝大多数情况下，孩子没有变笨，爸妈也没有耽误一个天才。

为什么孩子看起来没那么聪明了？一方面是因为面对新生命时的爱与期待会放大孩子的优点，即便是取得小小的进步也会令父母惊喜，例如学会分辨不同的颜色，能背一首古诗，记住了父母的手机号码。随着孩子年龄增长，家长的期待发生了改变，从期待孩子能够更快更好地掌握基本的生活技能，到期待孩子在学习上取得进步。孩子在小的时候学习的基本是直接经验，是生存本领，例如走路、吃饭；而在学校学习的是发展的本领，例如文化知识，而这种本领的增长会更复杂、更困难。另一方面，孩子的发展规律带来的变化给家长造成了"小时候聪明，大了变笨"的错觉。这里涉及两个知识点。

第一个是大脑的发育具有阶段性特点。在生命的早期，大脑以一个惊人的速度生长。有研究表明，人的一生中，大脑发育的加速期是在母亲怀孕的最后三个月和婴儿出生后的前两年。孩子的成长和大脑神经元连接的形成是同步的，也就是说，孩子每学会一种本领，例如学会用筷子，都伴随着大脑神经元连接点（突触）的形成。而孩子出生的时候，大脑神经元之间几乎没有连接，大脑皮质的大多数区域也是不活跃的。随着孩子接受的外部刺激越来越多，这个新奇的世界让大脑神经元的连接以难以置信的速度增长。婴儿刚出生时，大脑拥有的神经元数量远多于成人，大脑的质量也会迅速增加，在3~18个月的时候，大脑的质量增加30%，到了6岁左右的时候，孩子大脑的体积已经达到了成年人的95%。与此同时，大脑就像是一个大胆的园艺师在修剪花草树木，只有被经常刺激的神经元或突触存活下来，而不经常被刺激的神经元所连接的突触就会被修剪掉。我们可以把大脑想象成一棵小树苗，开始的时候疯长，枝繁叶茂，但没有主干，长到一定程度就需要修剪了。也就是说，孩子从出生前到2岁之间，突触快速增长；2岁左右达到最高峰，接着进入快速减少阶段；到了十一二岁时，减速变慢，并逐渐稳定下来，同时大脑的功能更加稳定，能够处理更加复杂多样的问题。

这一点给我们的启示是，在小的时候，孩子很多能力增长的背后是生理变化，也往往是在简单的事情上表现出聪明。大部分孩子都是如此。可以很扎心地说，不只是你家孩子在小的时候看起来聪明，别人家孩子也一样。

第二个知识点是大脑的发育是不均衡的。在 6 岁左右，孩子大脑的体积已经达到了成年人的 95%，但这并不代表 6 岁的孩子可以像成年人一样思考了，因为大脑的不同区域发育成熟得有早有晚。例如，脑后部控制视觉信号的枕叶最早成熟，孩子在几个月大时就能识别复杂的视觉图案。随着语言相关的颞叶和韦尼克区的发育，孩子在 3 岁以后，词汇量会突然增加，表达一下子就会更像大人一些。而在小学和初中阶段，大脑很多功能区域的发展其实还没有成熟。像负责抽象推理、解决复杂问题、主管控制的前额叶皮质，就需要到孩子青春期结束或者成年以后才能发育成熟。大脑发育的不均衡性带来的结果就是，有些能力孩子在很小的时候就可以拥有，而有些能力孩子随着长大才逐渐掌握。应对复杂的问题时需要的能力往往是综合的，所以，当孩子在学习上遇到问题时，家长不能简单地把原因归结为"他怎么这么笨"。

家长要知道，孩子的能力其实一直在增长，孩子表现得没有小时候聪明，是因为孩子遇到的问题也越来越复杂。大脑发育的不均衡使得有些事情在成年人看来很简单，但对于小学生、中学生来说，就是没有办法做到。接受孩子还在成长发育，能够让家长以发展的心态看待孩子，接纳孩子。

孩子会越来越聪明吗？

智力发展是一个复杂的过程，受到遗传和环境等多种因素的影响。一般来说，孩子的智力会随着年龄增长而不断发展。首先，孩子的大脑在不断发育和成熟，神经元之间的连接会变得更加复杂和多样化，这有助于提高智力水平。其次，在应对复杂的现实环境的过程中，孩子会不断接触到新事物，积累更多的知识，这些知识储备能够帮助孩子更好地熟悉和理解世界，提高智力水平。

尤其是进入学校学习后，得益于系统的知识和技能的传授，孩子有了更多自主学习和探索的能力，能够应对更加复杂的现实环境。孩子在生活、学习中积累的经验，不仅可以让他们更好地进行总结，形成自己的认知模式，加深对世界的理解，还可以帮助他们更好地理解逻辑关系，增强思考能力，提高逻辑思维能力。

有位六年级男生的爸爸经常感慨自己的儿子傻里傻气的，不像邻居家的女儿那么聪明伶俐。他觉得自己的孩子一二年级的时候很聪明，但是到了五六年级的时候，看起来明显要比其他的同学笨一点，而且越来越笨。当被问到孩子二年级的时候会不会做六年级的数学作业时，这位爸爸笑着说："当然不会。"

每个在正常的生活环境中成长的孩子，与以前的自己相比，都会变得越来越聪明。通过对生活、学习中遇到的问题进行分析和总结，孩子可以锻炼自己解决问题的能力。慢慢地，他们拥有思考、分析、推理等高层次的认知能力，从而提高智力水平。

同时，不同孩子的智力发展速度和潜力不同，有些孩子可能会表现得比其他孩子更聪明，而有些孩子可能需要更多时间才能发展出相同的能力。但这并不代表晚他人一步的孩子与自己相比没有变得更聪明。有些家长说:"我其实也知道,孩子学的知识比以前多,肯定会比以前聪明。不过我担心的是别的孩子都能学会,他学不会,是不是因为他比别人笨。"这也是很多家长的困惑——如何让孩子快速学会,不落后于别人?

什么阻碍了孩子变聪明?

训练孩子变得更聪明是一个系统工程,要靠学校、家庭、社会等各方面齐心协力。很多家长既不是专门的教育工作者,也不是儿童智力开发研究者,为了帮助孩子变得更聪明,最基本的工作是保护孩子的发展,避免在家庭教育中不小心阻碍了孩子变聪明。

睡不好会让孩子变"傻",相信很多家长都认同这个观点。但在家庭教育中,为了让孩子变聪明,有意识地帮助孩子调整睡眠习惯的家长却很少。"如果孩子晚上十点没有写完家庭作业,你是让孩子去睡觉,还是让他快点写,写完再去睡?"如实回答这个问题,就可以知道有没有把孩子的睡眠放在非常重要的位置上。

除了睡眠,长期的负面情绪也会阻碍孩子变得更聪明。如果孩子写作业前总是"鸡飞狗跳",被训斥后才开始写作业,那孩子在学习中不可避免地带着负面情绪,长此以往,既会影响孩子在具体学习任务中的表现,也会影响孩子对自己学习能力的评估,从而让孩子在困难面前更容易退缩。不仅仅是学习中产生的负面情绪,父母吵架、冷战、忽视孩子等家庭问题带来的长期负面情绪同样会影响孩子的智力发展。

"学习不动脑子"是很多家长评价自己孩子时常用的一句话,这句话很形象,也很真实——这是阻碍孩子变聪明的原因之一。虽然阻碍孩子动脑思考是每个家长都不愿意去做的事情，但无论是在家庭教育还是在学校教育中，阻碍孩子思考的环境总是存在。

让孩子变聪明的基本方法是"劳动"

家长都希望孩子在学习中学会投入、主动思考——让孩子的大脑"劳动"是让孩子变聪明的基本方法。不过，许多家庭教育和学校教育的场景，却自觉地阻碍了孩子的大脑去劳动。

一名一年级的孩子在写作业时遇到困难，这道题在家长看来非常简单，但是对于孩子来说，需要经过一段时间的思考，去回忆老师讲解的内容，做一些尝试，而且有可能第一次做出来的答案是错的。如果家长耐心等待，让孩子的大脑发动起来，他最终会得到答案，但真实的场景往往是孩子已经磨蹭到了深夜，家长也耗尽耐心，忍不住给孩子直接讲解或者告诉孩子答案。直接给孩子答案，减少孩子的思考过程，孩子的大脑就会"偷懒"一下。

所以，在孩子的成长过程中让孩子多独立思考，孩子就可以越来越聪明。思考是一种高层次的认知活动，不仅可以帮助孩子更好地发挥自己的潜力，而且可以帮助孩子更深入地理解知识，锻炼逻辑思维能力，更好地理解事物的本质和规律，提高对世界的认知水平。尤其是当孩子遇到学习中的难题时，思考可以让孩子更好地理解问题、分析问题，激发孩子的创造力，从而提高孩子解决问题的能力。

作为人体最重要的器官之一，大脑可以通过不断的训练和锻炼得到发展。大脑具有可塑性的特点说明，如果孩子经常使用大脑的某些特定区域，这些区域就会变得更加发达和灵活。大脑神经元之间的连接可以通过不断使用和刺激而发生变化,这种变化使得神经元之间的联系更加紧密和灵活。我们也可以从大量的事实和身边的真实案例中看到,许多孩子经过相应的针对性训练,记忆力、注意力、思维能力等均有效提高。

3

如何让孩子学习更好？

现在学校的学习太难了吗？

一对初二学生的父母在咨询室里讨论孩子在学习上遇到的问题。因为这个孩子的数学成绩总是难以及格，爸爸觉得孩子既没有学习数学的天分，也不够努力；而妈妈说，这个不能全怪孩子，因为现在初中的数学特别难，大学毕业的爸爸也不能保证初中的数学题全部会做。所以，孩子数学成绩不理想，和现在学的太难也有关系。

无论是在社交媒体上还是在日常生活中，"是不是学的太难了"这个疑问总会存在，而这个问题的答案又显而易见——"会的不难，难的不会"。同样是初二的学生，不同的孩子对学校学习的难易程度感受也不同。这与孩子自身的认知能力、学习方法、学习习惯和学习态度等因素有关。而这些因素又和孩子多年的学习经历有关：如果孩子掌握了合适又有效的学习方法和积极的学习态度，那么即使学习难度较大，他也可以通过不断努力来逐渐适应和获得掌控感。

为什么总会有家长在思考孩子学的是不是太难了呢？有位家长的想法是："如果是孩子学的太难，那么我可以自我安慰，孩子并不差，只是学校教育出了偏差。或者说，如果我的孩子因为太难学不会,我就不会那么焦虑,毕竟我的孩子只要掌握基本的内容就可以适应社会,不需要太难的内容。"当被问到:"如果真的是学的太难,你会不会对孩子的学习要求就没那么高了?"这位家长笑着说:"该要求还是要求,虽然难,但别人能学会,他也应该能学会。"

所以,要回答是不是孩子学的太难了,并不是要找到孩子成绩不理想的答案。它的意义在于,引出科学看待学习的一个角度。

学校的学习难度会因为不同的学校、不同的学段和年级而有所不同。比如小学低年级的学习重点是基础知识的掌握,难度较低;而高中阶段的学习则更加注重知识的深入和拓展,难度相对较大。所以,提前学习高年级的内容时,孩子一定会遇到更多更大的学习困难。

一般来说,学校的学习是按照一定的进度和难度安排的,遵循由单一到综合、由容易到复杂的规律。对于每个孩子来说,遵循这个规律学习,在不同的阶段掌握应掌握的学习内容,就不会觉得学习太难。孩子感受到学习很难,往往是在进入小学高年级或初中的时候,此时学科学习进入了综合、复杂的阶段。对于学习能力较弱的学生来说,他们在课堂上的学习可能会比其他学生更加困难。此外,遇到学习困难的孩子,还会存在其他方面的问题,比如学习方法和学习习惯不佳、心理压力和焦虑等,这些问题也会影响学习效果和学习体验。如果孩子成绩不理想,家长与其因为如何给孩子补课而焦虑,不如先直面现实问题——学校的学习对这个孩子来说太难了。

认同学习对某个孩子来说太难后,老师和家长更愿意为孩子提供帮助和支持。感到学习难的学生往往需要更多的时间和精力来理解学科知识,需要通过更多基础的练习巩固和加深对知识的理解。

在这种情况下，帮助和支持尤为重要，会让孩子更容易克服学习困难，逐渐提高自信、学习能力和成绩。

例如，对于偏科的孩子来说，有些学科或课程可能会比较有挑战性，孩子在面对这些学科时会感到更加"痛苦"。这时，督促孩子努力学习的前提是理解孩子遇到了困难。有位母亲，看到儿子数学能考130多分，英语却总是不及格，很无奈地说："他不是学不好，就是不喜欢英语，但凡能努力一些，英语也不是这个分数。"但对孩子来说，学英语就是很难，这个"难"可能是学习内容的"难"，也有可能是学习情感上的"难"，更有可能是克服学科偏好、投入时间的"难"。只要理解孩子感受到的"难"，解决问题的方向就会不一样。之所以感受到英语难，可能是因为单词记忆和练习出了问题，也可能是因为英语学科素养不足。有关学习内容的难，可以通过改善学习资源，有针对性地练习去克服。最需要关注的是孩子对学科的主观感受，孩子在学习弱势学科时，遇到的难题总会比优势学科更多；在学习不喜欢的学科时，孩子常常没有学习偏好学科的时候开心。这时，鼓励孩子战胜困难远比批评他不够努力有效果。

有个高一的孩子说，每次听到妈妈批评他"明明知道数学不好，还不去做数学题，成绩能好才怪呢"，他总忍不住想反驳："你明明知道吃多了会胖，还吃很多，不胖才怪呢！你为啥还吃那么多？"虽然是孩子的气话，但换个立场看问题，就更容易理解战胜学习情感上的"难"并不容易。而鼓励往往对孩子的作用更积极，例如，一个高中的孩子说自己曾经在初中偏科很严重，劣势是英语，但学科老师总是鼓励他说："我能理解你学英语时的痛苦，老师曾经学数学也是这么痛苦，但相信你能克服，克服了以后你会感受到前所未有的自豪。你可以尝试不去关注成绩，每天先保障学习的时间。坚持一段时间，我们再来看看。"这个孩子在老师的鼓励下，先坚持每天多一点时间投入，结果看到了小的变化；这些进步变化，让孩子有了信心，对学科的好感也增加了，进而更加努力投入，钻研思考，形成了良性循环。一段时间后，他的英语成绩提高了，这个孩子也开始觉得英语学习没有那么难。

家长的期待太高了吗？

前不久，有位高一的孩子和妈妈在咨询室里争吵了半小时，原因是孩子的语文成绩一直不理想，在班级垫底，但这次期中考试考到了班级第 17 名。妈妈鼓励孩子："你的真实成绩应该更高。如果更加努力，考试时再仔细些，你能考到前 10 名以内。"孩子反驳说："只要我考不到前 10 名以内，就是没认真呗？""我永远达不到妈妈的期待，还不如垫底舒服。"妈妈感慨孩子为什么没有斗志，孩子感慨妈妈为什么总不知足。有一种关于期待的观点认为，"孩子的压力来源于家长的高期待"——好像对孩子提出更高的要求，一定会给孩子带来压力。也有家长坚信，只要期待低，对孩子就会更满意，以此来缓解对孩子学习的焦虑。

孩子不断进步，成绩越来越好是每一个家长的期待。期待孩子变得更优秀恰恰是家长对孩子美好未来的愿景，本身并没有错。之所以期待变得"有毒"，问题往往出在"高"字上面。什么是"高期待"？如果一个孩子长期在年级里成绩倒数，家长期待他短期内变成成绩中等，那就是高期待；对于一个在班级里排名中等的孩子，家长期望他三周后期末考试考到班级前几名，这也是高期待。高期待之所以会让孩子感受到压力，是因为有些期待远远超出了孩子现在能达到的水平。对于一个每一科都考不及格的孩子，家长期待一段时间的强化学习能让孩子某一科考及格，可能就是一个合适的期待。如果套用一个公式来看家长的期待合不合适，可以简单地理解为：

$$期待值 = 努力 \times 时间 / (目标水平 - 当下水平)$$

只有当家长的目标水平与小孩当下的水平之差小于孩子的努力与时间乘积的时候，期待值才会大于1，并有更大概率实现。

另外，让高期待起积极作用的关键在于，期待的同时提供相匹配的指导和助力。高期待不可怕，可怕的是高期待的"高"超出了理智范围，或者有高期待的同时没有高明的支持和辅导。

两个路径让孩子的成绩变得理想

有位妈妈认为，儿子之所以成绩突飞猛进，作为家长的自己做对了两件事：一个是降低自己的期待，另一个是提高自己的辅导能力。道理听起来很简单，做起来真的有效吗？

确实如此，降低对孩子的期待与提高家长的辅导能力确实是两条让孩子的成绩变得"理想"的路径。这位妈妈说，她儿子在初中的时候，成绩时好时坏，好的时候个别学科可以考到班级前10名，但总成绩在班级里排名中等偏下。这位妈妈一直期待孩子能考上重点高中，对孩子的要求很高。孩子读到初二时，妈妈研究了一下往年的中考数据，不得不接受孩子当时大概率考不上高中的事实。这位妈妈说，自己从没想过孩子考不上高中，所以对孩子的要求一直是考上重点高中。从期待孩子考上重点高中到期待他考上高中，对这位妈妈来说并不容易。很多时候，面对学习成绩不理想的孩子，也有家长会说，孩子能考上高中就行了，但心里总会存在幻想，万一孩子突然用功，成绩突飞猛进了呢——这不是真的降低了期待。在家庭教育中，对孩子突飞猛进的幻想，总会不由自主地流露出来，孩子仍然可以感受到高期待带来的压力。这位妈妈是打心眼里觉得还有一年多的时间，孩子能考上高中就已经很不容易了。所以，她对孩子日常学习的要求，以及和孩子沟通的内容，从过去的"重点高中怎么好"转向了"离考上高中有多少差距，怎么缩小"。家长降低了期待后，孩子的学习成绩虽然没有大幅提升，但稳定了很多。为什么呢？原来妈妈期待孩子考重点高中的时候，觉得孩子每一科都需要提高，优势学科要保持，弱势学科要强化，孩子在家长的指导下疲于应对每科的练习和提高——要练习的太多，很容易顾此失彼，成绩难以稳定。当家长期待降低后，目标更接近孩子现在的水平，孩子可以更放松地看待每一科的学习，学习计划更务实，时间分配更合理，虽然成绩提升缓慢，但整体的学习状态和考试成绩会更加稳定。

孩子进入初三后，在班级排名中等偏上，只要保持这个成绩，考上高中的目标就一定会实现。妈妈说，自己这时候又开始幻想孩子能考上重点高中了。和孩子共同面对困难的过程中，妈妈意识到自己在辅导孩子上缺少方法，所以她就把对孩子考上重点高中的期待与自己的辅导能力关联起来："如果孩子考不上重点高中，更大的原因在于我的辅导能力没提高。"

然后，这位妈妈做了第二件事，思考怎么提高自己才能助力孩子考上重点高中。可能每个家长都愿意助力孩子考上重点高中，但这位妈妈思考的重点不是孩子要怎么做，而是自己要怎么做。她一开始想和孩子谈谈要不要把中考目标改成重点高中，但很快意识到：

这是自己的期待，让孩子定更高的目标是在对孩子提要求。所以，她改为关注孩子的变化，经常肯定孩子的努力和付出，也会询问孩子对升学的期待和需要。询问孩子自己的升学目标和讨论升学目标更改看起来并没有太大差别，其实效果截然不同。定更高的目标给孩子带来的往往是压力；与孩子沟通，询问其想法和需求，是把孩子当作学习的主体，而家长在表达配合和支持。

家长不是学科老师，家长的助力不是提高自己的解题能力，而是思考与学习如何提高孩子的学习动力，让孩子有更好的学习感受，对学习更有信心，保持更好的学习状态。当家长的焦点从"让孩子做些什么"变成"我要做什么，孩子才更喜欢学习"，家长就真正掌握了助力孩子学习的秘诀。

关注学习能力，才能提高学习成绩

从盯着孩子的学习成绩，到思考家长该做什么，孩子才会学得更好，看起来是简单的转变，其实已经从单纯地看成绩，转向了关注学习背后的底层能力。成绩是孩子学习能力的体现，学习能力则是成绩的基础。很难想象一个孩子学习能力不强，却仍然能够取得很高的考试分数。

对于学习能力，学术界并没有一个统一的定义。但更多的研究人员和学者一致认为，学习能力是一个人在学习过程中能力的综合体现。英国科学院院士、布里斯托尔大学教育学院的盖伊·克莱斯顿（Guy Claxton）教授于2002年首次提出学习力的四个构成要素，这些要素是通过四种行为展现出的四种力量，被简称为"4R"，即顺应力（resilience）、策应力（resourcefulness）、反省力（reflectiveness）

以及互惠力（reciprocity）[1]。哈佛大学柯伟林（W. C. Kirby）教授2005年在专著《学习力》中提出学习力的"综合体说"，认为学习力是包含学习动力、学习态度、学习方法、学习效率、创新思维和创造力的一个综合体[2]。在近十年的大量实践和对青少年的指导中，结合可训练的维度，我们认为更适合当下青少年学校学习的学习能力应该是学习动力、学习策略、学习习惯的综合体现。关注孩子的学习动力、学习策略与学习习惯应该成为助力孩子学业提升的关键。

家长会用考试成绩来判断孩子努力与否，孩子也会用考试成绩来评估自己的学习效果，在看到考试成绩时，思考是什么因素带来了这样的考试结果，这其实已经在关注学习的底层能力了。例如，一个孩子看到自己数学成绩下降，他可能会感叹自己做题时有些粗心，或者题目出得很偏；家长会分析孩子是不是学数学的时间太少，或者孩子不适应老师的教学风格，也会关注孩子的情绪状态。思考这些试卷以外的内容，实际上就是在分析成绩背后的影响因素，思考孩子的学习能力还有哪里需要提升。

只是因为家长和孩子缺乏学习能力提升的相关知识，所以他们对于学习能力的思考往往停留在想想的层面。这也是为什么很多家长会感慨："我想助力孩子，但我不知道怎么做；我知道要提高孩子的学习动力，但不知道怎么才能提高。"即便是在一线教学的学科老师和班主任，也会困惑如何提升孩子的学习能力。

在校长和教师培训中，许多一线的老师也会分享，面对被情绪、

---

1 Claxton G. Building learning power: helping young people become better learners[J]. 2002.
2 潘利英，沈兴文. 我国教育领域学习力模型研究的文献综述[J]. 北京教育（普教版）. 2022(10): 15–19.

同伴关系、缺少方法影响学习的学生，他们有时也不知道该如何指导。有一名高中生，其他学科学习成绩优异，只有语文成绩不太理想，语文老师很想帮助这名学生，经常找这名学生谈话，分析语文对他升学的重要性，还给这名学生选择额外的练习，可这名学生的语文成绩就是不见起色。参加了学习力方面的系统培训后，这位语文老师不再只关注语文学科内容的知识，而是尝试关注这名学生的底层学习能力，以及对学习语文的情感、对语文教学风格的感受、语文学习的习惯等。他惊奇地发现，经过一段时间，这名学生的语文成绩提升了很多，而他并没有让这名学生做更多的练习。为什么额外增加练习，给学生讲述学习的重要性没能起作用，而关注学习动力、学习策略、学习习惯反而让学生的成绩提升了呢？对于一个高中生来说，无论是受社会、家庭、学校的影响，还是因为自己真实的认知，他都会知道学习很重要。但他遇到的问题是如何提高成绩，这一定不是增加一点练习就可以解决的。当老师关注学生的底层学习能力时，其实就是在和学生分析影响因素是哪些，触发学生自己的思考。当学生意识到问题的根源时，他更愿意去解决问题，也会选择更适合自己的解决方法。这时学科老师再就学科内容稍加指导，学生的成绩自然得到提升。

　　学习能力具有复杂性、综合性、变化性，想要全面提升一个孩子的学习能力需要专业的指导，但这并不代表家长不可以通过学习获得相应的指导能力。每个家长都有自己的学习经验，有对学习过程和学习成果的反思与沉淀，补充关于学习能力的系统知识和指导方法，有助于家长对孩子进行个性化、持续的指导。而这些指导，正是孩子能够自主学习、实现学业进步的关键。

第 3 章

底层逻辑：让孩子爱学习的三大系统

学习力的奥秘在于解锁"BMA学习轮"(见图3-1)。家长、老师和学生，共同关注着学习成绩，如同注视着一座巨大的"学习冰山"。孩子的学习成绩只是冰山一角，是整体学习状况的微小缩影；而真正决定孩子学习成绩的，是隐藏在水面下的学习能力。这是我们常常忽视，但至关重要的部分。为了引导孩子自主学习，我们需要深入了解学习能力的系统知识和指导方法。

基于我们团队10余年的教学和学生辅导实践，以及对最新的脑科学研究成果的整合，我们提出了"BMA学习轮"理论。这个理论认为，学习力取决于三个要素：学习策略（brain）、学习动力（motivation）和学习习惯（action）。

学习策略是孩子在学习过程中的思考方式和行为技巧，它能帮助孩子更高效地学习，更牢固、更透彻地掌握更多知识。提升学习策略可以帮助孩子在学习中获得成就感，激发主动学习的热情。学习动力则源于孩子对学习的兴趣和目标，它让孩子在学习过程中充满主动性。学习习惯则是指孩子在学习过程中的行为习惯和执行能力，它决定了孩子是否能够将科学的学习方法坚持下去。良好的学习习惯可以让孩子的行动力更强、更持久。

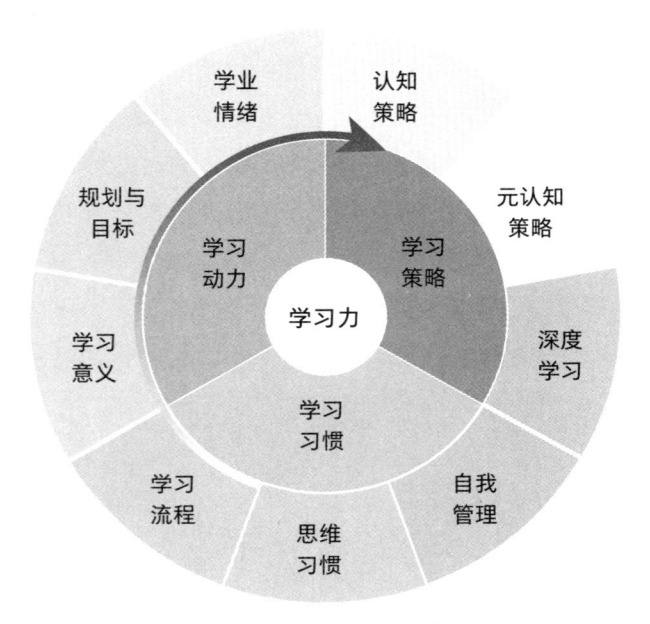

图 3-1　BMA学习轮示意图

这三个要素相互依存、互相影响。科学的学习策略可以让孩子更容易产生成就感，更容易坚持。成就感也会影响学习动力和学习习惯。

1
学习动力,自主学习的能量来源

小白是因为家庭条件太好不想学习吗?

家庭教育案例

小白是一名高一学生,家庭条件非常好,虽然他父母都是中专毕业,但是他们对小白的学习要求很高,经常和小白说:"咱家的钱够你花一辈子的,你什么都不用想,好好学习就行了。"可是小白看着天天在学习,其实学习效率很低,总感觉学不会,而且学习的时候他总是控制不住地胡思乱想,老师讲课也听不懂。一临近考试小白就更烦躁焦虑,想学但学不下去。

父母看着小白整日萎靡的状态干着急,想尽方法为他联系老师辅导功课。但是小白越来越烦躁,上课总是迟到,甚至出现了厌学情绪。为此,父母和小白总是吵架,家庭矛盾频出。

小白的父母觉得孩子不懂事,不知道学习的重要性;小白的老师觉得是因为家庭条件非常好,所以小白没有竞争意识。

我们常常会听到家长抱怨自己的孩子不是学习的那块料，不管怎么用外力助推孩子学习都没用，越推他越讨厌学习，甚至讨厌逼自己学习的父母。面对烦躁焦虑的小白，父母觉得孩子不理解自己的一片苦心。

当孩子学不下去的时候，家长往往忽略了一个基础且关键的问题——孩子是否知道为什么要学习。如果孩子觉得学习只是为了考上大学，找到一个好工作，就会表现出"心力不足"。孩子一旦心力不足，就会产生不想学的情绪，即使家长做出很大努力助推孩子学习，也是无用功。最终的结果是父母累、孩子烦，严重破坏家庭的和睦氛围。

当孩子在学习过程中遇到困难时，家长首先想到的往往是通过补习来提升成绩。然而，很少有家长意识到，解决孩子不想学习的问题——学习动力问题，可能才是更关键的一步。如果一台机器缺少了动力，它将无法运转；同样，如果孩子缺乏学习动力，那么他的学习效果将大打折扣。小白就是一个明显的例子：他在学习上遇到了困难，无法持续地投入学习。这就是学习动力板块出现了问题。为了提升孩子的学习动力，家长可以从学习的意义、学业规划与目标、学业情绪三方面着手。

> ▶ **解决方案　增强孩子的学习动力**
> ・探索学习的意义——让孩子成为有高远志向的学习者
> ・管理学业规划与目标——让孩子成为有目标、有计划的学习者
> ・管理学业情绪——让孩子成为积极向上的学习者

与孩子探讨"学习的意义"非常有意义

和前面案例中小白的爸妈一样,很多家长虽然都会教育孩子要好好学习,但是没有引导孩子去探索为什么要好好学习,以及学习的意义到底是什么。这样一来,要孩子好好学习的说辞就会显得苍白无力。孩子如果没有明确学习的意义,学起来就容易浑水摸鱼。经常有孩子说:"我也想成为巴菲特,但现在还是想先休息一会儿,学习的事以后再说。"

学习的意义是什么?我们认为学习的意义涉及三个层面:个人层面、家庭层面、国家和社会层面。

在个人层面,学习的意义主要体现在以下三点。

获取知识与技能:学习最基本也最直接的意义在于,个体通过学习获得新知识、掌握新技能,这是个人成长和发展的基石。它使我们更好地理解世界,提高生活和工作的能力。

提升思维能力:学习不仅仅是记住已有的知识,更重要的是培养批判性思维、创造性思维和问题解决能力。这些高级的思维能力对于个体适应不断变化的环境、做出合理决策来说至关重要。

个人成长与自我实现:学习促进个人心智的成熟,帮助个体发现自我潜能,追求更高的目标。它是实现个人价值,提升自我认知和情感智力的过程。

在个人层面,家长可以从三个方面着手提升孩子的学习动力。

第一,认知内驱力,即提高孩子对获取知识和掌握知识的兴趣。求知是人类的本能,书本上的知识是人类在历史长河中不断求知探索而形成的经验。通过学习自然人文知识,个体能丰富自己的大脑,更好地了解世界的运行规律,进而在生活中应用所学的知识,创造出新的实践。比如，学习算术能够让人们快速估算出生活中各种交易的费用，学习物理的折射原理可以让人们理解为什么插入水中的筷子看起来是弯折的，等等。所以家长需要呵护孩子的好奇心，当孩子在生活中遇到问题时，引导孩子进一步思考和探索，而不是第一时间直接给出答案。

第二，附属内驱力，这是为了保证得到重要他人（老师、家长、朋友）或集体的赞许或认可，而好好学习或工作的一种需要。每个人都渴望获得他人的肯定和认可，而这需要有实力、有能力，学习就是获得实力和能力的最有效途径。因此家长在日常的陪伴中，不要吝惜对孩子的赞美和鼓励，这不仅会增强孩子的自信心，还会让孩子有继续学习和探索的勇气。

第三，自我提高内驱力，即赢得地位与自尊心，获得他人的尊重或者实现个人理想的动力。马斯洛需求层次理论说明，个人在物质条件充裕时，会追求更高境界的满足，希望挖掘自己的潜力，实现自己的理想甚至达到自我超越。所以家长不要整天把"考不到××分，你就去不了××大学了""××大学的毕业生平均年薪30万~50万元"等挂在嘴边，而是应该引导孩子探索如何获得他人的尊重，如何实现自身的价值和潜力。

然而，孩子学习的意义远不止于此，在家庭层面主要体现在物质和精神两个方面。小时候父母为孩子撑起了半边天，孩子长大后有义务和责任赡养父母，这也是中华民族的传统美德。而受教育程度和专业技能等人力资本的提高通常与更好的就业机会和更高的收入水平相关。所以好好学习有助于增加家庭收入，提高生活质量，甚至改变家庭的社会经济地位。此外，家庭是文化、知识和经验代际传递的重要途径，个人的学习与成长对于下一代子女文化资本的积累和价值观的形成，都具有重要的意义。

让学习动力仅仅停留在个人和家庭层面容易导致急功近利，从而引发孩子考试前的紧张焦虑情绪。父母要站在国家和民族利益的高度养育自己的孩子！建议家长经常这样和孩子沟通："宝贝，你是未来的大师（经济学家、科学家、设计师等都可以），希望你以后不仅仅自己有饭吃，还能让更多的人有饭吃；不仅让自己的小家幸福，还能让国家、世界更美好！"

在国家和社会层面，学习和教育是推动科技进步、经济增长和社会发展的关键因素。知识和技能的积累促进了创新，创造了就业机会，提高了国家竞争力。学习还可以帮助人们了解和尊重不同文化，促进文化的交流与融合，维护世界文化的丰富性和多样性。所以，家长可以跟孩子说："科技创新引领国家发展，而不管是理论前沿还是应用前沿，都需要下一代青年人去建设。周恩来总理在年幼时便立志'为中华之崛起而读书'，现在虽不是战争年代，但你肩上同样担负着振兴中华的使命。少年强则国强，学习的意义更在于为国家输送人才，让我国不再被某项科技'卡脖子'，让国民可以挺起腰杆在任何一个国家生活。正是靠着一代代看似普通却胸怀大志的人一点点耕耘才积淀出厚重的人类文明。这才是人之所以为人，活在世界上的意义，更是你们要不断努力学习的意义。"

总之，学习的意义体现在三个层面，为自己、为家庭、为国家和社会。这三个层次是不断递进的，层次越高，孩子获得的学习动力越强。

为什么很多孩子没有合理的学习目标呢？

明确学习的意义，将其转化为具体的学习动力，关键在于科学的学业规划。然而，许多家长反馈，孩子缺乏明确的目标，或所定目标不切实际。原因在于，孩子在自我探索和对外部世界的理解上有所缺失。为了解决这一问题，家长应从小学高年级阶段就开始根据孩子的兴趣、性格、价值观以及未来的大学、专业、职业探索等，帮助孩子进行个性化的学业规划。学业规划并非要等到高中选科才开始，而是需要在孩子的成长过程中不断探索和完善。

在成长的早期阶段，父母应引导孩子学习和体验各种未来可能的发展路径，让孩子探索自己的能力、兴趣、特长；到了高中阶段，主要排除自己不喜欢和不擅长的领域。这一切都是为了制定合理的学习目标，明确学习的方向。总而言之，学业规划是孩子学习道路上的一盏明灯，为其指明方向，让其拥有明确的学习动力。因此，家长和孩子都应重视学业规划，将其当作一项长期的任务。

那么，如何进行学业规划呢？家长和孩子要知己知彼。

知己——了解自己

了解孩子的智能、兴趣、气质、性格和价值观，能帮助孩子找到学习的动力和方向。如果孩子对数学、物理等理科学科有浓厚兴趣，那么未来的专业和职业方向可能与理科思维有关；如果孩子性格比较活跃，适合的职业可能包括作家、演员、新闻工作者等；如果孩子热爱维护公平正义，那么他与法官、教师等职业可能更为契合。

知彼——了解环境

这里的环境包括家庭环境、学校环境、专业和职业环境。当前全国各地的新高考改革使得选科成为重要课题。提早选择科目，能帮助孩子提早树立学习目标。家长可以通过探索大学和专业，帮助孩子更好地认知未来社会，尽早确定未来的发展目标。

选择适合的目标和路径

在知己知彼的基础上，选择适合孩子的学习目标和路径。目标可以是远大的，但需要具象且清晰。具体的目标要转化为一个个可实现的任务，让孩子想象实现目标后的情景，激发其内在动力。

执行

为了实现目标，可以将长期目标拆解为多个短期目标，再将短期目标细化为多个小任务，就像游戏中的升级打怪，逐步完成。

家长需要帮助孩子规划合适的路径，并选择最合适的路径。只有明确箭靶子，才有更大概率正中靶心，拉弓的所有努力也才变得有意义。如果方向错误，越努力反而距离目标越远。因此，家长们需要和孩子一起探索科学且适合孩子的学业规划，帮助孩子制定目标。

关注情绪的"大象"，助力孩子提升动力能量

纽约大学教授乔纳森·海特（Jonathan Haidt）在他的著作《象与骑象人》中将情绪比作一头大象，而理智则是骑象人。这个有趣的比喻表明，情绪提供动力，而理智则提供方向。这个比喻也提示我们，如果能够有效地控制情绪，它们能为我们提供强大的推动力；反之，如果情绪失控，那么50千克的人是无法与5吨的大象抗衡的。

无论是在课程学习、课后练习还是考试过程中，学生都可能会受

到情绪的影响。学习不仅仅是学习知识，还需要学会管理情绪，因为情绪对学习的影响非常大。情绪的波动不仅会影响孩子的学习动力，还可能导致学习效率下降。因此，家长和孩子需要重视情绪管理，即通过了解情绪，学会控制和管理它们。

情绪管理对于青春期孩子的成长至关重要。对于自我同一性意识逐渐增强的孩子来说，如何处理与老师、家长、同学的关系，是一个特别重大的挑战。青春期孩子渴望得到他人的认可，但常常又不知道如何合理地表达自己，因此会产生各种矛盾。许多初高中学生觉得与同伴相处让人困扰。特别是女生，她们可能会在上课和下课的时间里思考闺密为什么不理自己，或者隔壁班的某个人为什么要背后说自己坏话。这种情况可能会影响孩子的社交关系和心理健康。

针对这种情况，家长在小学阶段就应该开始教导孩子如何与同伴相处，明确交朋友的原则。同时，家长要教孩子理解内心孤独的感受，随着知识增加和内心强大，他们将不再害怕孤独。家长需要意识到，孩子在初中阶段非常渴望被他人认同。在赞美孩子的同时，要和孩子讨论一些价值观问题，帮助他们形成正确的自我认知，掌握社交技巧。

除此之外，家长应该关注孩子的情绪智力和自我效能感的培养。情绪智力是指理解和调节自己及他人情绪的能力，它对专注力和记忆力的影响很大。当面临压力、焦虑等情绪时，孩子的注意力往往难以集中，此时强迫孩子学习只会加重他们的挫败感，陷入恶性循环。部分家长在孩子写作业拖延的问题上采取强逼的方式，这么做忽视了孩子情绪稳定的重要性。家长应细心观察孩子的情绪，及早发现情绪不稳定的根源。有些孩子会因为觉得自己达不到父母的期望而感到自卑，有些孩子则在与同伴交往中产生矛盾，还有些孩子在学校遭遇了不公平对待。这些情绪问题需要得到家长的重视和引导。当孩子做事魂不守舍时，家长切勿急于批评，相反，应帮助孩子控制情绪，告知孩子每种情绪都有它存在的价值和意义，比如，恐惧可以让我们远离危险，适度的焦虑有助于提高学习效率。当家长发现并表扬孩子的优点，及时给予积极的反馈，培养孩子积极的学习态度时，孩子将更有信心面对学习中的挑战。

| 理论与研究 |

> 情绪和注意力这两个词看似没有丝毫关系，实际上却密不可分。愤怒时人处于一个极度不稳定的情绪状态中，而集中注意力则需要一个稳定的情绪环境。很多研究表明，压力过大或者情绪不稳定，会导致脑垂体的杏仁核分泌过多的应激激素，充满前额叶皮质，让大脑一片空白，损害专注力。

在提升孩子学习动力的过程中，我们常常忽视了一个关键因素——自我效能感。在关于中学生抑郁和焦虑的调研中，我们发现成绩差的学生更容易出现抑郁和焦虑的情况，这与我们以往的认知相悖。在教学中，部分教师不自觉地将注意力放在成绩优秀的学生身上，使得成绩差的学生陷入自暴自弃的境地。因此，我们需要重新审视并提高对自我效能感的认识。自我效能感是指个体对自己能够成功完成某项任务的能力的信心。在学习过程中，自我效能感高的学生更有动力去努力学习，他们相信自己能够克服困难并取得进步。与之相反，自我效能感低的学生可能会对学习失去兴趣和信心，陷入消极的泥沼。因此，教师和家长都应当关注学生的自我效能感，帮助他们在学习过程中树立自信，提升学习动力。

| 理论与研究 |

"习得性无助"的概念是由美国心理学家马丁·塞利格曼（Martin Seligman）提出的。他把狗关在笼子里做了一项经典实验，笼子底部是一块电板，旁边还有一个蜂音器。只要蜂音器一响，就对狗进行电击，而狗被关在笼子里逃避不了电击。多次实验后，先在电击前把笼子门打开。蜂音器响起，狗不但不逃跑，反而不等电击就倒在地上开始呻吟和颤抖。狗本来可以主动逃离却绝望地等待痛苦的来临，这种状态在心理学上被称为"习得性无助"。

家长应该经常鼓励孩子，不随意给孩子贴不好的标签，避免孩子陷入习得性无助，这是提升学业情绪管理能力的关键一步。孩子一旦陷入习得性无助，就会觉得自己没有能力学会，不愿意继续付出努力学习，结果成绩越来越差；成绩越差，孩子就越没有自信心，陷入一个学习上的恶性循环，直到彻底放弃。当孩子成绩不理想时，家长一定要找到原因所在，帮孩子走出低谷，如果只是一味地发脾气和指责，孩子很可能就彻底放弃学习了。

2

学习策略，学习效率提升的关键

努力学习的小红为什么就是无法提升成绩？

家庭教育案例

"低水平勤奋"的小红

小红学习动力十足，很想好好学习，平时也很努力，除了吃饭、睡觉，恨不得都在学习。她上课认真听讲，笔记记得特别好，每日作业也认真完成，但学习成绩就是上不去，总是处在班级中游偏下。为此，家长和小红都很发愁：明明一直很努力地学习，为什么成绩就是无法提升？

很多孩子在学习上很有动力，平时的学习状态也是家长和老师公认的努力，但成绩往往不尽如人意。如果出现这种情况，那么很大可能是孩子的学习策略出现了问题。学习策略是孩子学习效率的决定因素，如果没有掌握科学的方法和策略，脑力就不能完全发挥作用，孩子会一直处在低水平勤奋的状态中，不仅学习非常累，而且没有好效果——这印证了那句俗话，"吃力不讨好"。长此以往，孩子身心疲惫，陷入对个人能力的自我怀疑中，慢慢地就开始讨厌学习了。

> ▶ **解决方案** 调整孩子的学习策略
> · 认知策略辅导——让孩子成为高效学习者
> · 元认知策略训练——让孩子成为自觉学习者
> · 深度学习训练——让孩子成为深度学习者

错误的学习方法就像弯路

面对处于低水平勤奋状态的小红，家长首先应该对孩子的学习态度给予充分肯定，增强孩子的自信心，然后强调学习策略的重要性。学习方法错误就像是走了弯路，不仅走起来累，而且所费时间更长，正确的学习方法则往往能够让人事半功倍。

调整学习策略的第一步是让孩子明确关键的认知策略，帮助他学会掌握复述策略、精细加工策略和组织策略。

复述策略，指的是在工作记忆中为了保持信息，运用内部语言在大脑中重现学习材料，以便将注意力维持在学习材料之上的学习策略。大脑依靠神经元之间的神经通路工作，不断地重复可以增强神经通路，让信息的传达更通畅——表现形式就是孩子记住了。常见的复述策略方法有：画线、机械重复、过度学习（比如150%的学习量，即不仅要记住，还要熟练记住）、及时复习、过电影等。

精细加工策略，是一种将新学的材料与头脑中已有的知识联系起来，从而增加新信息的意义的深层加工策略。精细加工策略和复述策略的区别在于复述只是单纯的重复，而精细加工是运用已有的知识去理解，并且在原有材料的基础上进行加工。这个过程就是神经元之间找朋友的过程，一旦找到，神经突触就会建立连接，建立连接后就会相对稳定，知识在大脑中的留存时间也会更长。

组织策略，是整合所学新知识之间、新旧知识之间的内在联系，形成新的知识结构的策略。组织策略通常会将事物整合为更大的类或将一系列条目纳入一个概念框架体系之内。这个过程就是让一个个神经元形成神经网络，把这些知识相对稳定地留存在长时记忆中。组织策略通常是利用图形、表格使知识条理化、层次化、可视化。这样记忆不仅牢固，而且记忆的速度会加快，记忆的容量会扩大。

| 理论与研究 |

加工水平理论是克雷克（Craik）和洛克哈特（Lockhart）提出的一个单一记忆系统理论。其基本思想是，记忆痕迹的持久性是加工水平的直接函数。一个刺激如果较长时间呈现在个体面前，就可能得到较高水平的加工。换句话说，加工水平理论认为，信息得到深入分析、精细联想并被赋予丰富意义后，记忆更深刻，维持时间更长；而那些仅仅得到表层分析的信息只能产生较弱的记忆痕迹，维持时间也较短。

三大认知策略是记忆力和阅读力训练的基础。复述策略告诉家长，可以让孩子不断重复、即时复习所学的知识，比如英语单词或者古诗词。精细加工策略要求家长教会孩子把新学的知识和以前的知识进行对比、建立联系，这也是理解和消化知识的过程。如果孩子能够在新学的知识和现实生活之间建立连接，或者和脑海中以前的知识点进行关联，就相当于理解了这个知识点，自然而然更容易记住，而且记忆的时间会更长。组织策略是以思维导图或者逻辑树的形式，让所学的知识点形成一个系统，织成一张网。因此家长需要有意识地培养孩子画思维导图，找到知识点之间的逻辑关系。让所学的知识形成一个全面、系统的体系，而非作为孤立的一个个知识点，这样记忆才能更长久。

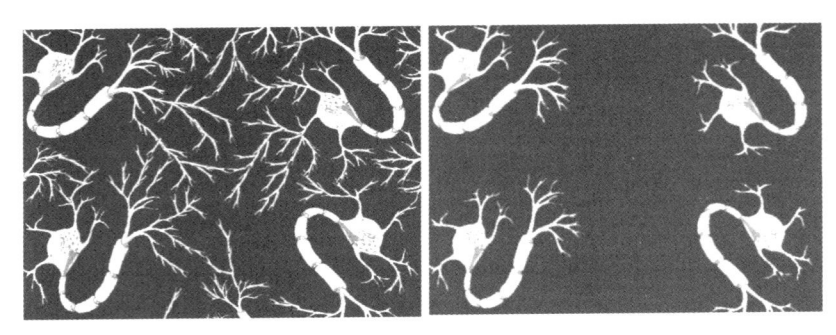

图 3-2　神经元连接与复习的关系（不复习，相关连接便会消失）

以背英语单词为例。首先，打开一张 A4 纸，对折后再对折，这张纸会被平分为四份。在纸的顶部，写下背诵的单元以及背诵和复习的日期。5 个复习日期是根据艾宾浩斯遗忘曲线来的，分别是背诵后的第 1 天、第 2 天、第 4 天、第 7 天、第 15 天。接下来，打开单词书，把要背的英语单词按列写在纸上，只写英文不写中文。过程中，也可以一边抄写一边默记。完成后合上书，从头看一遍自己刚刚写的英语单词。如果记得中文意思，就在单词后打上√；若不记得,就在单词后打上×。这是复述策略的基础步骤。

深入学习和理解打×的英语单词,通过单词树有针对性地进行重点记忆。尝试思考:这个英语单词的词根和词缀分别是什么?词源是什么?看到这个单词,还能想到哪些与之相关的单词?……这就是精细加工策略,通过这种方式可以深度理解单词的含义和用法。最后还可以通过表格或者思维导图的形式列出与这个单词相近或者易混淆的单词或者词组,进行辨析和分组记忆,这就是组织策略。

让孩子做到"知之为知之"并不容易

很多家长对"元认知"这个概念不太熟悉,但它是一种让孩子能够自己掌控学习的高级策略。元认知,是指对认知的认知,也就是对自身的思考过程进行认知和理解。听起来有些拗口,简单来说,元认知就是我们习以为常、见怪不怪的反思能力。元认知是人类独有的一项能力。人类的大脑进化出了新皮质(理智脑),这使我们具备了极强的感知和思考能力,而其他动物是不具备这种能力的。因此,元认知是对整个学习过程的规划、觉察、监控和调节。元认知训练,可以帮助孩子在计划、监控、调节三个方面,养成自主学习的好习惯,让孩子成为自觉的学习者。

元认知的结构包括元认知知识、元认知体验和元认知策略。元认知知识,即个体关于自己或他人的认知活动、过程、结果以及与之有关的知识。例如,我喜欢文科,背课文、写作文根本难不倒我;我讨厌数学,每次做题看懂了也做不对,每次都很难及格。元认知体验,即在认知活动过程中所产生的认知体验或情感体验。例如,在写作过程中,会因为感到自己写的东西很有价值而兴奋不已、文思泉涌。元认知策略，即主体在认知活动过程中，将自己正在进行的认知活动作为意识对象，并不断地对其进行积极、自觉的监视、控制和调节。

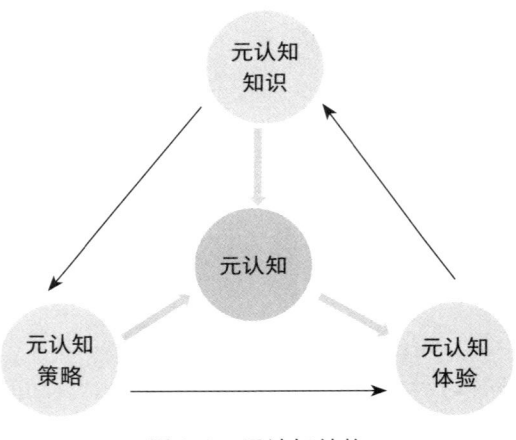

图 3-3　元认知结构

元认知知识、元认知体验和元认知策略是相互影响、共同作用的一个整体。比如孩子总觉得在打羽毛球的过程中接不住左手边的球，这时就要运用元认知知识思考：接不住左手边的球可能是因为反手球打得不好，或者步伐不对，不会移动。思考的结果可能是运用元认知策略，进行有针对性的反手球练习。再比如，孩子觉得数学题明明都会做，可就是成绩不高，这是元认知体验；之后需要运用元认知知识进行分析，是审题的问题、计算的问题，还是……，分析出问题后，运用元认知策略进行解决。

不难看出，元认知策略在元认知的框架中起到了最为重要的作用。元认知策略分为三种，分别是计划策略、监控策略和调节策略。

计划策略是根据认知活动的特定目标，在一项活动之前制订计划、预计结果、选择策略、想出解决问题的方法，并估计其有效性。在学习中，它表现为制订复习计划、决定学习方法。不同学科的学习方法不同，所以应了解每个学科的特点，有针对性地制定学习和复习方案。

监控策略是在认知活动过程中，根据认知目标及时评价、反馈认知活动的结果与不足，正确估计自己达到认知目标的程度和水平。例如阅读时对注意力加以跟踪，根据材料进行自我提问；考试时监控自己的答题速度等。

调节策略是根据对认知活动结果的检查，采取相应的补救措施；或者根据对认知策略效果的检查，及时修正、调整认知策略。比如发现自己考试时总是答不完题，就可以使用调节策略来调整自己的答题思路和答题时间分配，先把会做的题目做完，再集中攻克不会做的题目。

让孩子深度学习并不难

研究发现，孩子越是使用深度学习策略，学业情绪越积极，学习动力越高；学业情绪越积极，越容易去尝试深度学习策略，从而提升成绩、自我效能感、学习动力……由此产生积极的正向循环，孩子的进步十分明显。深度学习是每位家长都应该让孩子学会的重要一课，它能帮助孩子真正理解课本上的知识点，掌握解题的逻辑和思路，学会从总体到细节、从易到难的系统性思维。深度学习训练主要由多种高效率的学习方法构成，比如费曼学习法、思维导图学习法等。一开始使用这些方法时，孩子可能会觉得不适应，但是坚持一段时间后，把这些方法融入学习习惯之中，就可以运用自如，高效学习。

理论与研究

费曼学习法，最初来自理查德·菲利普斯·费曼（Richard Phillips Feynman，美籍犹太裔物理学家，加州理工学院物理学教授，1965年诺贝尔物理学奖得主）。在教育方面，其最大的贡献在于费曼学习法，核心是用自己的语言来记录或讲述将要学习的概念，要义是通过复述概念并反馈结果来加强记忆。

费曼学习法通常被称为"最强学习法"，因为许多学霸都运用这种方法获得了很好的成绩，甚至在大学阶段依然适用。费曼学习法主要分为四个步骤：第一，写下一个概念，即拿出一张白纸，选一个想要学习的概念写下来；第二，讲授这个概念，并让一个"菜鸟"完全听懂，在讲述期间，记下讲不明白的节点或者卡壳的地方；第三，查缺补漏，遇到解释不了的地方，通过查课本、问老师或者上网搜寻答案；第四，简化语言并类比，把抽象化的词语替换成简洁的词语来解释，或者用别的东西来类比。想实现这四个步骤，要么用书面文字（写作或者记录），要么用口头语言（讲述或演讲）。

用费曼学习法学习课本中较难的知识点或者非常重要的概念，往往能够收获很好的效果。让孩子把课本丢到一边，自己把题目推导一遍，基本就把难以理解的知识点掌握了。非常重要的概念需要极其深入的理解，自己将知识点演讲一遍不仅巩固了知识本身，更能够自觉发现隐藏在重要概念下的假设和形成过程,这同样能帮助自己提高对知识点的熟悉程度。

除了费曼学习法,还有一个在学习过程中常用的好方法——思维导图法,它常用于记笔记和课后复习总结,有助于增强记忆力和理解力,梳理知识逻辑,贯通学科思维。

理论与研究

> 思维导图法,是一种有效的思维模式,一种应用于记忆、学习、思考等的思维模型,有利于人类开拓发散性思维,挖掘人脑的无限潜力。思维导图法的创始人是英国记忆大师托尼·博赞(Tony Buzan),此人拥有心理学、语言学和数学等多个学位,还是记忆方面的超级专家,出版书刊80余种,风靡全球,被他的学生称为"世界记忆之父"和"记忆大师"。

思维导图的制作分为三步。第一步,找到关键词。学习内容的关键词,可能来自课程大纲、书籍目录,甚至是想要复习的知识点。将关键词写在白纸中央,作为整个思维导图的中心点。第二步,归纳内容,提炼精华。接下来,将与关键词有关的内容归纳到子项目中。但请注意,记笔记的初衷是更容易记住知识点,所以不能照搬书上的内容。如果笔记记得比书上的内容还要多,这就背离了制作思维导图的目的。需要用浅显、直白、简洁的语言概括内容,做到把书本"由厚变薄"。这一步是为了更好地理解和记忆知识点。第三步,整合并形成完整的思维导图。需要将每个小的思维导图放到大的思维导图中，作为它的一个小分支。这样可以将分散、零碎的知识点整合起来，形成一个清晰完整的知识系统。这样的思维导图不仅能加强学生对知识点的理解和记忆，更能让学生真正做到学以致用。

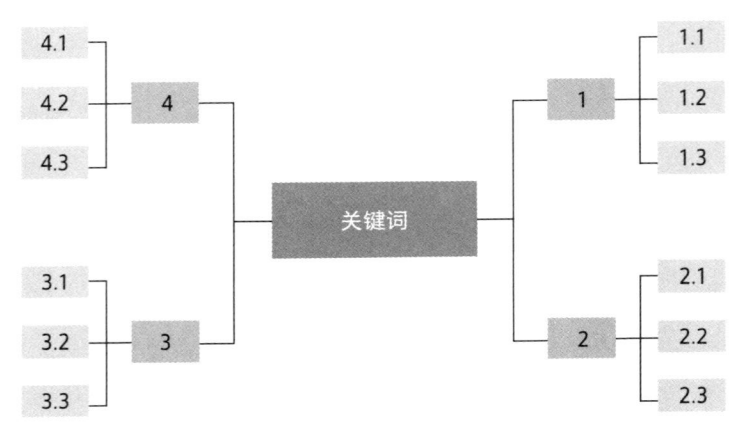

图 3-4　思维导图示例

思维导图在学习中有三种应用，分别是记忆、复习和整理知识。在记忆方面，思维导图能帮助学生完善对知识的编码和组块，因为记忆在人类大脑中的储存方式主要是通过编码和组块进行的。思维导图可以帮助学生将课本中的大段文字转化为小标题，以更有趣味的方式梳理主旨，从而轻松记住知识点。

复习方面，思维导图是期中、期末考试复习的神器。学生可以按照目录列出思维导图，并根据自己对每一小节内容的掌握程度，写出相应的分支。完成整个思维导图后，可以打开书对照自己写下的内容，检查遗漏之处。这种方式可以帮助学生对书本知识进行全面复习。

在知识整理方面，思维导图的关键词可以囊括跨章节、跨学期的知识体系，将整个学科的知识点串联起来。例如，历史思维导图可以用来梳理跨朝代的政治、经济、文化等知识点；地理思维导图可以重点研究某个地区的地理情况，比如从自然环境、经济、旅游业、居民、城市等多个方面构建东南亚整体的地理知识网络。

总的来说，思维导图在学习中具有重要的作用，可以帮助孩子更好地记忆、复习和整理知识。通过使用思维导图，孩子可以更好地理解和掌握知识，提高学习效率。费曼学习法和思维导图法都是帮助孩子进行深度学习训练的好方法，两种方法的共同之处在于让孩子的大脑主动地梳理知识框架和知识点之间的内在逻辑。深入的全面复习是必要的。在复习过程中，运用这些方法往往可以达到事半功倍的效果，让孩子成为深度学习者。

3

学习习惯,保障学习的长期续航

学习没毅力的小蓝到底怎么了?

家庭教育案例

没毅力的小蓝

小蓝是一名初三学生,从初一开始,他在学习上的努力基本都是断断续续的。有时候,他听从父母和老师的教导,下决心要好好学习,那阵子就特别努力,但是这种状态往往持续不了多久,过一阵子他又不想学了,开始懈怠。尤其是背英语单词,小蓝往往只能坚持一周,下周就不想背了,所以总是记不住。

父母经常说小蓝就是太懒了,没毅力,小蓝也很苦恼。其实,关键问题在于孩子没有养成让学习动力持久的学习习惯。

很多孩子都存在与小蓝一样的问题,看起来是没有毅力,太懒惰,实则是没有养成良好的学习习惯。在这种情况下强迫自己努力学习，结果就是感到心累，坚持不了多久。而家长引导孩子养成良好的学习习惯之后，孩子努力的热情才能被完全释放出来，在习惯的框架下辛勤耕耘，最终获得持久的行动力。

养成和保持良好学习习惯的目的之一是提高学习的效率，但更重要的是保障学习的长期续航。学习是一件"苦差事"，尤其是在当前社会普遍重视教育的背景下。在学习过程中，人要保持敏感，随时准备好捕捉新的知识，还需要不断磨炼自己的思维，积极开动脑筋把新知识与旧知识有机地结合起来，最后化为解题的技能。学习是让人不断精进的过程，但是想要保持较长时间的专注力和敏感力是一件不容易的事。因此，家长如果一味地责备自家孩子懒惰、没毅力，不仅会挫伤孩子的自尊心和自信心，更会让孩子觉得家长不理解自己，继而导致亲子关系疏远。

学习过程中出现懒惰现象很正常，因为懒惰是人的本性。如何让孩子在学习中表现出更少的懒惰，或者说如何使孩子更持之以恒地学习，是值得所有家长关注的话题。既然懒惰是不可避免的，那就需要一些科学的方式和手段，尽量让孩子减少痛苦、保持勤奋。其中，最好的方式就是帮助孩子养成良好的学习习惯。

养成良好的学习习惯，特别是从微习惯着手，会让孩子觉得学习不再是一件很痛苦的事情，而是像吃饭一样自然，这样孩子的行动力就会增强。学习习惯的养成可以从三大方面入手：自我管理辅导、思维习惯训练和学习流程管理。

> **解决方案　培养良好的学习习惯**
> ・自我管理辅导——让孩子成为自主自觉的学习者
> ・思维习惯训练——让孩子成为具有成长型思维的终身学习者
> ・学习流程管理——让孩子成为自律的学习者

培养孩子的自我管理能力

自我管理辅导是让孩子成为自主自觉的学习者的重要途径，主要包括精力管理、时间管理、手机管理等，能帮助孩子养成良好的自我管理习惯。

最基础的精力管理就是体能管理，体能管理可以从饮食、运动、睡眠三个方面着手。饮食为大脑工作提供能量；运动可以改善情绪，提高智商；睡眠不仅是身体各项器官新陈代谢的基础，而且可以帮助人们将短时记忆转化为长时记忆。因此饮食、运动和睡眠都对大脑的高效工作非常重要。

除了精力管理，时间管理也是促进孩子自主自觉学习的好方式。时间管理包括宏观、中观、微观层面的管理，以及各学科之间的时间安排。时间管理之所以重要，是因为时间具有供给量固定、不可再生、不可取代、无法积蓄的特性。时间管理做得不好的那些孩子，通常学习成绩较差且缺乏学习的持久性，他们不做时间管理的理由大多是不愿做或者不会做。

学会做时间管理，对于大人和孩子来说都是自我管理的一项重要任务。如果仔细观察，我们会发现那些喜欢磨洋工的孩子，大多数时间观念不强、时间意识淡薄,所以做事效率不高。曾经有一个家长反映,自己一年级的女儿做作业太慢,选铅笔颜色纠结了10分钟,中途削铅笔10分钟,不满意的地方用橡皮擦了10分钟,中间搞小动作、发呆耗掉10分钟——一页简单的作业居然花了一个小时做完。这个孩子的表现就是时间观念不强,她也没有意识到自己的行为属于拖延。

学习对孩子来说是一项比较痛苦的任务,所以在完成的过程中,孩子总会想办法减少痛苦。写作业期间,任何一件小的事情都能让孩子磨蹭很长时间,导致他写作业太慢。家长需要引导孩子思考自己的行为,比如在合理的时间内做完了作业,就可以有更多时间去做自己喜欢的事情。家长可以以兴趣激励孩子珍惜时间,让孩子意识到时间的价值,从而学会认识时间、制订计划、执行计划。与此同时,家长可以跟孩子一起制作每日的日程表,帮助孩子对生活进行规划,告诉他哪些事情是一天当中必须完成的,哪些事情是当天可做可不做的,让孩子自己监督自己有无磨洋工的现象。

除了上述的精力管理和时间管理,更让家长头疼的是手机管理。身处信息时代,人很容易在网络中迷失自我,更何况儿童青少年自控力较弱,很容易被网络世界影响。为此,家长需要让孩子学会做手机的主人。

那么如何帮助孩子做手机的主人?第一,要客观地看待手机,既不将其妖魔化也不将其天使化,手机只是科技发展带来的一个更便捷的工具。第二,在现实世界,人们能够获取更多心理营养,比如把学习成绩提高,获得成就感;建立积极的自我价值感,提高自我效能感;确立人生志向,多结交志同道合的好友,获得一起成长的感觉;多看看世界的丰富多彩,走进大自然,感受天地大美。孩子在手机上做什么往往反映了他在现实世界中缺失的东西,家长应引导孩子在现实社会中弥补,比如聊天软件用得多说明在现实中需要更多的人际支持,玩手机游戏说明在现实中需要成就感,看网络小说说明需要找到现实中的意义感,刷社交软件说明在现实中缺少归属感,不理智购物则说明缺少自我价值感。第三,帮助孩子用好手机这个便捷的工具,让孩子知道每天要用手机做什么,每天使用多久手机合理,以及手机只有在什么地方可以用。

总之,做好精力管理、时间管理、手机管理等,可以帮助孩子实现自我管理,不仅会使学习过程变得井井有条,更会在生活中锻炼其科学管理的思维,使其成为自主自觉的学习者。

学习的背后有三大思维习惯

孩子没有持久的行动力,自我管理的效果总不尽如人意,那么很有可能是因为家长忽略了对孩子思维习惯的训练。让孩子拥有良好的思维,真正从内在改变孩子,能引导孩子发自内心地追求卓越,最终成长为一个优秀的人。思维习惯训练主要是培养孩子积极向上、理性、系统的思维习惯,使孩子成为未来社会所需要的有批判思维、创新思维、系统性思维、成长型思维的终身学习者,一生受益。

BMA学习轮,重点强调了成长型思维和系统性思维。斯坦福大学心理学家卡罗尔·德韦克(Carol Dweck)指出:"我们获得的成功并不是能力和天赋决定的,更受到我们在追求目标的过程中展现的思维模式的影响。人会有两种思维模式,分别叫固定型思维模式和成长型思维模式,两种思维模式体现了应对成功与失败、成绩与挑战时的两种基本心态。"两种思维模式的根本区别在于对智力的看法:固定型思维的人认为智力、能力、才华是固定的，不可改变，所以他们回避挑战与失败，比如他们认为有些人天生就很聪明，有些人天生就擅长学理科；成长型思维的人认为智力、能力、才华通过后天努力训练可以得到提升，所以他们专注于成长，不怕犯错和挑战。

系统性思维就是把认识对象当作系统，从系统和要素、要素和要素、系统和环境的相互联系、相互作用中综合考察认识对象的一种思维方法。系统性思维以系统论作为基本思维模式的思维形态，不同于创造性思维或形象思维等本能思维形态。系统性思维能极大地简化人们对事物的认知，带来整体观。

其实有些孩子基础知识掌握得很扎实，简单题的正确率也够高，只是因为考虑不全、遗漏，数学、物理、政治等综合性题目得不到高分。他们一般会把问题归结为自己记忆力不好、脑子笨。物理、政治大题答不对或者答不全，是因为这些孩子学习的学科知识是一个个孤立的知识点，没有形成自己的知识体系。面对问题时，他们常常将一个表象问题简单地归结为某一个原因，缺乏系统地认识问题和分析问题的意识。这些孩子在学习知识、解决问题时都需要树立系统性思维，站在更高的层面上看问题、分析问题和解决问题。

系统性思维，强调从全局出发去分析问题，而不是单一地考虑其中的某个要素。系统性思维可以帮助人们提高思维深度，识别出事物的本质，而不是仅仅停留在表面。其实，孩子在学校学的学科知识也是一个大系统，如果在学习的过程中孩子能带着系统性思维，搭建一个认知网络，那么学习效率就会翻倍，综合性题目也就不难拿下了。洞悉本质、解决复杂问题正是系统性思维高手才拥有的核心能力。系统性思维不属于任何学科，但在所有的学科里都能用上。思维导图法就是一种非常好用的训练系统性思维的方法。

4

学习三大系统的作用机制

  学习力的三大系统是学习动力、学习策略和学习习惯，缺一不可。一个能自主学习的学生应以学习动力为前进方向，以学习策略为到达方式，以学习习惯为续航储备，三者结合才能到达想要的高度，学习才能稳中向好。同时，这三者之间是相辅相成的关系，有了充足的学习动力，孩子就会希望找到科学的学习策略；有了科学的学习策略，就能够培养出良好的学习习惯；良好的学习习惯反过来又能够让孩子的思维进一步成长和飞跃，形成更加宏大的格局，继而提供更强的学习动力。

  家长可以根据孩子的学习情况，在BMA学习轮的任何一个环节帮助孩子，从而推动整个学习轮转起来，形成学习的正向循环。不管是从哪个环节入手，比如规划与目标、学业情绪、元认知策略、学习流程、思维习惯、学习意义等，都能够积极地影响孩子，使孩子在每一环节受益。

第 4 章

科学评估：孩子的学习系统怎么样

1

如何发现孩子学习的真正问题？

家庭教育案例

不想上学的微微

　　初二女生微微，最近不想去学校，经常让家长帮她请假；请假次数多了，就不愿再去学校了。家长觉得微微是偷懒，对她进行各种劝说，甚至发火。微微一开始还解释，说自己身体不舒服，肚子疼、头疼等，后来就懒得跟父母解释了，直接不想去了。家长为此焦虑难耐，因为微微之前成绩还不错，但他们又不知道微微不去学校的真正原因是什么，也不知道怎么帮孩子，想给孩子报班补习，孩子也拒绝去上。

　　在和学习力辅导老师沟通的时候，因为建立了比较好的信任关系，微微向老师敞开心扉，说明了自己不想去学校的原因，以及后面越来越不想学习的原因。在经过和老师的梳理后，微微对自己的学习问题有了清晰的认识，并和老师一起探讨了解决方案，很快就回到了学校。

家长为什么无法准确判断出孩子的学习问题？

我们发现，许多家长在理解孩子的学习表现时往往存在困难，无法准确地识别学习问题背后的真正原因。面对孩子成绩不佳的情况时，家长们可能会简单地归咎于孩子懒惰或手机的影响，而忽视了可能是学习动力、学习环境或学习策略的问题。家长可能出于关心和期望，对孩子的学业表现进行批评，但这种行为可能使亲子关系更紧张，并不能提供实际的帮助。其实，评估孩子的学习问题是一项复杂、专业的系统性工作，它要求对学习相关知识的深度理解，以及对孩子当前学习信息的全面把握。这样的任务确实具有一定的挑战性，但对于家长来说，了解并解决这些问题，以帮助孩子更好地学习，无疑是值得努力的。

家长能不能准确判断出孩子的学习问题，主要受以下几个方面的影响。

学习问题的复杂性和隐蔽性

学习是一个很复杂的活动，而且很多学习问题的原因具有隐蔽性。比如孩子记笔记这件事，一问老师或孩子就知道记没记，但是，如果孩子最近不想去上学，或学习状态不稳定，那背后的原因就很复杂了。孩子不想去学校，可能是因为被老师批评；可能是因为和同学闹矛盾了；也可能是因为最近考试没考好，自我效能感低，等等。不想上学这样一个行为可能有多方面原因。但如果亲子关系不是很好，孩子就不一定愿意把真实想法都表达出来。所以，家长需要跟孩子深入聊天，更多时候可能需要先聊其他事情，慢慢引出这个话题，了解孩子不想上学的真正原因是什么。

孩子心理状态的复杂性

很多家长会发现，孩子小的时候，一看他的表现就知道他的心理状态，但等他到小学高年级或初中就越来越搞不懂孩子。其实是因为随着年龄增长，孩子的心理状态越来越复杂了，跟小时候完全不一样。比如青春期的孩子，情绪波动大、敏感，任何风吹草动都容易影响他的学习情绪，也许是别人的一个眼神、不经意间的一句话。可能连孩子自己都没有觉察到自己学不进去、感到很烦的真正原因是什么。另外，青春期的孩子开始需要家长和老师尊重自己，在意自己的隐私性、独立性，所以不愿意把自己的内心世界展露给家长。这也导致家长想跟孩子深入探索一些行为背后的原因时，没孩子小时候那么容易了。

亲子关系的信任度

其实影响孩子跟家长交流深度的重要因素，是家长能否走进孩子的内心，换句话说就是孩子对家长的信任度高低。如果孩子觉得，"我遇到问题时，可以跟父母讲，他们能帮到我"，那孩子是很乐意去跟家长沟通的。但是，如果孩子跟家长讲自己的问题时，家长会过度担心，甚至批评、指责孩子，那么孩子会介意把学习问题告诉家长。

家长的情绪问题

孩子不愿敞开心扉，而且没办法和孩子深入沟通的一个重要原因，其实是家长在和孩子沟通的时候情绪状态不稳定。大多数时候，家长对孩子学习问题的情绪反应是焦虑、担心、生气，怪不得孩子比较避讳和家长分享自己的学习问题。如果在和孩子交流的时候，家长情绪比较平和，认真听孩子说，让孩子感到安心，孩子就会愿意和家长一起梳理学习问题。

此外，家长和孩子沟通时也需要掌握方式方法。如果家长总是说"我觉得"，不倾听孩子的想法和感受，孩子就会觉得家长不理解他。有些家长，还像孩子上小学的时候一样对待青春期的他，摆出一副高高在上的姿态，孩子也会反感。

家长如何全面科学地找到孩子遇到的学习问题？

> ▶ 解决方案　通情达理，全面评估
> - 改善和孩子的关系
> - 管理好自己的情绪
> - 系统化评估孩子的学习情况

改善和孩子的关系

家长最厉害的能力，不是一针见血地指出孩子的学习问题是什么，而是让孩子愿意主动求助。要做到这一点，先要改善和孩子的关系，让孩子愿意信任你，觉得你会给他力量和希望。改善亲子关系很重要的一条就是家长要提升沟通能力。有时候不是孩子不愿意说，而是家长在和孩子沟通，尤其是谈论孩子学习问题的时候陷入了困境。所以，家长应该学会倾听，学会用完整句表达自己的想法与感受，让孩子觉得"爸爸妈妈懂我、理解我，我有困难该找他们帮忙解决"，这样亲子关系才能融洽。

管理好自己的情绪

谈论孩子学习问题的一个重要前提,是家长和孩子都心平气和。先通情,再达理,也就是说,先把情绪问题解决了,再来分析学习问题。否则,在激烈的情绪对抗中,人的理性脑是没有办法工作的。如果家长怒气冲天,那么孩子的愤怒或恐惧情绪也会被激活,家长说什么孩子都听不进去。还有些家长忍不住唠叨孩子,或者经常抱怨孩子不好好学习,孩子听烦了,就会关上心门,不想再跟家长说话。当然,家长也要学会透过孩子的行为表现,看到他真实的情绪状态。

所以,想深入了解孩子的学习情况,家长起码要让孩子感受到安全,而不是一谈到学习就指责、否定他。家长尽量多用一些能让孩子敞开心扉的问句:"我们能不能多谈谈?""能多说一些吗?妈妈想听你多讲讲。"若适当地表达出家长的好奇,孩子就可能愿意多谈谈了。

系统化评估孩子的学习情况

孩子的学习情况,不是家长想当然的那样,而是一个很复杂的系统。所以,家长需要从整体的角度去探讨、评估孩子的学习情况。基于认知心理学、教育心理学、发展心理学、脑科学的基本理论和学习力辅导经验,我们总结出,可以从学习动力、学习策略、学习状态、学业环境四个维度,评估学生的学业能力水平。

在本章后续几节,我们将带家长一起系统、全面地评估自己孩子的学习情况。希望你会对孩子的学习情况有更深入的了解,也找到帮助孩子提升学习动力的方向。

2

如何了解孩子的学习动力水平？

家庭教育案例

学习没动力的"佛系"小乐

小乐马上要中考了。爸爸觉得小乐再努力一下就能考上更好的高中，但小乐不愿意投入更多"爸爸认为的努力"，所以爸爸很着急。他觉得小乐应该多刷一些题，多花一些时间背书，但小乐写完作业就歇着了。在接受学习力辅导的时候，小乐说："什么都没意思，学习没意思，考到最好的学校也没意思，就这样活着好了。爸爸说，我们家的房子、爷爷奶奶家的房子都是我的，我以后就算不工作，吃住也不愁，不明白为什么要那么辛苦地学习。"老师问小乐："你觉得学习的意义是什么？"小乐说："学习没什么意义。"老师问小乐："那你未来想上什么大学，学什么专业？"小乐说："老师，我就想活在当下。我是个'佛系'的人，未来的事未来再说。"

有很多像小乐这样的孩子，他们学习能力不错，但学习动力不足，家长很着急。学习动力会直接影响学生学习的积极性。学习动力过低时，孩子会表现出"躺平""佛系"甚至厌学的情况。但到底哪里出了问题，我们该从哪些方面评估孩子的学习动力呢？根据学习动力的影响因素，我们从学习动机、学习目标、学习自我效能感、归因方式几个方面去评估。

如何找到孩子的需求点，点燃孩子的学习动力？

什么是学习动机？

学习动机是指引发与维持孩子的学习行为，并使学习指向一定学业目标的一种动力倾向，是直接推动孩子学习的一种内部动力，是激励和指引孩子学习的一种需要。所以，孩子的学习动机决定了孩子学习动力的起点。

如何评估孩子的学习动机？

> ▶ 评估思路 "你学习的意义是什么？"
> · 需求性动机
> · 成长性动机
> · 利他性动机

要想知道孩子的学习动机，最简单的方式就是观察和了解孩子为什么要学习，以及他认为学习的意义是什么；也可以直接询问孩子这两个问题。根据孩子的表现或回答，可以将学习动机分为以下三类：需求性动机、成长性动机、利他性动机。

◇ 需求性动机 ◇

需求性动机指孩子学习的目的是满足现在及未来的基本需要，比如获得安全的生存环境、稳定的工作、安定的生活，或者挣更多钱等。如果孩子的学习动机是需求性动机，你问他学习的意义或理由时，他可能会告诉你"为了将来能有一份稳定的工作""为了考一个好学校""为了将来能有安定的生活""为了将来能有一个安全的生存环境""为了将来能自食其力"。

◇ 成长性动机 ◇

成长性动机指孩子学习的出发点和目的与成长需要有关，比如证明自己的能力，努力实现自我价值，等等。如果孩子的学习动机是成长性动机，你问他学习的意义或理由时，他可能会告诉你"我要考上××高中或××大学""我要在期末考到班级前十名""我想当老师，实现自我价值""我想提高自己，拥有更丰富的学识、更开阔的眼界"。

◇ 利他性动机 ◇

利他性动机指孩子学习的出发点和目的关乎社会责任和他人利益，他愿意通过努力来实现帮助他人、为社会服务的目标。如果孩子的学习动机是利他性动机，你问他学习的意义或理由时，他可能会告诉你"减少他人对我的不满，让我妈妈开心，让老师开心""得到他人的承认，让同学对我刮目相看""我想以后赚大钱，让父母过上好日子""为了将来有能力帮助他人，比如办一家企业，让更多的人有工作"。

不管是需求性动机，还是成长性动机，抑或是利他性动机，都没有问题。了解孩子的学习动机类型，是为了从孩子内心需求的角度出发，点燃孩子的学习动力。

> **特别提醒**　有研究发现，孩子的利他性动机越强，他的学习动力可能会越足。我们也建议家长引导孩子发现学习的价值，这能让孩子当下的学习变得更有意义。

如何看到孩子希望的发展方向，激励孩子更努力？

什么是学业目标？

目标作为重要的动机变量，是一种稳定的人格特质。学业目标就是孩子想通过学习达成的最终目标，主要可以分为发展性目标、实证性目标、回避性目标三类。大多数孩子通常具有一种主导型学业目标定向，同时兼具其他辅助目标定向，而主导目标定向能够激发孩子的学习动力，对孩子的学业成绩和未来成就产生较大影响。如果孩子拥有清晰的学习目标，一方面，他会有努力的方向，能维持自己的学习动力；另一方面，孩子在学习的过程中对照目标就能激励自己朝着目标努力。

如何评估孩子的学业目标？

孩子到底是由哪类学业目标主导？我们可以通过观察孩子的学

习状态来了解和评估。

> ▶ **评估思路** 三类学业目标
> · 发展性目标
> · 实证性目标
> · 回避性目标

◇ 发展性目标 ◇

由此类学业目标主导的孩子，是为了获得新技能、适应新情景，以及提高自己的发展能力而学习。如果孩子学习的主导目标是发展性目标，家长通常可以观察到孩子会有以下几种学习状态。

- 经常主动尝试各种新的方法来提升自己的能力，比如通过刻意练习来提升审题能力；
- 经常寻找各种机会吸收知识，比如喜欢向老师提问，乐于跟同学探讨问题，从而及时解决自己的学习困惑；
- 喜欢做那些能让自己学到新技能，富有挑战性的事情。

◇ 实证性目标 ◇

由此类学业目标主导的孩子，是为了努力证明自己的能力并获得他人对自己能力的积极评价而学习。如果孩子学习的主导目标是实证性目标，家长通常可以观察到孩子会有以下几种学习状态。

- 比较关注排名，总想证明自己的学习成绩比其他同学好，考得比某个同学差了时，就会生气或气馁；
- 当别人意识到他很出色时，孩子就会很高兴。比如，很在意老师和家长是不是表扬自己；

- 比较喜欢参加那些能向别人证明自己能力的活动，比如能获奖的比赛。

◇ 回避性目标 ◇

由此类学业目标主导的孩子，是为了极力逃避任何证实自己低能的可能，以及他人对其个人能力的消极评价而学习。如果孩子学习的主导目标是回避性目标，家长通常可以观察到孩子会有以下几种学习状态。

- 通常回避那些自己可能做得不太好的事情或活动，比如不愿意去挑战自己不擅长的学科；
- 如果觉得某些作业的成绩有可能使自己难堪，就会比较讨厌那些作业，比如觉得数学成绩差，就开始对数学有厌学情绪。

孩子的学习目标不同，学习动力、学习状态也不同。研究发现，发展性目标与学习成绩呈显著正相关，拥有发展性目标的孩子愿意接受挑战，克服困难，取得成就。而实证性目标和回避性目标与学习成绩呈显著负相关，拥有这两种目标的孩子不能树立合理而有意义的目标，不能持续努力克服困难。所以，我们要多引导孩子在学业上树立发展性目标，让孩子明白学习的目的是提升自己的能力，而不是改变别人的眼光。当然我们在这里也想强调一下，每个孩子都不可能只有一个目标，不过某一类型的目标会占据主导地位。

如何衡量孩子的自信程度？

什么是学习自我效能感？

自我效能感是美国心理学家阿尔伯特·班杜拉（Albert Bandura）

提出的。班杜拉认为,自我效能感指"人们对自己是否能够利用所拥有的能力去解决某项工作的自信程度",衡量的是对自己能否完成某项任务的判断、信念或自我把握和感受。自我效能感是对自己的能力进行衡量与评价的结果,这种结果转而调节人们的行为选择、努力程度,并且决定他们在特定任务中的能力和表现。

孩子的学习自我效能感,是指在学习过程中对自己是否有能力完成学习目标和任务的判定。孩子的学习自我效能感与学习成绩之间呈显著相关关系,成绩好的孩子往往具有较高的自我效能感。自我效能感对孩子的学习动力也有很大的影响,需要引起注意。

如何评估孩子的学习自我效能感?

> ▶ 评估思路　两种学习自我效能感
> · 学习能力自我效能感
> · 学习行为自我效能感

我们从两个维度评估孩子的学习自我效能感:学习能力方面的自我效能感,是孩子对于自己是否有能力完成学业进行的自我认定和评估;学习行为方面的自我效能感,是孩子对于自己的学习行为与完成学习目标之间关系的评估,也就是行为结果评估。

◇ **学习能力自我效能感** ◇

家长可以观察,孩子在学习上是不是有以下心态:

- 相信自己有能力在学习上取得好成绩;
- 认为自己有能力解决学习中遇到的问题;

- 认为自己能够在课堂上及时掌握老师讲授的内容；
- 认为自己能够学以致用；
- 喜欢选择富有挑战性的学习任务；
- 不管学习成绩好坏，都从不怀疑自己的学习能力。

如果孩子是上述心态，那么孩子的学习能力自我效能感比较高；反之，我们就需要帮助孩子提升学习能力自我效能感，让孩子了解大脑的可塑性，相信自己可以提升能力，从而拥有成长型思维。

◇ 学习行为自我效能感 ◇

家长可以观察，孩子在学习上是不是有以下心态：
- 思考某一问题时，能够将前后所学的知识联系起来；
- 总是在书本或笔记本上画出重点部分以帮助自己学习；
- 为了考试进行复习时，能够将不同部分的内容融会贯通；
- 做作业时，总力求回忆起老师在课堂上所讲的相关内容，把作业做好。

如果孩子是上述心态，那么孩子的学习行为自我效能感就比较高；反之，我们就需要帮助孩子提升行为效能，让孩子相信自己的学习是能达成目标的。

> **特别提醒**、我们尤其要注意，在某一次不理想的考试之后，孩子往往自我效能感最低。这时候，要帮助孩子及时复盘，总结提升方法，维持效能感。否则，有些孩子在经历了挫折或失败后效能感降低，会出现学习动力下降的情况。

如何评估孩子的归因方式？

什么是归因方式？

归因理论由社会心理学家费里茨·海德（Fritz Heider）于1958年提出，指人们对自己或他人的行为进行分析，推论出这些行为的原因的过程。归因方式会影响行为方式和动机。同理，孩子对自己学习问题的归因，也会影响孩子的学习动机。

美国著名心理学家韦纳（B.Weiner）按其特性把众多的归因方式分为三个维度，即原因源、稳定性和可控性。原因源又分为内因和外因，是指学生将学业成败归因于个人内部因素还是外部环境因素。内归因时，主要考量孩子自己的努力和能力；外归因时，主要考量外部环境，比如情境或运气。稳定性是指原因因素的时间特性。比较稳定的因素，包括孩子自己的能力、努力等。可控性维度是按原因是否以人的意志为转移而划分的。可控的原因，是指孩子认为自己可以控制的努力和能力，不可控的原因，是指孩子觉得自己不可以控制的外在的情境和运气等。

> ▶ **评估思路　四种归因方式**
> - 努力归因
> - 能力归因
> - 情境归因
> - 运气归因

如何评估孩子的归因方式？

孩子对自己学业成败的归因方式，主要有努力、能力、情境、运气四个方面，涉及内部和外部两个维度。我们可以通过观察来进行评估。

◇ 努力归因 ◇

如果考试失败了，孩子的归因方式表现为：
- 认为主要原因是自己在这门课上没有用功。

如果考试考好了，孩子的归因方式表现为：
- 觉得自己取得的好成绩全部得益于自己的努力；
- 觉得只要自己肯努力，就能克服学业成功之路上的任何障碍。

这类孩子对学习结果的归因主要是努力，也就是认为自己通过努力取得了理想的学业成就，如果没有考好，就是因为自己不够努力。努力归因型孩子一般学习动力比较足，愿意付出努力提升成绩，对自己也比较有信心。

◇ 能力归因 ◇

如果考试失败了，孩子的归因方式表现为：
- 怀疑自己的学业能力。

如果考试考好了，孩子的归因方式表现为：
- 认为取得好成绩最重要的因素是自己的学习能力；
- 认为自己的高分直接反映了自己的学业能力强。

这类孩子对学习结果的归因可能更多是能力，也就是认为自己成绩好不好取决于自己的能力。由能力归因主导的孩子，比较容易受挫，觉得自己能力不行，会以固定型思维限制自己的努力。这种情况下，我们一方面要帮助孩子肯定自己的能力，另一方面，也要让孩子知道能力是可以通过努力提升的。

◇ **情境归因** ◇

如果考试失败了，孩子的归因方式表现为：

- 觉得一旦老师认定自己是个成绩差的学生，那么比起其他同学，老师给自己的主观题分数就会更低；
- 认为在那些老师讲得枯燥的课上，自己常常得分更低。

如果考试考好了，孩子的归因方式表现为：

- 认为自己有几次在某门课中得了高分，是因为老师的打分标准太宽松；
- 认为有时自己得了比较高的分，只是因为那次考的内容比较简单。

这类孩子对学习结果的归因更多的是情境，也就是认为自己成绩的好坏是由自己决定不了的外在情境决定的。由情境归因主导的孩子，一般容易"躺平"或"佛系"。要帮助孩子意识到，学习的结果是由自己决定的，从而让孩子愿意掌控自己的学习。

◇ **运气归因** ◇

如果考试失败了，孩子的归因方式表现为：

- 认为自己仅仅是不走运，复习的没考到，考到的没复习。

如果考试考好了，孩子的归因方式表现为：

- 觉得有时考试成功要靠一点运气；自己取得高分在很大程度上都是靠运气，例如考试中恰巧出现了自己会做的题。

这类孩子对学习结果的归因更多是运气，也就是认为自己决定不了考得好不好，考试结果主要看运气。由运气归因主导的孩子学习状态容易不稳定，学习动力会不足。要帮助孩子看到运气只是一小部分因素，关键在于不断提升自己的能力，不懈努力，从而让孩子对学习有掌控感，进而动力满满。

另外，归因也可以从内外部的角度来看。如果孩子的归因指向自己，则是内部归因，学习动力会高一些；如果孩子的归因更多指向外部，则是外部归因，学习动力就会比较低。一般情况下，要引导孩子先从自己身上找原因，激发自我责任感，不要一味埋怨外部环境；引导孩子尽量找到自己能控制的因素，不要过多将学习结果归因于不可改变的因素。

本节内容，我们从学习动机、学习目标、学习自我效能感、学习归因方式几方面，评估了孩子的学习动力。当孩子出现不想学习的"躺平"情况，家长一定要关注孩子背后真正的问题，这样才能有的放矢地帮助孩子提升学习动力。具体如何提升学习动力，请参考学习动力相关章节内容。

3

如何判断孩子的学习方法好不好？

家庭教育案例

怎么努力成绩也上不去的浩浩

浩浩初中时成绩很好，进入高中后，每天学习很用功，上课记笔记也特别认真，老师讲的几乎全部记下来；晚上回家写作业写到很晚，除了作业还会额外做一些题。他还要求家长给他报课外补习班，一对一的班报了好几个，但成绩总是不见提升。浩浩的妈妈很困惑：孩子这么努力还学不好，是不是智力有问题？学习力指导师在对浩浩的学习力进行评估后，发现浩浩学习动力很足，主要问题出在学习策略上。经过老师的评估和策略调整，浩浩的成绩慢慢提升了。

很多学习很努力，但成绩总是上不去的孩子，其实是学习策略有问题。

学习策略是孩子为了提高学习效果和效率，有目的、有意识地制定的有关学习过程的复杂方案，直接反映了孩子学习方法的科学性与深度。学习策略的使用程度，是影响孩子学习效果最直接的因素。学习策略的评估中，我们选取了认知策略和元认知策略这两个方面，以此帮助孩子调整自己的学习方法。

认知策略自检

我们在第三章已经讲过认知策略的概念和作用，这里介绍如何在孩子的表现层面来评估孩子的认知策略。

如何评估认知策略？

我们主要从复述策略、精细加工策略、组织策略三个层面来评估孩子的认知策略。

> ▶ **评估思路** 三种认知策略
> - 复述策略
> - 精细加工策略
> - 组织策略

◇ **复述策略** ◇

常用的方法有画线、圈点、批注、整体识记和分段识记等。我们可以通过观察孩子学习的时候是否有以下行为来判断孩子有没有使用复述策略。

- 在上课过程中，认真听讲、做笔记，同时用笔给课本上的重要字句、公式及定理画线；
- 学习新授内容之前，总是根据需要进行预习；

- 利用课余时间重复抄写和背诵课本中的重要字句、公式及定理；
- 课后会及时复习学过的内容。

如果孩子有以上行为，并且在学习时有意识将信息保存在大脑中，以便后续加工，那么孩子的复述策略就用得比较好；如果没有画线、预习、复习的习惯，我们就要帮助孩子把复述策略用起来。

◇ 精细加工策略 ◇

常用方法有记忆术、做笔记、提问、生成性学习等。我们可以通过观察孩子学习的时候是否有以下行为来判断孩子有没有使用精细加工策略。

- 借助联想、归纳把相关知识联系起来学习；
- 注意发现学习内容之间的规律，并举一反三；
- 能意识到作业、测试中的错误，并进行适当的纠正；
- 在学习中善于用图画、图表等非语言信息理解所学内容。

如果孩子能对所学知识进行以上深度的思考和理解，那么孩子的精细加工策略就用得比较好；如果没有，我们就要帮助孩子学会使用精细加工策略，养成深度思考的习惯。

◇ 组织策略 ◇

常用的方法有列提纲、利用图形和表格进行归类等。我们可以通过观察孩子学习的时候是否有以下行为来判断孩子有没有使用组织策略。

- 总是利用列提纲、画知识图表来理解所学的内容；
- 会利用记忆规律提高记忆效果；
- 经常利用推理、归纳等手段分析和解决学习中的问题；

- 遇到新学习内容的时候，总会及时提醒自己注意那些已经学过的内容。

如果孩子能用各种方法归纳总结知识点之间的结构、关系，并形成自己的知识体系，那么孩子的组织策略就用得比较好；如果不能，就要帮助孩子学会使用组织策略进入深度学习。至于组织策略的具体训练方法，可以参考思维导图学习法。

元认知策略自检

我们在第三章讲过元认知策略的概念和作用，本节主要从孩子的行为层面来评估孩子的元认知策略。

如何评估元认知策略？

我们主要使用计划策略、监控策略、调节策略这三种思路来评估孩子的元认知策略。

> ▶ **评估思路　三种元认知策略**
> ・计划策略
> ・监控策略
> ・调节策略

◇ **计划策略** ◇

如果孩子有以下表现，这说明他的计划策略用得很好。

- 对于自己的学习要达到什么目标，心里有数；
- 完成作业后如果有剩余时间，会有计划地给自己安排一些额外的学习任务；

- 在假期中，常常有计划地安排自己的学习时间和学习活动。

如果孩子以上几点做得不是很好，则需要帮助孩子学会制订学习计划。具体如何做，可以参考关于如何制订学习计划的内容。

◇ 监控策略 ◇

如果孩子有以下表现，这说明他的监控策略用得很好。

- 常给自己提出一些问题，以确保真正理解所学的内容；
- 通过单元测试或作业，常常能发现自己在学习中的薄弱环节；
- 常常通过反省和与同学比较来检查自己在学习方法与学习效率上存在的问题；
- 做完练习、对完答案后，会及时总结，从中找出不足之处。

如果孩子以上几点做得不是很好，则需要帮助孩子学会及时有效地监控自己的学习过程。

◇ 调节策略 ◇

如果孩子有以下表现，这说明他的调节策略用得很好。

- 发现学习计划不适合自己或有其他情况时，会马上调整；
- 当学习成绩下降时，很擅长自己分析原因并及时补救；
- 能根据学习内容及时调整学习方法；
- 对于上课没学会的那些内容，课后会主动翻书自学或请教他人。

如果孩子以上几点做得不是很好，则需要帮助孩子学会及时调整自己的学习过程。

本节我们从认知策略和元认知策略两个方面评估孩子的学习方法。孩子越是使用深度学习策略，学习潜能越能发挥好，否则孩子就会陷入低水平勤奋状态。所以，家长可以从这几个方面观察孩子在学习过程中有哪些地方需要调整。

4

如何准确评估孩子的学习状态？

家庭教育案例

怎么也静不下心来学习的小云

小云最近成绩波动比较大：上一次月考，他考了有史以来个人最好成绩，但是这一次跌了几十名。妈妈很着急，不知道小云怎么了。学习力辅导老师在跟小云沟通后发现，小云最近因为学校发生的一些事情心静不下来，从而影响了他的学习状态：上课的时候听不进去，在家学习时也是看书看了半天一个字都没进脑子里。

孩子的学习状态会间接影响他的学习动力和对学习认知资源的使用，进而影响学习方法和学习效果。孩子的学习状态主要受学习情绪的影响，有时候我们甚至可以说"学习力等于情绪力"。孩子的情绪水平在学习和生活诸多方面都具有引导、激励和协调组织的功能，对孩子的知觉、思维、注意力和意志等有着重要作用，影响其学习状态、人格稳定性和身心健康。中学生处于青春期的早期，在生理、心理、社会性发展等方面都具有特殊性，既要应对身体上突如其来的变化，又要在心理上适应新的学习环境，应对沉重的学习负担、激烈的竞争。因此中学生容易出现压力过大、焦虑、抑郁等不良情绪状态。这已成为青少年群体中常见的问题，需要家长及时关注和重视。

下面我们主要从抑郁状态、压力状态、情绪智力、专注力四个方面评估孩子的学习状态。

孩子是不是抑郁了？

抑郁如何影响孩子的学习状态？

抑郁是学生日常生活中一种较为常见的情绪，表现为持续的心情低落、意志消沉、沮丧等综合性情绪状态，是学生个体心理因素和生理因素共同作用的结果，严重者可演变为抑郁症。很多在家长看来不佳的学习状态，诸如懒散、不愿努力、没毅力等，有可能是由抑郁情绪导致的。所以，我们需要及时关注孩子是否处于抑郁的状态，如果是，一定先帮助孩子调整好情绪。

如何评估孩子的抑郁状态？

关于这个问题，我们主要从孩子的生活状态、学业发展、人际关系三个维度去评估。

> **评估思路** 抑郁状态三个维度
> ・生活状态
> ・学业发展
> ・人际关系

◇ **生活状态** ◇

这里生活状态特指孩子在过去一段时间,比如两周之内,持续的一种心境。我们可以观察孩子的睡眠、精神状态、心情等,或通过跟孩子聊一聊,来确定他最近是否有以下表现。

- 经常感到忧愁;
- 经常精神不振;
- 对自己的前途悲观失望;
- 觉得生活没意思;
- 有自卑感;
- 把做什么事都当成负担。

如果这些在孩子身上比较常见,那么孩子可能已经陷入较为严重的抑郁状态。

◇ **学业发展** ◇

这里学业发展特指孩子最近一段时间对学习的一种感知。我们可以通过观察孩子,来确定他最近是否有以下表现。如果孩子愿意跟你谈学习问题,也可以引导孩子自我觉察自己的学习状态。

- 丧失学习上的毅力;
- 对学习没有兴趣;

- 常为自己的学习成绩发愁；
- 上课时常常提不起精神，注意力不集中；
- 学习效率低。

如果以上表现中有多条符合孩子的现状，那么孩子可能已经陷入较为严重的抑郁状态。

◇ 人际关系 ◇

这里人际关系特指孩子最近一段时间在学校的人际交往状态。这一点往往严重影响孩子的情绪状态和学习状态，我们要注意孩子是否有以下表现。

- 对学校的各种活动没有兴趣；
- 对人对事都很冷淡；
- 看起来常常很孤独。

如果都有，那么孩子可能已经陷入较为严重的抑郁状态。

如果你发现孩子最近一段时间情绪低落、学习兴趣减退，甚至不想去学校，观察和沟通之后，确认孩子在以上三个维度已经陷入较为严重的抑郁状态，那么你一定要积极帮助孩子调整状态，比如带孩子运动，保证孩子的睡眠质量，带孩子做一些他感兴趣的事情等。

> **特别提醒**
>
> 如果情况得不到改善，或者孩子出现自残自伤等行为，建议家长带孩子去做心理咨询，让专业的人来帮助孩子化解抑郁情绪。

孩子的压力到底大不大？

压力如何影响孩子的学习？

压力是一个人觉得自己无法应对环境的要求时产生的负面感受和消极信念。中学生主要面临学业压力，即对超出其应对能力或可能威胁到自身学业的内外环境要求，反应或感受强烈。适度的学习压力可以给孩子带来更强的学习动力，激发孩子的干劲儿和潜能，使孩子对学习表现出更积极的态度并采取行动。但学习压力过高会严重影响孩子的学习心态和学习状态，导致焦虑、厌学等情况出现。所以，家长要积极关注孩子的学习压力，帮助孩子调整状态。

如何评估孩子的压力状态？

我们主要从压力来源来评估孩子的学习压力状态。只有了解孩子的压力来源，才能更好地帮助孩子调整状态。

> ▶ **评估思路** 压力来源的四个维度
> - 来自家长的压力
> - 来自老师的压力
> - 来自自己的压力
> - 来自人际关系的压力

◇ **来自家长的压力** ◇

如果孩子有以下反馈，这就说明家长带给孩子的学业压力比较大，需要家长做出调整。

- 觉得父母经常对自己唠叨，迫切希望自己成为一个出类拔萃的人；
- 觉得如果考试成绩不理想，父母就会恼火或者特别忧愁；
- 放学回家，父母问得最多的就是"最近考试没？""学得怎么样？"这样的话；
- 父母经常当着别人的面批评自己，说自己懒、不用功。

◇ 来自老师的压力 ◇

如果孩子对自己和老师的关系有以下反馈，这就说明来自老师的学业压力比较大。这需要家长和老师多沟通，请老师多关注孩子的感受。

- 孩子回答不上老师的问题时，老师会严厉批评他；
- 孩子与老师关系平时比较疏远；
- 孩子觉得老师对他漠不关心，几乎忽视了他的存在；
- 孩子觉得老师喜欢将班上发生的不好的事与成绩差的学生联系起来。

◇ 来自自己的压力 ◇

如果孩子对自己有以下表现，这就说明压力可能来自过高的自我要求或完美主义倾向，我们需要帮助孩子调整自己的认知。

- 认为升学是他唯一的出路；
- 如果没考好，就会觉得对不起父母；
- 在成绩好的同学面前感到自卑；
- 经常对自己的考试成绩不满意；
- 认为只有学习成绩好才被别人看得起。

◇ 来自人际关系的压力 ◇

如果孩子有以下表现，这就说明他的压力可能来自人际关系。我们要帮助孩子提升自己的人际交往意愿和能力。

- 即使是假期，也喜欢一个人待在房间里，很少与父母交流；
- 当孩子烦恼时，觉得没有一个知心朋友可以倾诉；
- 经常与父母发生冲突。

家长应该是最能感知到孩子压力的人，所以当孩子因压力过大而学习状态不佳时，一定不要急着批评孩子，而是要找到孩子压力的来源，有针对性地帮孩子减压。

> **特别提醒**、孩子在适度的压力下才能激发学习的潜能，压力过大或没有压力，都需要家长警惕。

孩子的情绪智力会影响学习吗？

情绪智力如何影响孩子学习？

情绪智力是孩子成功完成情绪或情感活动所需的个性心理特征，是一种通过监控自己及他人的情绪和情感，并识别、利用这些信息指导自己的思想和行为的能力。情绪智力属于智力范畴，但又与一般的认知性智力不同，它是孩子以情绪或情感为操作对象所表现出来的一种智力。情绪智力包含情绪的自我评估与表达能力、自我情绪管理能力、情绪运用能力以及对他人情绪的识别和评估能力四个方面。

一个孩子情绪智力高，说明他具有较好的情绪管理和调节能力，不容易陷入负面情绪中，而且当出现压力的时候，也能更好地自我调节。所以，评估孩子的情绪智力是很重要的，如果哪方面比较弱，家长就可以有针对性地帮助孩子提升。

如何评估孩子的情绪智力？

我们主要通过以下几个方面评估孩子的情绪智力。

> ▶ **评估思路** 情绪智力的四个方面
> · 情绪的自我评估与表达能力
> · 自我情绪管理能力
> · 情绪运用能力
> · 对他人情绪的识别和评估能力

◇ 情绪的自我评估与表达能力 ◇

这种能力指孩子能理解深层次的情绪表现，并自然地进行表达。具有这种能力的孩子在大多数人面前都可以感知到自己的情绪。家长可以观察孩子能否做到以下几点。

• 知道自己会有某些情绪的原因；
• 很了解自己当前是哪种情绪。

如果孩子能做到，那说明孩子情绪的自我评估与表达能力比较强；如果不能，孩子在遇到烦心的事情的时候往往会告诉你"我很烦"，但说不出来自己烦什么，为什么烦。所以，如果孩子情绪的自我评估与表达能力较弱，我们就要引导孩子觉察自己的情绪并说出来。

◇ 自我情绪管理能力 ◇

这种能力指孩子管理自己情绪的能力。较强的自我情绪管理能力可以使孩子从心理失调的状况下快速恢复。家长可以观察孩子能否做到以下几点。

- 遇到困难时，孩子很少自怨自艾或迁怒他人；
- 孩子通常能在很短的时间内冷静下来，对自己的情绪有很强的控制能力。

如果孩子能做到，这就说明自我情绪管理能力比较强；如果不能，孩子则容易被情绪控制，家长就要教孩子一些情绪管理的方法和技巧，让孩子从失控的状态里走出来，因为情绪失控会严重影响孩子的学习状态。具体的管理方法可以参考本书有关情绪管理的相关内容。

◇ 情绪运用能力 ◇

这种能力指孩子调整自己情绪，并使情绪对自己想要的事态发展起到推动作用的能力；也就是用积极的情绪状态激励自己努力朝着目标精进。家长可以观察孩子能否做到以下几点。

- 为自己制定目标并尽量完成目标；
- 经常告诉自己"我是一个有能力的人"；
- 经常鼓励自己要做到最好。

如果孩子能做到，这就说明他能很好地利用积极情绪的激励作用，努力发展自我。如果不能，家长就需要帮助孩子学会处理自己和情绪的关系，让他成为自己情绪的主人，运用情绪的积极力量。

◇ 对他人情绪识别和评估的能力 ◇

这种能力指孩子理解其他人的情绪的能力。具备这种能力的人往往对他人的情绪很敏感。家长可以观察孩子能否做到以下几点。

- 从朋友的行为表现中感知到他们的情绪；
- 父母心情不好时，会安慰父母。

如果孩子能做到，这就说明他能敏锐识别和评估其他人的情绪，甚至能帮助别人调节情绪，人际关系也会比较融洽。如果不能，家长就需要帮助孩子学习理解他人情绪，进而提高孩子与他人相处的能力。

> **特别提醒**
>
> 我们经常说情绪力等于学习力。情绪教育是家庭教育很重要的一部分，家长一定要关注孩子的情绪发展、情绪状态和情绪管理能力；情绪也是影响孩子学习潜能发挥的重要因素。从以上几个方面帮助孩子提升情绪智力，孩子的学习潜能就会得到很好的发挥。

孩子的专注力是不是有问题？

专注力如何影响孩子学习？

专注力指孩子专注于某一事物或活动时的心理状态。专注是其他多种高级认知功能有效发挥作用的前提。专注力保证了学生可以高效地加工信息，因此它是决定学生学习能力的基础因素之一。孩子专注力不够，上课时就容易走神，在家写作业、学习时出现拖拖拉拉、熬夜到很晚也完不成作业的情况。所以，家长对孩子专注力的关注是确定孩子学习状态的重要内容。

如何评估专注力？

我们从注意力集中和注意力转移两个方面评估孩子的专注力。

> ▶ **评估思路** 从两个方面评估专注力
> · 注意力集中能力
> · 注意力转移能力

◇ 注意力集中能力 ◇

注意力集中指孩子全身感官和能量都配合大脑专注地做一件事的状态。注意力集中能力强的孩子，学习比较专注，不容易受干扰。家长可以观察孩子是否能做到以下几点。

- 专心学习时，觉察不到周围发生的事情；
- 在喧嚣的环境中，仍然可以集中注意力写作业；
- 想要集中注意力的时候，随时能做到摒除杂念；
- 当遇到让他兴奋的事情时，仍然可以集中注意力学习。

如果孩子能做到，这就说明他的注意力集中能力比较强；如果不能，孩子则容易受外界环境或内心杂念影响。这需要家长帮助孩子提升注意力集中能力。如果专注力问题比较严重，就需要让孩子到正规医院就诊。

◇ 注意力转移能力 ◇

注意力转移指孩子的注意力从一件事情快速而又主动地转移到另一件事情上的能力，这种能力体现了思维的活跃性和灵活性。注意力转移能力强的孩子，在学习的时候会专心学习，玩的时候会专心玩，能够比较迅速地调整学习状态。家长可以观察孩子是否能做到以下几点。

- 很容易将注意力从刚刚在做的一科作业（比如数学作业）转移到正在做的另一科作业（比如英语作业）上；
- 能轻松地一边和家长聊天一边做作业；
- 即使被一些事情打断，也能很快将注意力集中到之前所做的事情上；
- 能轻松地在两项困难的任务之间随意转换注意力，比如认真听讲与专心记笔记。

如果孩子能做到，这就说明他的注意力转移能力比较强；如果不能，就需要帮助孩子做一些训练来提高他的注意力转移能力。

在信息化时代，影响孩子进入专注学习状态的因素太多了，所以家长要重视孩子专心投入学习的能力。家长可以从以上两个方面观察孩子的专注力，如果孩子的专注力有些弱，一定要为孩子提供专业的帮助，提升专注力。

在本节，我们从孩子的抑郁状态、压力状态、情绪智力、专注力几个方面评估了孩子的学习状态。稳定的学习状态是孩子发挥学习潜能的基础，希望家长都能关注孩子的学习状态，帮助孩子调整好学习状态，专注、高效地学习。

> **特别提醒**
>
> 孩子学习状态的最大干扰因素，可能是家庭的氛围和父母的情绪状态，尤其是焦虑情绪，这需要家长的自我觉察和反思。

5

如何评估和优化孩子的学习环境?

家庭教育案例

不想学数学的小萌

小萌最近有点厌学情绪,尤其是对班主任的数学课。她说:"我再也不想学数学了,考零分也没关系。"妈妈一问,原来是数学课上,小萌跟同桌说话,被老师当着全班的面批评,小萌觉得特别没面子。而且小萌认为,老师偏心,班里成绩第一的小叶不管犯什么错,老师都不会批评他。小萌对老师的不公平对待感到恼火,这把"火"烧到了数学课,导致她对数学产生了负面情绪。小萌的学习状态就是因为受到学校环境的影响发生变化。

孩子的学习有时候会受学习环境影响,这一点需要家长的关注。接下来,我们主要从校园氛围和家庭氛围两个方面评估学习环境对孩子学习的影响。

校园氛围如何影响孩子的学习？

校园氛围指孩子在学校中所体验到的，并对其行为产生影响、相对持久而且稳定的环境特征，是孩子感知到的校园环境的总称。校园氛围是保障孩子身心健康发展的重要因素，积极的校园氛围对减少孩子的问题行为、减轻孩子的情绪问题、促进孩子的学业发展、提高孩子的适应性有着重要作用。有时候孩子说"我不想去学校了"，可能是受校园氛围的影响，比如跟老师、同学的关系出现问题，也可能是因为对学校的一些期待没有达成。所以，家长要及时了解孩子在学校的情况。

如何评估校园氛围？

校园氛围包含师生关系、同学关系、期望清晰度、规则公平度、尊重多样性五个方面。我们也可以基于这五个维度和孩子交流，从而评估校园氛围对孩子的影响。

> ▶ **评估思路** 校园氛围的五个维度
> - 师生关系
> - 同学关系
> - 期望清晰度
> - 规则公平度
> - 尊重多样性

◇ **师生关系** ◇

这里师生关系主要指孩子对老师与学生间的互动质量的感知。

第 4 章 科学评估：孩子的学习系统怎么样 127

心理学家罗伯特·罗森塔尔（Robert Rosenthal）于20世纪60年代末通过实验研究发现，教师对某些孩子有积极期望，觉得聪明的他们以后智力会发展得很快，若干个月后，这些孩子的智力果真得到了较快、较好的发展；相比之下，没有得到教师积极期望的孩子智力的发展并不明显。两类孩子原来并没有什么差别，几乎是在完全相同的教育环境中学习成长，因而他们智力发展的差异只能由教师不同的期望来解释。所以，师生关系是影响孩子学习潜能发挥的重要原因。

如果师生关系质量高，孩子往往会有以下感受：

- 老师在学校里很关心学生；
- 学校的校领导和其他工作人员都关心学生；
- 在学校里学生们喜欢自己的老师。

当孩子感受到的是高质量的师生关系，他就会喜欢去学校，上学的动力也足。

◇ 同学关系 ◇

同学关系主要指孩子对同学间互动质量的感知。同学关系是青少年满足社会需要、获得爱与尊重的重要源泉，他们在同学关系中获得的交往经验也影响其自我概念的形成和人格的发展。若同学关系良好稳定，孩子的学习状态也会很稳定。而且我们发现，很多孩子的学习动力来自在同学中找到归属感和被尊重感。

如果同学关系质量高，孩子往往会有以下感受：

- 自己所在的学校里学生们友爱和睦；
- 自己所在的学校里学生之间相互关心；
- 自己所在的学校里学生们交往时相互尊重；

当孩子感受到的是这样的同学关系，他就会喜欢去学校，学习动力也足。

◇ 期望清晰度 ◇

期望清晰度指孩子对自身行为及活动是否有清晰的预期。青春期的孩子开始探索自我的边界，想了解自己的行为是否符合规范，如果学校规章制度不允许他自我探索，这往往会影响孩子的自我感知和学习状态。

如果期望清晰，孩子往往会有以下感受。

- 学校的校规被很明确地传达给了自己；
- 学生都知道在学校里应该做什么；
- 关于学生应该怎样表现，学校很明确地告知了学生。

如果孩子对自己的行为标准有清晰的认识和了解，那么他们内心就会比较安定，学习状态也会比较稳定。

◇ 规则公平度 ◇

规则公平度指孩子对学校规则的公平性及结果的看法。孩子希望自己是被尊重的，能得到公平对待，所以对公平性很敏感。如果学校规则公平，孩子往往会有以下感受。

- 学校的规章制度是合理的；
- 违反学校规章制度的处罚是合理的；
- 学校的行为规范是公平的；
- 自己所在的班级里的课堂规则是公正的。

青春期的孩子如果受到不公平的对待，就很容易影响学习状态，比如出现不想学习、逆反等情况。

◇ **尊重多样性** ◇

尊重多样性指孩子对老师是否无差别对待所有学生的感知。在进入青春期的时候，孩子对自己的个性被尊重的需求变得很强烈，所以老师是否尊重孩子的个性，会影响孩子对学校氛围的感知。如果老师尊重学生的多样性，孩子往往会有以下感受。

- 老师对所有的学生给予同样的尊重；
- 不同背景的学生相互尊重；
- 学生的背景对学生而言不重要；
- 老师无差别地对待不同背景的学生。

如果孩子感受到自己的个性和差异在学校是被尊重的，那么他会比较喜欢学校，学习动力足，学习状态稳定。

当孩子有一天跟你讲"妈妈（或爸爸），我不想去学校了"，一定不要责怪孩子，先跟孩子从以上几个方面聊聊，看看是不是哪方面让孩子感到不舒服了。在和孩子的日常沟通中，孩子也会有意无意地表达出对学校氛围的感知，家长要留意。

家庭氛围如何影响孩子的学习？

家庭氛围指家庭生活中人与人之间所形成的一种特殊气氛或氛围，它体现在家庭成员的内在情绪和感受中，对家庭成员有着潜移默化的作用，为孩子良好的心理素质奠定了基础；当然，家庭氛围也会影响孩子的学习动力和学习状态。我们都希望孩子安心学习，但是很少关注家庭氛围对孩子的影响。有些孩子会反馈说"我一回家，心就静不下来""我妈妈一生气，我们家空气就凝固了，然后我脑子一片空白""他俩一吵架，我就想逃离这个家"，这些都是家庭氛围对孩子学习状态的影响。

如何评估家庭氛围？

我们可以从以下几个维度来评估家庭氛围。

> ▶ **评估思路** 家庭氛围的五个维度
> · 接纳—决绝维度
> · 激励—惩罚维度
> · 理解—责备维度
> · 温情—粗暴维度

◇ 接纳—拒绝维度 ◇

如果孩子感到：

- 即使自己表现不如别人，父母也不觉得丢面子；
- 父母支持自己喜欢的事情和活动；
- 不管结果如何，只要自己努力了，父母都喜欢。

那么孩子感受到的是父母的接纳，学习状态就会比较稳定。

如果孩子感到：

- 父母经常在自己面前夸奖别人家的孩子；
- 父母只能看到自己的缺点，看不到自己优点；
- 不论自己怎么努力都得不到父母的夸奖。

那么孩子感受到的是父母的拒绝，学习动力就会不足。

◇ 激励—惩罚维度 ◇

如果孩子感到：

- 当自己努力学习取得好成绩时，父母会表扬自己；
- 当自己遇到困难和挫折时，父母会鼓励自己；
- 当自己悲观失望时，父母会宽慰自己。

孩子就会经常感到被父母激励，学习动力就会比较强而且持久。

如果孩子感到：

- 当自己考试成绩不理想时，父母就批评自己；
- 当自己不听话时，父母就训斥自己；
- 当自己达不到期望时，父母就不理睬自己。

孩子就会经常感到被父母惩罚，学习状态会不稳定，学习动力也会受到影响。

◇ 理解—责备维度 ◇

理解，让孩子心安。如果孩子：

- 喜欢和父母谈心，愿意把自己的烦恼告诉父母；觉得和父母交流是很愉快的事情；
- 很乐意与父母谈论自己的朋友。

那么，孩子能感受到被父母理解，学习状态就会稳定。

责备，让孩子心躁。如果孩子：

- 觉得父母伤心、不高兴的样子让他有负罪感；
- 不管是什么事没做好，父母的第一反应总是怪罪；
- 一旦考试成绩不好，父母就会怨孩子不够努力。

那么，孩子会经常感受到被父母责备，学习状态会不稳定，学习动力也不会足。

◇ 温情—粗暴维度 ◇

作为家长，可以问问自己：
- 孩子能从父母的眼神和举止中感到温暖吗？
- 孩子在听我们教导的时候，会觉得我们在意他的感受吗？
- 孩子会感受到我们对他的关心吗？

孩子如果能感受到来自父母的温情，就会很心安，学习状态也会很稳定。

作为家长，可以问问自己：
- 是否经常以心口不一的方式去对待孩子？
- 是否经常为生活中的小事大呼小叫？
- 孩子看到我们走近，是否就会感到紧张害怕？

如果孩子感受到的更多的是父母的粗暴对待，孩子心里就会有很多焦虑、担心，学习状态不稳定。

有句话说，想让孩子学习成绩差，就让他内心浮躁；想让他内心浮躁，就让他在家里感受焦虑的氛围。所以，家长在关注孩子的学习的时候，首先要做的不是教孩子学习方法，而是把家庭氛围调整好。当孩子感知到温暖的时候，他的心就会安定下来。静治为学百病，孩子的学习状态稳定，学习潜能自然会得到很好的发挥。这是让家庭教育对孩子的学习起到促进作用的重中之重。与大家共勉。

本节我们从校园氛围、家庭氛围两方面评估了外界环境对孩子学习状态、学习动力、学习心态的影响。家长应尽量在自己能力范围之内，帮助孩子排除外界的干扰，或者帮助孩子学会处理环境的干扰信息，确保稳定的学习状态。

本章我们从专业系统的角度，带大家了解了如何评估孩子的学习情况，如何有针对性地帮助孩子提升学习动力，优化学习方法，调整学习环境。当然，家长在评估孩子学习情况的时候，要以孩子愿意跟你沟通、交流为前提，所以，提升自己的沟通能力、做更懂孩子的家长，是核心要点。

> **特别提醒**：我们不仅仅要懂孩子的学习，还要懂孩子这个完整的人、完整的生命个体。

第 5 章

学习动力：孩子爱学习的原动力

1

学习动力系统不是"出厂标配"

家庭教育案例

小E,初二,学习成绩一般。妈妈反映,她平时一点儿都不用功,经常偷玩手机,写作业拖拉。当被问到"你觉得,学习是为了什么?",小E说:"为了考个好大学,找个好工作……我妈这么说的。""那你觉得呢,为什么要学习?""我不知道。您说,语文、数学、英语等科目,我们天天学,但也用不着,对吧?我家里的条件好,今后就算不工作,日常开销也肯定不愁。""那你为什么每天去学校呢?""闲着也是闲着,别人都在学,我不能不学啊,但我不想太辛苦。"

随着我国经济的发展,家庭生活条件得到了改善,现在很多孩子可能和小E同学一样"佛系""躺平",每天去学校,但由于不知道为什么要学习,学习兴趣不大;只愿意待在自己的舒适区,不愿意动脑;一旦拿到电子设备,就很难把控娱乐时间。经常有家长说,要是我家孩子能像某某家孩子一样,每天勤奋刻苦就好了。事实上,学习动力不是"出厂标配",也不是一成不变的,它受到很多因素的影响,可以通过合理的方式培养。

经过对大样本调查的数据进行分析,我们发现学习动力不足的原因主要集中在以下六个方面。

第一,"学习无用论"。许多学生认为学习并不能直接转化为实际的应用价值,因此缺乏对学习的热情和学习动力。

第二,学业目标不合理。许多学生没有明确的学业目标,或者目标与兴趣和热情不符,导致他们在学习过程中没有方向,缺乏动力。

第三,自我效能感低。由于学习方法不当,某些孩子成绩一直不理想,或者总是得不到家长和老师的肯定与表扬,慢慢就不相信自己有能力完成学习任务,不愿意再努力学习了。

第四,固定型思维。固定型思维的人认为智力、能力、才华是固定的,不可改变的,因此常常回避挑战与失败,不愿意付出努力。

第五,情绪的影响。学生在面对压力、挫折、焦虑等负面情绪时,往往容易失去学习的动力和兴趣。

第六,外部环境的影响。一些学生可能受到家庭、学校、社会等外部环境的影响,比如父母期望过高、学校教育方式不当、社会竞争压力大等,导致学习动力不足。

本章后面几节将针对这些问题逐一展开分析,在这里先给家长提几个通用的解决方案。

▶ **解决方案** 沟通、鼓励、教养
- 如何让孩子不用催主动学?
- 如何帮孩子找到学习的意义?
- 如何让孩子有上进心?

如何让孩子不用催主动学？

家长希望孩子能"不用催，不用吼，放下手机自觉学"，但孩子觉得"我已经学了一天了，放松一会儿不行吗？不看手机的话，我和同学们就没有共同语言了。你什么都不懂，凭什么管我？"所以经常有家长反映孩子上中学后就不爱和自己沟通了，每次和孩子说点事，孩子就一副不耐烦的表情。比如孩子成绩退步时，家长稍微问问，孩子就说："不用你管！"所以开启正确的沟通方式之前，一定要读懂孩子那句"不用你管"的潜台词。

"不用你管！"情境一：

家长把孩子上学之外的时间都列入计划，要求孩子按照家长制订的时间表学习，每天检查。一旦没有按时按质量要求完成，家长就一项项地责问没有完成的原因。而孩子总是不能按照时间表完成，写作业越来越慢，当家长责问原因时，孩子一边哭一边说："不用你管！"这里"不用你管！"的潜台词是"你管得太严厉了，我很有压力，不把压力释放出来就很难受"。这个情境中，说"不用你管！"是孩子不知如何释放压力，从而本能地反抗家长的表现。

"不用你管！"情境二：

孩子正在和伙伴玩游戏，妈妈过来说："不要玩游戏了，对学习没什么好处，赶紧回家写作业！"孩子对妈妈说："不用你管！"这里"不用你管！"的潜台词是"你管得太多了，我想自己独立解决问题"。这个情境中，说"不用你管！"是孩子拥有独立意识，希望靠自己解决问题的表现。

"不用你管！"情境三：

晚上孩子不睡觉，再三催促也不起作用，家长生气地说："你再不睡我就先睡了，不管你了。"孩子根本不理会家长，等家长过几分钟过去叫他，他会发脾气："不用你管，你不是不管我了吗？"这里"不用你管！"的潜台词是"你为什么不管我？我需要关心！"在这个情境中，说"不用你管！"是孩子故意放狠话，希望引起家长的关注。

"不用你管！"情境四：

孩子上中学后，数学成绩一直往下掉。家长给孩子报了很贵的补习班，好像也没有效果，于是家长怀疑是孩子上课注意力不集中，苦口婆心地跟孩子说上课好好听课有多重要，每天叮嘱孩子认真做作业，不要马虎，但是孩子成绩还是没有起色。有一天家长跟孩子说学习方法的时候，孩子忽然跟家长说："不用你管！"这里"不用你管！"的潜台词是"你不会！你管错了！你给的各种学习方法不奏效，越管越错，希望你以后都不要再管了"。

读懂不同情境中"不用你管！"的潜台词后，家长就可以开启和孩子正确沟通的模式了。对话时要注意以下五点。

第一，帮助孩子合理定位，挖掘孩子的潜力。让孩子既不过分自卑，低估自己的能力，也不好高骛远。把着眼点放在挖掘孩子的潜能上，在孩子做得不错的地方，经常鼓励孩子，帮助孩子树立信心。话术建议："有多大劲使多大劲，你认为你已经尽力就好！"中学生的情绪像火药桶一点就着，如果不理不睬，孩子就觉得你不关心他；若把目标定得太低，他会觉得你瞧不起他；若目标定得太高，他会觉得你在给他压力。家长必须学会合理定位，帮助孩子正确认识自己。

第二，科学对待孩子的原地踏步，关注学习态度而非学习成绩。孩子在学习过程可能会出现"高原现象"，即孩子不断付出时间精力，但成绩在一段时间内没有任何起色。这段时间是黎明前的黑暗，会让孩子自我怀疑。家长只要确定孩子的学习状态不错就好，不用经常责备孩子"为什么这次数学考这么差"或者"这次作文分数怎么这么低"。

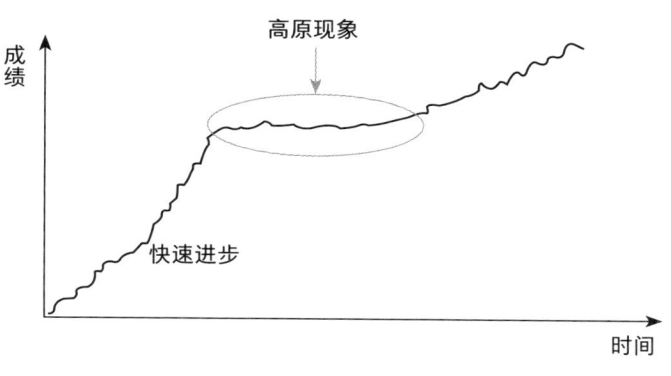

图 5-1　学习过程中的"高原现象"

第三，报喜不报忧。比如某次家长会后物理老师找家长谈话，说："你家孩子最近上课不认真听讲，作业也不完成，成绩下降比较明显，你要好好管管孩子了。"如果家长如临大敌，一回家就不分青红皂白地发火，孩子肯定会和家长争吵。这样不仅会闹得双方之间好些日子都不愉快，孩子到了学校还会时不时地顶撞老师，觉得是老师"告黑状"，这门功课就别再想"发挥正常"了。但如果妈妈反话正说："物理老师说你在物理学习上非常有潜力，他非常看好你。如果你在物理上再下点功夫，一定可以取得不错的成绩。"这样孩子反而会感谢任课老师，今后会更加努力学习这门课，成绩很快就会有起色。

第四，让孩子正确看待考试。告诉孩子，在生活和学习中，有压力、有竞争是常态，但考试成绩不能完全代表他是一个什么样的人，考试成绩也不能决定个人能力的高低。应把每一次考试作为对自己已有知识和才能的一种检验和磨砺意志的一个过程。话术建议："这些都是你人生中一段段难得的体验"。

第五，避免制造高压氛围。家长在家里不能总和孩子说一些让他压力过高的言语，比如"我们家就靠你光宗耀祖了"，或者盲目地拿他和别人家的孩子攀比——"隔壁老王家孩子考上了浙江大学，你可不能比他差啊！"有的家长非常焦虑，经常控制不好自己的情绪，一旦在单位受气了，回家就把气撒到配偶和孩子身上，或者跟配偶和孩子发牢骚。家长无端的焦虑情绪会让孩子感到压力，应该尽量避免这种情况。

如何帮孩子找到学习的意义？

如果孩子问你"我为什么要这么努力刻苦、坚持不懈地学习"，各位家长会怎么回答？你会说"现在好好学，以后赚很多钱，实现财富自由"，还是会说"为了有更多的选择、更好的生活"，抑或是"实现时间自由"？可孩子会说："道理我知道，我以后也想赚很多很多钱，但我现在就是不想看书学习。我也想当像巴菲特一样的'股神'，但我现在就想散步！"如果我们用与生存相关的事情激励孩子，孩子的学习动力会比较弱。相反，用更为深刻的意义激励孩子，往往能唤醒孩子内心的动力。

美国著名心理学家马斯洛将人类的需求分为五个层次，从基本的生理需求开始，到安全需求、爱与归属、尊重需求，最终到达自我实现。这几个层次越往上越难实现，意义感越强，希望达成这一需求的动力也更充足。那么，什么样的理由能赋予孩子持久的学习动力？如果学习是了有钱、有房、有吃的，这个动力可能只有 2 分；如果学习是为了被人尊重、被人喜欢，这个动力可能有 3 分；如果学习是为了实现自我，这个动力可能达到 5 分；如果学习是为了自我超越，为他人、社会做贡献，这个动力就至少有 8 分了。

怎么样让孩子拥有自我超越的格局，觉得当下的学习更有意义？首先，父母需要思考自己是否有这样的格局。如果父母只是满足于温饱，回家就打电子游戏、刷短视频，却让孩子努力学习，那么孩子恐难心服口服。如果家长以身作则，在工作之外不断看书提升自己，努力发展兴趣爱好，或者本身在行业领域是佼佼者，孩子就会受到榜样的鼓励。

其次，要站在国家和民族的高度养育自己的孩子。家长可以经常和孩子讨论一些身边的社会新闻，可以是犯罪案例、天灾人祸、热点话题等，让孩子更深入地了解真实的社会；可以给孩子讲讲名

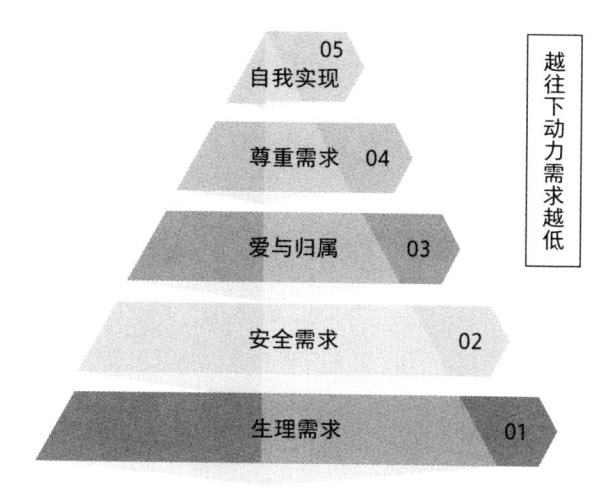

图 5-2 马斯洛需求层次理论与动力的关系

人传记或是自己的职业和行业,让孩子思考自己的定位和角色;可以和孩子一起学习最先进的科技、人文知识,拓宽孩子的视野和心胸。这些都有助于孩子明确学习的意义是什么。帮助孩子找到学习的意义,不是一朝一夕可以见效的,而是需要长期的渗透。

如何让孩子有上进心?

很多家长经常埋怨自己的孩子一点上进心都没有,特别容易满足,想知道怎样才能激发孩子的上进心,让孩子不再满足于现状,转而努力学习。其实孩子的上进心和学习成绩与父母的教养模式息息相关。按照沟通交流和父母要求(期望),父母的教养模式可以分为四种模:权威型(高沟通、高要求)、溺爱型(高沟通、低要求称)、专制型(低沟通、高要求)、忽视型(低沟通、低要求)。

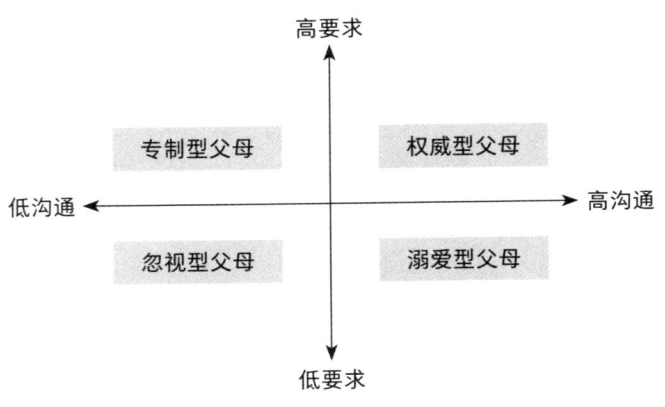

图 5-3 不同教养类型的父母

权威型教养方式对子女学业成绩的正向影响最大,忽视型教养方式最不利于子女学业成绩的提高。这说明,想让孩子有上进心,首先父母对孩子的要求要高。如果家长希望孩子只要快乐就好，成绩及格就行，那么孩子考 61 分都算不错。只有家长对孩子有一定的要求，孩子才可能朝着这个目标努力。这个要求，可能不仅仅是成绩，还包含很多方面，比如音体美劳全面发展，良好习惯的养成，等等。

我们的研究表明，家长要求孩子成绩好对成绩的提高会有明显的帮助；但只要求不沟通也不行，否则孩子心理压力会比较大，容易产生心理疾病。沟通不是指天天谈学习，而是给孩子信任与支持。北京大学入学新生的调查显示，学霸的父母通常不太会关注孩子的日常表现（比如每天洗头发花了多长时间，裤子买的什么牌子，在外面都做了什么事，等等），不会经常辅导孩子作业，会给孩子充分的爱与关怀（不会当众批评孩子，当孩子遇到不开心的事时，总是鼓励孩子，等等），会在孩子的文化活动上投入很多时间精力（比如经常带孩子去博物馆，经常参加学校的各种活动，等等）。如果家长可以做到以上的"两会"和"两不会"，孩子就走在成为学霸的路上了。

我们还对全国大样本的父母（包括小学生、初中生、高中生三个阶段的父母）数据进行了分析，结论如下：家长经常参加孩子的各种活动，经常和孩子讨论学校里发生的各种事情（注意是学校而不是学习），经常和孩子一起看书学习，虚心请教孩子各种问题，有利于孩子数学、语文成绩的提高。其实做的事情可能和学科学习没有直接关系，但营造这种宽松与爱的氛围，容易让孩子产生学习的内驱力。所以我们在这里想强调的是，爱与要求并不矛盾。家长既要对孩子有要求（比如要求孩子努力刻苦，取得更好的成绩），又要经常同孩子沟通、交流，陪孩子一起玩耍，这才是最优的教养模式。

此外，需要注意的是，家长的高要求一定要搭配高支持，家长需要当孩子的脚手架，支撑孩子达到高要求；这个支持可以由家长本人提供，也可以是家长通过寻找合适的资源提供。只要求，不支持，起不到应有的积极作用。

2

学习的自驱力可以靠培养

家庭教育案例

令人扼腕的"考霸"小A

小A是众人口中的"学霸",从小就在学习上展现极高的天赋,不需要太多努力便可以获得优异的学习成绩。但这个天才少年并没有好好利用自己的天赋,上学期间,除了考试前会认真学习,其余时间经常出入网吧。他性格孤僻,不喜欢与人交流,是老师眼中的"问题学生"。他第一次参加高考,被复旦大学录取,没去读;第二次参加高考被北京大学录取,只顾玩乐,挂科7门,被退学;第三次参加高考考进清华,只顾玩乐,学分不够,被退学;第四次参加高考时再一次被清华大学录取,这一次勉强坚持修完学分,跌跌撞撞拿到毕业证书。

后来他参加了多次研究生考试,也参加过公务员考试,但均以失败告终,曾经的"天才少年"渐渐淡出公众视野。也许对他来讲,这才是他步入社会的开始。

"考霸"小A令人感到遗憾。他有着极高的天赋,却没有好好利用,导致几次考入名校后被退学,生活并不顺利。其中必然有多种因素的影响,但缺少对人生的规划是重要原因。在年少轻狂的他看来,考上大学似乎就完成了"任务",他也不再需要"严阵以待",以至于沉溺玩乐,被大学退学。当孩子对人生有了长远的规划,持续地为理想的生活而奋斗时,他是不会做出如此短视的选择的。家长不能给孩子灌输"到了大学就轻松了""到了大学你想怎么玩就怎么玩"的观念。想在这个瞬息万变的社会中立足,不光要在大学阶段继续努力,还要树立终身学习的理想。如果孩子学习的目标只是考大学,那么考上大学后孩子就不知道为什么还要学习了,这解释了为什么名牌大学的学生也会有"混日子"的情况。

学习动机指激发并让孩子坚持学习,朝向一定的学习目标的一种内在过程或心理状态。美国心理学家奥苏贝尔(Ausubel)认为最有效的学习动机是认知内驱力。当孩子对获取知识这件事本身感兴趣时,孩子就会自觉主动地学习了。而这种对知识的科学态度与探究精神会伴随孩子一生,不会因为孩子考上大学或者实现一个阶段性目标而终止。

> **解决方案　提高学习兴趣**
> · 探索孩子的职业兴趣
> · 树立长远的目标
> · 呵护好孩子的兴趣
> · 提高自我学习效能感

探索孩子的职业兴趣

那怎么才能让孩子对知识或者学习感兴趣呢？首先需要探索孩子到底对什么职业感兴趣。职业兴趣的探索有很多方法，可以使用标准化的职业量表评估，比如《职业自我探索量表》《职业偏好量表》《斯特朗职业兴趣量表》《库德职业兴趣量表》等，也可以通过非标准化的方法进行探索，比如职业访谈、生涯憧憬（白日梦）、自我或者他人的分析总结等。这里想给家长们介绍一个兴趣岛实验的探索方式：家长可以问问孩子，国庆假期最想在下面哪几个岛玩，选出他最喜欢的2~3个岛；孩子的选择能在一定程度上代表他的职业兴趣倾向。这个兴趣岛实验比较适合六年级以上的学生，因为他们能更好地理解岛屿描述文字所代表的生活方式。

这6个岛分别代表了6种职业兴趣类型。1号岛屿代表实际型，

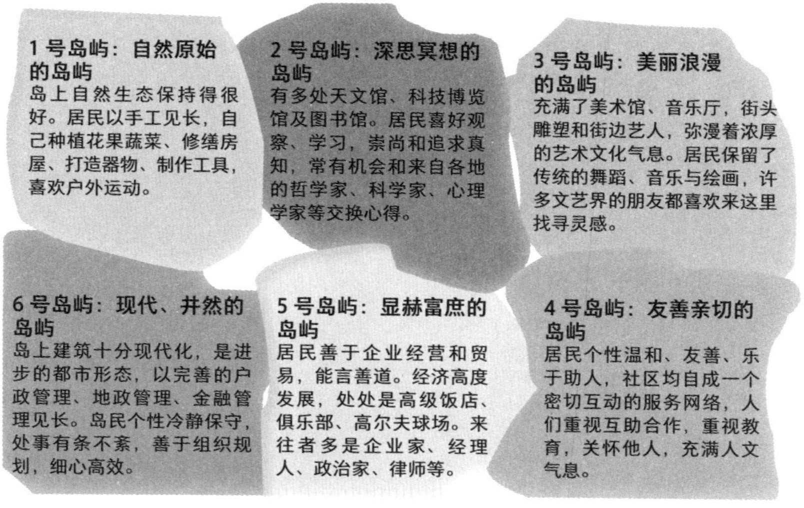

1号岛屿：自然原始的岛屿
岛上自然生态保持得很好。居民以手工见长，自己种植花果蔬菜、修缮房屋、打造器物、制作工具，喜欢户外运动。

2号岛屿：深思冥想的岛屿
有多处天文馆、科技博览馆及图书馆。居民喜好观察、学习，崇尚和追求真知，常有机会和来自各地的哲学家、科学家、心理学家等交换心得。

3号岛屿：美丽浪漫的岛屿
充满了美术馆、音乐厅，街头雕塑和街边艺人，弥漫着浓厚的艺术文化气息。居民保留了传统的舞蹈、音乐与绘画，许多文艺界的朋友都喜欢来这里找寻灵感。

6号岛屿：现代、井然的岛屿
岛上建筑十分现代化，是进步的都市形态，以完善的户政管理、地政管理、金融管理见长。岛民个性冷静保守，处事有条不紊，善于组织规划，细心高效。

5号岛屿：显赫富庶的岛屿
居民善于企业经营和贸易，能言善道。经济高度发展，处处是高级饭店、俱乐部、高尔夫球场。来往者多是企业家、经理人、政治家、律师等。

4号岛屿：友善亲切的岛屿
居民个性温和、友善、乐于助人，社区均自成一个密切互动的服务网络，人们重视互助合作，重视教育，关怀他人，充满人文气息。

图5-4　六种职业兴趣类型的岛屿图

喜欢这个岛的人动手能力比较强，喜欢解决实际问题，适合做技术行业工作人员，比如机械工程师、网络管理员等。2号岛屿代表研究型，喜欢这个岛的人好奇心强烈，重视内省，喜欢探索、研究和思考那些需要严谨分析的抽象问题，适合从事科学研究，比如成为物理学家、化学家、生物学家、工程师、程序设计员等。3号岛屿代表艺术型，选择这个岛的人具有独特的思维方式和丰富的想象力，喜欢创作和自我表达类型的活动，适合音乐家、作曲家、美术家、漫画家、作家、诗人、舞蹈家、演员、戏剧导演等职业。4号岛屿代表常规型，选择这个岛的人追求秩序感，喜欢固定、有秩序的活动，回避创造性活动，愿意在一个大的机构中处于从属地位，喜欢有明确规范和要求、按部就班、追求效率的工作，适合税务专家、会计师、银行出纳、秘书、档案文书员等工作。5号岛屿代表经济型，喜欢这个岛的人乐观、喜欢冒险，对自己充满自信，擅长领导和管理别人，从职业发展的角度来讲适合商业管理、销售经理、保险代理、律师等职业。6号岛屿代表社会型，喜欢这个岛的人善良、友善、情感丰富，能够敏锐地察觉别人的感受，乐于助人，喜欢合作，适合做教师、咨询师、社会工作者等。

家长可以根据兴趣岛实验的结果，结合职业访谈、网上信息的搜索以及一些企业参访，帮孩子探索他可能对哪些职业比较感兴趣，了解这些职业对应的专业有哪些。

树立长远的目标

让孩子对知识感兴趣的第二步是帮他树立一个远大的目标，并对目标进行分解。哈佛大学做过一个著名的研究：调查若干名在智力、学历各方面差不多的大学毕业生的人生目标，25年后，再次对这些学生进行跟踪调查。结果显示，3%当初有长远目标的人，几乎都成为社会各界的成功人士，其中不乏行业领袖、社会精英；10%有清晰的短期目标的人，成为各个领域中的专业人士，大都为社会中上层；60%目标模糊的人，没什么特别成就，几乎都为社会中下层；剩下27%没有人生目标的人，过得很不如意，并且常常抱怨他人和社会。哈佛大学的这项研究让我们看到，目标对人的学习动力有非常强的激励作用。

我辅导过一个高中生，他底子不错，学习方法掌握得也很好，就是不愿意下功夫，学习比较"佛系"。进行了几次职业兴趣探索后，这个学生最终把目标锁定在了中国人民大学新闻学院。当时距离高考还有8个月，学生的分数差距还有80多分。其实我觉得这个目标定得有点高。没想到学生认定了这个大学后，把目标贴在家里各个显眼的位置——卫生间、课桌、床头、门上，等等，让"人民大学新闻学院"八个字时时提醒他不要偷懒。从此他就像换了个人，周末不睡懒觉了，也不出去找同学玩了，所有时间都用在学习上，最后成功地考上了中国人民大学新闻学院。这个案例也说明，当目标比较具体，而且是孩子自己喜欢的时，目标会成为一股无形的力量激发孩子奋进。无论是小学生、初中生，还是高中生，都要给自己树立一个远大的目标，包括大学目标、未来职业目标，甚至是终极人生理想。

| **理论与研究** |

美国心理学家洛克（Locke）提出了"目标设置理论"

（Goal Setting Theory），他认为目标本身就具有激励作用，能把人的需要转变为动机，使人们朝着一定的方向努力，并将自己的行为结果与既定的目标相对照，及时进行调整和修正，从而实现目标。

规划人生，成就未来。这是一个老生常谈的话题，但是实现这个目标不是那么容易的。1984年，在东京国际马拉松邀请赛中，名不见经传的日本选手山田本一出人意料地夺得了世界冠军。两年后，意大利国际马拉松邀请赛在米兰举行，山田本一代表日本参加比赛，又获得了世界冠军。一个曾经的无名之辈为什么会两次获得世界冠军呢？山田本一在他的自传里写道："以前我跑马拉松，目标就是到达终点，但每次都会感觉非常累。后来我将几十千米的路程分成一个个小目标，跑起来就没有那么累了。所以每次参加比赛之前我都会仔细地看一下比赛路线，记下几个明显的标志。"

山田本一的经历告诉我们，将一个大目标拆解成小目标，是实现梦想的有效方式。没有进行拆解的目标就像一条大河，你只能看到这条河挡在面前，拦住了你的去路，但如果你知道可以花3天的时间造一条小船，并用半天的时间划到河对岸，问题就变得容易多了。学习也是如此。假设某个孩子现在读高二，他的成绩是550分，他的理想是在高考时考上浙江大学，而浙江大学的最低录取分数是650分，他现在应该怎么做才能实现目标呢？单独来看，在一年的时间内提高100分确实十分困难，但是将目标拆解试试呢？比如将当前到高考的时间分为五个阶段，每个阶段提高30分；再将这30分拆解到各个科目上，那么每个科目每个阶段只需要提高5分；最后把这5分落实到可以执行的具体学习任务上。这样孩子就可以按部就班地努力了。

呵护好孩子的兴趣

要想让孩子对知识感兴趣，还需要呵护好孩子的兴趣。我们都知道，学习动机是保持学习行为最关键的因素之一，对学习成绩影响最大。学习动机不但能激励孩子投入学习活动，还会影响孩子的高级认知活动，进而影响学习效果。学习动机的培养需要家长从小呵护好孩子的学习兴趣，在中学阶段这个步骤格外重要，家长需要引导孩子慢慢发展内部学习动机——形成"我要学"的观念。

外部学习动机是"要我学"，是为了获得老师、家长的赞许或认可，为了获得同学的尊重，为了以后挣大钱而学习；内部学习动机是"我要学"，是为了学习更多知识充实自己，为了获得解决难题的成就感而学习。中国青少年研究中心在1999年、2005年、2010年对小学生和中学生的学习目的进行了大规模调查。调查发现，无论是小学生还是中学生，都以外部学习动机为主（比如让父母满意），而内部学习动机较弱（比如为了实现自己的理想，因为喜欢读书而学习）。在小学阶段，虽然外部学习动机始终占据主导地位，但随着孩子自我意识的发展，他们开始考虑自己行为的后果、长远的目标，并逐渐理解学习的意义，"我要学"的动机会逐渐强烈。孩子在这个时候需要引导，从而将外部学习动机转变为内部学习动机。而且随着年级升高，孩子的学习动力会下降：在低年级，孩子对学校环境充满新鲜感，同时学习压力小，会喜欢学习；但是进入中高年级，学习内容增多、任务加重，孩子对学习的兴趣会下降，尤其是成绩较差的学生。因此在孩子比较小的时候，呵护好他们的兴趣，对之后的成长至关重要。

那么家长该如何激发孩子的学习动机，呵护孩子的学习兴趣呢？这里有三个小建议。

第一，通过奖赏和合适的评价调动孩子的外部学习动力。外部学习动机虽然作用短暂，但容易实现。例如，孩子数学小测验满分，家长表扬孩子时，应该告诉孩子"这次数学考得很好，都是你之前努力学习、认真复习的结果，这是好习惯，希望你以后也能继续保持"；或者让孩子分享一下他是如何做到的，让孩子自己总结经验和找到规律。当然，用言语赞美的同时，也可以适当给一些奖励，比如薯片、半个小时电子游戏、周边度假村一日游等。请注意，奖赏不仅仅适用于小孩子，对高三的学生同样管用。

第二，引导孩子慢慢发展内部学习动机——形成"我要学"的观念。可以让孩子从生活实例中体验到学习的用处。例如，孩子学习利率相关知识时，将银行活期存款和定期存款的利率告诉孩子，让孩子决定自己的压岁钱应该如何处理；带孩子理发时，让孩子思考是不是要买理发打折卡，或者问问孩子为什么游泳馆、游戏厅都鼓励消费者办卡，这些卡要用几次以上才划算等。家长可以通过类似的生活实例让孩子体会到数学的价值和学数学的乐趣。此外，当孩子在生活中遇到问题时，最好不直接给答案，而是引导孩子探索，从而自己找到解决问题的方法。比如，当孩子在宾馆不知道如何打开一次性牙膏时，家长不要直接帮孩子打开，而应该引导孩子，让孩子体会自己解决问题的快乐。

第三，重视反馈，给予孩子及时、具体的评价。前面的内容也提到自我效能感对孩子学习的动力非常重要，而自我效能感的提升离不开家长无时无刻不在的表扬与赞许。家长经常夸孩子，孩子就会相信自己真的可以做好，真的在某方面比较擅长，就愿意继续努力、保持动力，继而形成一个良性循环。好学生、自信阳光的孩子都是夸出来的，当然夸孩子是有技巧的，需要具体、及时。例如，家长检查孩子作业时，告诉孩子"你的字写得很工整，很好，有进步""你做对了大部分的题目，值得表扬，但这几道关于进位加法的题目还没有完全掌握，可以再熟悉熟悉"。

提高自我学习效能感

自我效能感与自信心很像，但又有所不同。自信心是对完成一件事情所持有的信念，来源于对成功结果的假想；而自我效能感是对未来要做的事情有自己可以做好的判断，是一种掌控感，一般来源于过往的经历和体验。

自我效能感概念的提出，源于"习得性无助"。当孩子总是提不上去成绩，或者受到外界的批评和责备时，他就会像实验中的这条狗一样，放弃挣扎和努力。很多孩子学习动力比较低，是因为过往的学习经历和体验告诉他们，再怎么努力也没有用，他们已经对自己的学习行为和能力产生怀疑。这就是自我效能感低的表现。

因此，想提高孩子的学习兴趣，首先要提高孩子的自我效能感。当孩子觉得自己能学好时，才愿意投入时间和精力。创新工场董事长李开复 11 岁时在美国读小学，有一次老师在黑板上写了 1/7，问："你们谁能够换算出小数？"题目一写完李开复就举手了，说："0.142857。"老师夸他是数学天才。李开复后来说："我就是背诵过，可不是什么数学天才。但当时老师一夸，我就想也许我真的是数学天才，从此对数学产生了浓厚的兴趣，所有的课余时间都用来做数学题了，后来还拿到了田纳西州的数学竞赛冠军。"当李开复进入哥伦比亚大学，他被分到"天才班"，结果考了全班最后一名，这时候他才发现自己数学天赋很一般。李开复自己承认他今天的成就离不开当时数学老师的肯定。

　　自我效能感对小学生、初中生和高中生都很重要，那家长应该怎么做呢？鉴于自我效能感受孩子自己的学习实践、他人的学习经验、他人的评价和情绪状态影响，家长能做的就是尽量不给孩子负面的判断和结论。当孩子成绩不理想时，不要说"你背单词就是不行""初中这么多学科，你肯定应付不过来"这种没有用的话，而应该提供客观的分析和指导，比如"这次很多同学也犯了这个错误，下次咱们专门练习审题，就可以考更好了"。当孩子经常考不好，或者某一次考得特别差，抑或刚学新知识时，自我效能感就会比较低，这个时候家长一定要鼓励孩子，比如让孩子做一些容易上手的小任务，以提升孩子的学习情绪和自我掌控感。

3

如何让很聪明但不努力的孩子更努力？

家庭教育案例

努力学习很丢人吗？

有一名初三的学生，看起来非常聪明，但学习很不用功。为了让他努力学习，父母想了很多方法，比如承诺只要他努力学习就给他买新球鞋、换新手机；又或者通过老师给孩子做思想工作，鼓励孩子"如果你努力学习的话，这学期一定能考个好成绩"；还给孩子选择更合适的补习老师。但是他就是不愿意努力学习，上课不认真听讲，甚至会在考试之前故意不复习，然后用"我考前没好好复习，复习了我会考得更好"作为考差了的借口。父母很苦恼，不知道该怎么劝说孩子。

当孩子来找我做学习力辅导的时候，我问他："你想提高成绩吗？"他回答说："当然想！"然后我问他："你认为努力可以提高成绩吗？"他回答说："努力应该能提高成绩。"我又问他："既然你相信努力可以提高成绩，也想提高成绩，那为什么不愿意付出努力呢？"他小声地说："死读书不是我的风格，再说，如果努力了成绩却没提高，多丢人。"

我们经常听到老师或者家长评价某个孩子"很聪明,就是不努力,如果努力,成绩肯定能提高不少"。无论如何鼓励,这些"聪明"的孩子就是不努力学习。案例中的回答说出了许多孩子的心声:如果没努力考不好,那没关系,但要是努力了还是没考好,就会显得自己很笨,让别人笑话。为了维护自己"聪明"的形象,他们不能选择努力学习。正是这种思维习惯,让他们不愿意也不敢努力。这种思维方式叫作固定型思维,固定型思维的核心是认为人的能力是固定的,如果能力强就不需要努力,如果还得费劲才能做到,这说明能力不强。在学校里,孩子总是钦佩那些不努力就学得很好的同学,通过努力学习获得好成绩有时候会被嘲笑为"死读书"。这些都是孩子的固定型思维在作怪。与固定型思维相对应的是成长型思维,成长型思维则是能够让孩子愿意努力学习的思维习惯。

理论与研究

成长型思维是斯坦福大学心理学教授卡罗尔·德韦克在他 30 多年研究的基础上提出的,他因此获得了全球奖金最高的教育奖项——"一丹教育研究奖"。他开展了一个非常有名的试验,邀请了几百名小学、初中的孩子参加。在试验中,测试人员先让这些学生做 10 道简单的测试题。做完后,一部分学生被夸奖"聪明":"哇,你做对了 8 道题,太聪明了!"而另一部分学生被夸奖"努力":"哇,做对了 8 道题,你一定很努力!"在接下来的实验中,那些被夸聪明的孩子不愿意选择更难的题目,因为他们觉得做题是为了证明自己聪明,既然已经证明了,就没有兴趣继续证明，另外，更难的题目可能破坏他们聪明的形象。而被夸奖努力的孩子认为做题正确是自己努力的结果，他们愿意继续努力，以便在更难的题目上获得更好的结果。该试验在很多国家都得到重复验证。成长型思维目前被认为是影响孩子学习动力最重要的因素之一。

成长型思维在三个方面有着明显的特征。第一个是对待聪明和努力的态度，成长型思维的人会认为，努力是取得成功的必要手段。第二个是对待错误的态度，成长型思维的人会认为错误是一定会犯的，犯错是学习的机会。第三个是对待批评的态度，拥有固定型思维的孩子会认为批评是指责，是攻击；而拥有成长型思维的孩子会认为批评能提供重要的反馈，是帮助自己学习和成长的工具，所以他们更容易在批评中成长。

不同的思维习惯对学习成绩的影响差异很大。很多家长可能听说过PISA测试，它是一种国际通用的学生能力评价体系，可以说是世界范围内15岁孩子在数学、阅读和科学能力方面的统考。全球有近80个国家和经济体的约60万名学生参加PISA测试。2021年4月9日，经济合作与发展组织（OECD）发布《天空的极限：PISA测评中的成长型思维、学生与学校》报告，这是迄今为止研究成长型思维方面最具全球性的尝试，调查对象就是参加PISA测试的几十万名学生。结果发现，拥有成长型思维模式的学生比那些拥有固定型思维模式的学生成绩高很多，阅读平均高出31分，科学平均高出27分，数学平均高出23分；并且拥有成长型思维的学生学习动机更强，更不害怕失败，学习目标更远大。

如果家长发现孩子考不好时总找各种外部原因，比如题出难了、考试时流鼻血了、当天心情不好等，或者孩子总觉得成绩不好是因为自己不够聪明，能力不行等，那么这些不愿意面对挫折和挑战、对某些学科有畏难情绪的反应都说明孩子存在固定型思维。这就需要家长改变孩子的思维习惯，引导其培养成长型思维。拥有成长型思维的孩子会采取积极的态度面对生活和学习中的困难：先接纳失败，再鼓励自己继续努力。随着社会发展，拥有成长型思维已经成为一种必要的能力，特别是对于中学生而言。他们正处于学习和成长的阶段，培养成长型思维对于他们未来的发展非常重要。那么，如何才能培养成长型思维呢？我们将从三个角度来介绍培养孩子成长型思维的有效方法。

> ▶ **解决方案** 培养成长型思维
> · 改变对智力的认知——大脑是可塑的
> · 改变对评价的认知——将成就归功于"努力"而不是"聪明"
> · 改变对挫折的认知——培养在挫折中学习的能力

改变对智力的认知

一些家长认为，"别人家孩子"考试考得好是因为人家"聪明"，自己家孩子资质平平，不管怎么努力都考不出好成绩。真的是这样吗？不同孩子的智商真的有很大差别吗？事实并非如此，实际上，智商测试不是用来评价普通孩子的。智商测试是法国人比奈（Binet）于1904年发明的，其目的是筛选出需要接受特殊教育的孩子，比如智力低下的孩子，具体有五类，盲、聋、医学异常、智力落后和情绪不稳定。后来这个测试大火，并被用于测试正常人的智力水平。对此，比奈愤怒地说："多么偏激，多么可悲，竟然有人断言个体的智力是一成不变、无法提升的，我必须提出抗议，并且用行动反抗这近乎残忍的悲观论调。"

神经科学研究表明，人类大脑具有很强的可塑性，可以通过不断的学习和反复刺激来强化大脑功能。首先，人类大脑中的突触是可塑的。大脑由约1000亿个神经元和数百万亿个突触组成，突触是神经元之间的连接，负责信息的传递。当一个神经元与另一个神经元进行通信时，突触会产生电化学反应，这个过程就被称为突触传递。突触可以通过神经的可塑性机制进行调节，这意味着我们可以通过不断的学习和实践来刺激大脑中的突触，从而增强神经元之间的连接效率，提高智力水平。其次，作为大脑中最基本的单位，神经元也是可塑的。尽管人类大脑中神经元的数量是有限的，但是可以通过不断的学习和实践来调节其活动模式，从而提高智力水平。最后，大脑中的神经干细胞也具有可塑性。神经干细胞是一种多功能的细胞，能够分化为各种类型的神经元和胶质细胞，从而参与大脑的发育和修复。这些神经干细胞可以在环境刺激、激素的影响以及许多其他因素的作用下，产生新的神经元并集成到大脑回路中，从而增强大脑的功能和灵活性。

从智力发展的角度来看，智力在整个生命周期也是不断发展的。心理学家卡特尔（Raymond Cattell）将人的智力分为流体智力和晶体智力两种不同的形态。所谓流体智力，指的是一个人生来就能进行智力活动的能力（即先天能力），比如知觉、记忆、运算速度和推理能力等。而晶体智力主要指学会的技能，比如语言文字能力、判断力、联想力等，是通过在社会生活中学到的经验和掌握的技能发展起来的,与后天的成长环境和人生境遇有关。研究表明,人类的晶体智力在整个生命周期都呈上升趋势,且在青少年时期上升速度最快。而流体智力在中年时期达到顶峰,此后随着年龄增长有所衰退。最新研究表明,如果一直学习和训练,流体智力到了中老年时期也不会下降。

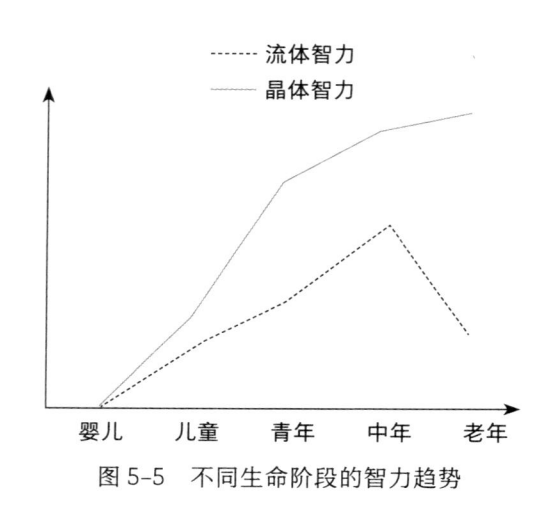

图 5-5 不同生命阶段的智力趋势

无论是从大脑结构还是从智力发展的角度来看,大脑都具有无限的可塑性。因此,不要做能力归因型家长,也就是不能随意给孩子"贴标签"。能力归因型家长经常会说"我们夫妻俩都是理科生,孩子天生就不会写作文!""我家孩子空间想象力差,不可能学好几何"。他们认为孩子学习不好是由于天生能力不足,而能力是不可控的,因此努不努力都没用。方法归因型家长则会告诉孩子方法比能力更加重要,会对孩子的能力给予适当肯定和鼓励,但更重视分析学习方法中存在的问题。他们认为学习成绩取决于学习方法是否合理,以及努力程度高低,因此此类家长的孩子更有动力付出努力并改善学习方法。家长要告知孩子，人的智力水平是可以不断提高的，越学习越聪明，只要方法得当，知识是可以掌握的。

改变对评价的认知

当孩子对智商和能力有了正确认知后，家长还需要进一步引导他们正确认识他人的评价，并学会正确评价自己。

不管是大人还是孩子，都喜欢用"聪明"评价别人，甚至认为聪明比努力更高级，仿佛聪明才是一件值得炫耀的事情，而过于努力就显得自己不够聪明。事实上，这只是虚荣心在作祟。成长型思维认为，智力可以通过训练得到提高，学霸不是天生的，真正的学霸等于科学的方法加不懈的努力。当别人夸孩子聪明时，家长应该警醒，因为这不一定有利于孩子的成长。这句评价抹杀了孩子的努力，并且有可能让孩子产生"聪明才是值得赞扬的，努力并不值得称颂"的感受。让孩子承认自己的努力，并享受努力带来的成就感，才是良性地对待他人评价的做法。

还有一些孩子一遇到困难就容易自我怀疑，或者做事情没有耐心，努力一小段时间看不到收获就开始动摇，抑或认为自己学东西比别人慢是因为自己"笨"。产生这些问题的根源在于他们缺乏正确的自我评价。尽管人的智商没有太大差别，但每个人擅长的东西不一样，接受新知识的能力和速度也不一样，因此要引导孩子正确认识自己的缺点和不足，积极地接纳，并学会用成长型思维看问题，在自己的不足之处多下功夫，补齐短板，从而迎接更加优秀的自己。每当孩子说"我不行""我不会"时，家长应该帮孩子分析具体的问题和困难，引导孩子思索"自己哪里不行""怎样才能做到"，并一起解决问题。

总的来说，就是让孩子关注如何让自己变得更优秀，而不是只想证明自己非常优秀。

改变对挫折的认知

我们生活在一个充满挑战的时代，这要求我们具备良好的个人素质和处理问题的能力。面对困难和挫折时，我们需要有足够的勇气、耐心和智慧去应对。培养孩子应对挫折的能力，不仅能够帮助孩子学会解决学习中遇到的困难，也将帮助孩子在未来的工作和生活中更好地适应各种挑战。

我们要帮助孩子正确看待挫折。每个人的能力都是逐步发展起来的，有些能力获取起来相对容易，比如学会说话；而有些能力则需要更多的努力和时间才能获取，比如进行一次精彩的演讲。我们应该引导孩子认识到，面对困难时可以通过尝试各种方法去克服，这些方法可能不是最有效的，但正是通过不断试错才能获得学习和成长的机会。如果总是回避困难，就会错失很多宝贵的学习机会。

我们需要让孩子明白，成功和成长不是一瞬间就可以实现的，需要不断付出努力和很多的耐心。"当你试图用不同的方法去解决问题时，可能会发现有些方法不奏效，这并不意味着你比别人差，只是说明你暂时还没有找到正确的方法。"如果不能一下子找到正确答案，哪怕只是排除一个错误答案也能让我们更接近成功。通常情况下，我们都需要花费大量的时间和精力去寻找解决问题的最佳途径。因此我们要告诉孩子，只要持之以恒，充满信心地努力尝试，成功和成长终将不期而至。

在实践中，家长要注重训练孩子养成"不怕犯错并从错误中学习"的思维习惯。家长常常会在孩子犯错的时候批评孩子"怎么这么不开窍""怎么不长记性"。这些批评和评价可能会让孩子尽量避免犯错，但孩子避免犯错的方法往往不是努力学习，而是逃避学习。有一项关于父母对错误的看法与孩子成绩之间的关系的研究发现，父母对错误的看法能够直接影响孩子的数学成绩。如果父母对错误的看法积极，赞同"要从错误中学习"，孩子就更能够冷静分析出现错误的原因，思考解决问题的方法，成绩就会越好；如果父母看到孩子犯错就抱怨、指责，孩子就会不愿意做更难的作业，有时还会消极地认为自己就是能力低下。

家长可以试着养成在孩子犯错的时候讲一句对他有帮助的口头禅的习惯，比如"从这次错误中能学到什么呢？"或者"作业上有些题做错了，怎么办呢？"孩子正是通过修正一次次错误在学习中进步的，家长对错误的态度不同，孩子养成的思维习惯也就不同。当孩子不怕犯错，哪怕犯错也会思考下次如何不再犯时，他就掌握了不断进步的窍门。

这一章我们分析了孩子学习动力不足的可能原因，并分析了家长应该如何通过与孩子沟通、使用正确的激励和教养方式解决这一问题。其后，我们说明了孩子努力学习的真正内驱力是他对探索知识奥妙的兴趣，家长应该呵护好孩子的兴趣。最后，揭秘了学霸都有的秘密武器——成长型思维，家长和孩子都需要通过训练培养成长型思维。做好这三点，孩子的学习动力会越来越足。

第 6 章

学习方法：让孩子爱学习的科学策略

1

科学学习方法之专注力

家庭教育案例

数学课上总是走神的妙妙

妙妙今年刚升初一,还在上小学的时候,她就不太喜欢上数学课。初一刚开学时她决定好好学数学,但随着课程深入,她在数学课上越来越容易走神。课上学习效率不高导致她的数学成绩明显落后,经常在班级垫底。某天的数学课上,妙妙正在记笔记,抬头看板书时,发现老师的衣服上出现了汗渍,她立即与身边的同学分享了这个发现。身旁的同学笑了笑之后便继续埋头记笔记了,而妙妙的注意力却停留在了老师身上。老师写完板书转过身来,发现了正在傻笑的妙妙,便让妙妙来解答黑板上的问题。回过神来的妙妙一脸茫然,支支吾吾,因为答不出问题被同学嘲笑。

妙妙自己也十分羞愧和不解:明明每天告诉自己数学课上要认真听讲,可一上课就不知不觉又走神了。妙妙的数学成绩下降很快,她感到非常苦恼,不知道该怎么办。

我们只要观察就不难发现，学习成绩较好的同学都有一个共同的特性，那就是上课认真听讲。研究者发现，通过评估儿童的持续性注意能力，可以对儿童语言、阅读与数学能力进行有效的预测。注意力中的执行功能对学生整体课业表现、阅读能力以及计算能力有着深远的影响。尤其到了小学五六年级，学生的执行功能与其课堂整体表现具有显著的关联性。注意力对于小学和中学阶段的孩子来说，是在课堂上高效学习的一个重要因素。大部分孩子在课堂刚开始的 15 分钟都能做到专注听课，但课程中后期容易出现发呆、注意力转移等情况。一旦孩子中途没有跟上老师的教学进度，回过神来很可能就听不懂后面的内容了；课上没有学会的内容如果没有当天补上，就会影响第二天课堂上对新知识的理解；而听不懂老师讲授的内容是导致孩子在课堂上容易走神的常见原因。孩子听不懂，走神，从而陷入跟不上进度、成绩下降的死循环。

上课走神最初的影响并不明显，等孩子落下的知识点越来越多，家长才发现孩子的成绩明显下降了。而当孩子自己发现某一学科跟不上教学进度后，他就会对该学科的课堂失去兴趣，甚至产生恐惧和厌恶的情绪，不愿再认真听课。不专注的习惯还可能体现在写作业、考试等场景中。家长需要帮助孩子，和孩子一起找到专注又高效的学习方法，早早建立让成绩越来越好的良性循环。想培养高效专注的习惯，首先要清楚影响专注力的因素。

什么影响了孩子的专注力？

生理原因影响专注力

影响孩子专注力的生理原因主要有四个：睡眠、饮食、运动和发育阶段。营养均衡的饮食和每日适当的运动能促进孩子保持专注。睡眠则是如今对孩子的注意力影响普遍较大的因素，缺少睡眠将导致孩子出现机体反应迟钝、注意力涣散、记忆力低下等症状。孩子上课时注意力不集中有可能是因为前一天晚上睡眠不足。此外，受发育阶段的影响，不同年龄的孩子能够集中注意力的时长也是不同的：5~6 岁的孩子平均专注时间为 10~15 分钟，7~10 岁的孩子平均专注时间为 15~20 分钟，10~12 岁的孩子平均专注时间为 25~30 分钟，12 岁以上的孩子平均专注时间才能达到 30 分钟以上。因此家长可以根据孩子的年龄提出不同的要求，来达到帮助孩子高效学习的目的。

环境原因影响专注力

影响孩子专注力的环境原因主要来源于三方面：养育方式、学校环境和个体习惯。养育方式主要取决于家长平时的教养风格，因此家长需要时常反思，孩子不专注是不是自己的原因，比如在孩子正专注地写作业时，总以让孩子喝水、吃水果等理由打扰孩子；或者在孩子写作业时，总在一旁刷视频、玩游戏，甚至有时还笑出声。这些都会影响孩子的专注力。

学校环境主要取决于班级纪律和同伴的影响，家长在这方面能做的比较有限，可以多关心孩子班内的纪律以及孩子周围的同学是否爱说话打扰，并做适当的引导。

个体习惯与孩子的学习风格有关。有研究者将学习风格定义为大脑如何系统地收集信息的过程，这个过程是通过各种感官通道发生的，例如视觉、听觉、触觉和嗅觉等。一般来说，使用一种和多种感官的孩子会表现出不同的学习风格。有研究者依据孩子使用的感觉通道将学习风格定义为视觉型、听觉型和动觉型三种。视觉型学习风格的孩子喜欢通过看书、看笔记、看图等方式获取知识，只要自己看懂了，学习效率就比较高；听觉型学习风格的孩子倾向于通过听课、听讲座、听录音来获取知识，在他们看来，知识经过讲解后就容易理解、记忆；动觉型学习风格的孩子，喜欢通过动手操作、建模型和亲身实验来学习，即使是很复杂的内容，他自己动手做一遍也很容易掌握。因此动觉型学习风格的孩子在讲授型课堂上就可能表现出不专注。

病理原因影响专注力

让很多家长最头疼的事莫过于孩子不愿意安安静静地坐在书桌前学习。有的家长可能发现，自己的孩子在听课、做作业或做其他事情时，常常难以保持注意力，喜欢发愣走神；周围环境中一有动静就分心，东张西望或随意接话茬；做事时往往难以坚持，常常一件未做完，又去做另一件事；常常不注意细节，因粗心大意而出错。为此，家长多次对孩子进行教育，但始终没有效果。这种情况下，孩子有可能并不是专注力差，而是生病了。

ADHD的全称为注意缺陷与多动障碍，又称"多动症"。患者通常表现为日常活动难以自理；异常亢奋多动，大吵大闹；不愿与人交往，或经常打扰别人；不能集中精力听课；行为拖沓、反应迟钝、烦躁易怒；书写缺乏规范性等。多动症的病因包括遗传因素、神经生理学因素、轻微脑损伤、神经生化因素、神经解剖学因素、心理社会因素、饮食习惯等。ADHD的治疗方法主要有药物治疗、心理行为治疗等，如果孩子出现类似症状，家长应尽早带孩子到医院就诊并接受治疗。

三大方法，让孩子拥有更高专注力

> ▶ **解决方案** 高效听课、专注地写作业、保证充足的睡眠
> · 做好课前准备，掌握正式听课的要点
> · 合理安排任务、抵抗外界干扰、使用番茄时钟工作法
> · 根据不同年龄段对睡眠的需求调整作息

高效听课

为了提高课堂效率，在上课之前就要做好准备。首先，对课程内容进行预习。在预习过程中，可以把没看懂的内容和存在的问题列成一个清单，然后带着目标和问题听课。如果没有非常充足的时间仔细预习，也可以选择在课前花一分钟浏览课程内容。荷兰某大学的研究团队将102名学生分两组，一组学生上课前一分钟快速浏览一遍内容，另一组学生课后多给一分钟。结果显示，第一组的成绩明显更好。研究发现，哪怕是课前一分钟快速浏览也能让学生把握全局，削减多余的担心和不安，专注于眼前的学习。其次，在课间进行一些活动能解决上课精力不够的问题。根据研究，运动可以提高大脑供氧、思维效率，并增强记忆力。如果课间不方便剧烈运动，可以做做拉伸和头肩部活动。最后，要关注听课的微环境，包括物理环境和心理环境。物理环境方面，重点关注课桌的整洁度，课桌上应只放与本节课相关的课本、练习册和笔记本。心理环境方面，需要孩子积极地进行心理建设，暗示自己接下来要集中注意力听课。如果有烦心事，可以先写下来，等到其他时间再去解决，而不是带着烦闷的情绪听课。

在正式听课的过程中，学会使用要点听课法。老师课上讲的内

容很多，如果什么都想记下来，反而会手忙脚乱，模糊了重点。所以应该听老师讲的重要例证和解题思路。美国曾有人做过一个实验，将180名学生分为A、B、C三组，每组学生都听相同内容的录音带。A组学生被要求逐字记下来，结果只记住了37%；B组学生被要求只听，不做笔记，结果也只记住了37%；C组学生被要求记下要点，结果记住了58%。这个实验说明，上课时记录要点，比把黑板上每一个字、老师说的每一句话记全更有效。记录要点需要大脑对知识进行预加工，将认为是重点或者难点的内容记录下来，这个过程对于强化记忆很重要。此外，C组学生与B组学生的区别在于是否动手记录，而手写一遍是重复的过程，也对加深记忆有好处。使用要点听课法动脑又动手，可以突出难点，会令孩子收获更多。

积极提问也可以增强孩子在课上的注意力，因为提问与要点记录一样也是多感官协调的过程，既要动脑——到底问什么问题，当前知识点哪里不清楚，还要动嘴——对知识点进行重复。在提问时，不要笼统地说"这道题我没听懂"，而要具体地说"这道题的第n步没听懂"。对于知其然但不知其所以然的问题，可以这样提问："怎么会想到要从这个思路着手呢？"对于好像听懂了但又不太确定的问题，可以说："老师能不能再举个例子？"

专注地写作业

要想专注地写作业，有几个重要的步骤。第一，要合理安排任务。可以对任务做一些预处理，将大任务拆解成一个一个的小任务，同时调整任务难度，以适当为宜，不要太简单，也不要过难。第二，要抵抗外界的干扰。家长可以主动为孩子塑造一个免打扰的物理环境，比如让孩子远离手机，将手机放在客厅或者锁起来；孩子也要明确告诉身边人，"现在是我写作业的时间，都不要来打扰我"。第三，使用番茄时钟工作法，创造高效、专注的时间。番茄时钟工作法的原理是有紧张必有放松，否则需要紧张的时候就可能紧张不起来。使用这种方法能让孩子养成高效学习、痛快玩耍的好习惯。

理论与研究

番茄时钟工作法，是一种把目标和时间切割成小单位的工作方法。一个番茄时钟为30分钟，由25分钟的专注时间和5分钟的休息时间组成。使用番茄时钟工作法有三个基本点：锁定目标任务、专注聚焦、及时记录和复盘。番茄时钟工作法是一种简单易行的时间管理方法，能进行微观的时间管理。

番茄时钟工作法是意大利人弗朗切斯科·奇里洛（Francesco Cirillo）在1992年发明的时间管理方法。这个方法的命名源于奇里洛一开始使用的一个形状像番茄的厨房计时器，他用这个计时器来跟踪自己的学习与工作进度。番茄时钟工作法背后的心理学原理涉及心流理论与记忆曲线等认知规律。全身心投入一件事情的状态被称作心流，番茄时钟工作法用人为方式打造容易产生心流的环境，将学习与休息结合，制造出更多的"开始"与"结束"，从而提升大脑的记忆力与专注度。

工作　　　　　　　　　休息
25 分钟　　　　　　　 5 分钟

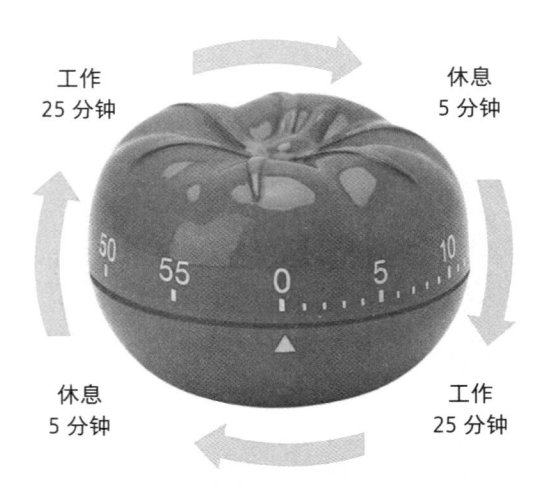

休息　　　　　　　　　工作
5 分钟　　　　　　　　25 分钟

图 6-1　番茄时钟工作法

学习最大的敌人就是走神分心，我们想要学习效率更高，就要做到该学习的时候专注，该休息的时候好好休息。但很多孩子都存在自制力差、经常分心的情况。番茄时钟工作法就是一种能帮助孩子快速集中注意力、高效完成学习任务的时间管理方法，一方面它能提高学习效率和专注度，另一方面它可以帮助孩子培养高度自律的学习习惯。

保证充足的睡眠

每个人的精力都是有限的，大脑经过一天的活动，必须有一个休息的过程，而大脑最主要的休息方式就是睡觉。儿童和青少年的睡眠时间如果缩短，他们就容易注意力不集中、多动、易怒、态度消极，从而阻碍学习。想要提高专注力，就应该保证充足的睡眠。不同年龄段的最佳睡眠时间也是不同的，6~13 岁的孩子每天适宜的睡眠时长为 9~11 小时，14~17 岁的孩子每天适宜的睡眠时长为 8~10 小时。

> **特别提醒**
>
> 番茄时钟工作法能帮助孩子专注于学习，提高做作业和自学的效率。但这也是一个需要严格执行才能生效的方法，因此自制力较差的孩子在前期可能需要家长的监督和帮助，待形成长期的学习习惯后再自觉执行。

2

科学学习方法之记忆力

家庭教育案例

记不住诗词的小宏

小宏最痛苦的事就是背诵古诗词。他不理解诗词的内容,背起来很困难,急得边背边哭。某一天,他要背清代顾贞观写的《柳梢青》。按照他自己的理解,这词写得简直莫名其妙:"第三句可好玩了,'微谢樱桃',为啥谢谢樱桃啊?"小宏的姥爷耐心地解释:"这句话是指樱桃花稍有凋谢,不是谢谢的谢。"小宏这才因为明白了诗词意思心情平静下来。

相信很多孩子都经历过背书的痛苦,从小学的语文和英语,到中学的历史、政治和地理,学习文科科目的过程中免不了要记忆很多知识点。部分孩子记忆力超群,总能很快记住需要学习的内容,但对于更多的孩子来说,涉及记忆的学习过程总是痛苦的。更令人悲伤的是,花费了很多时间和精力终于记住的内容,没过多久又都忘记了。这种背了又忘，忘了又背的循环，不仅会让孩子感到学习是枯燥和无聊的，更会使其学习效率下降，让努力付诸东流。所以，当孩子遇到记忆困难的问题时，家长要深入了解孩子为什么记不住，并找到解决方法，而不能让孩子一味地死记硬背。

掌握记忆的规律，让记忆更高效

短时记忆的容量是有限的

当我们的大脑接收到外界信息的输入后，会形成瞬时记忆，又叫感觉记忆。如果我们无视，这段瞬时记忆就会很快丢失；如果我们注意到它，并认为它需要被记住，它就会在我们的脑海中形成短时记忆。短时记忆的容量十分有限，只有5~9个组块（一个组块可以理解为一个数字、一个字母或者一个词语），保存时间也很短暂，通常只有一分钟。我们常常感觉自己的短时记忆会比这更久一些，是因为我们潜意识里复述了这个信息，它一次次地形成了短时记忆。如果我们对它重复记忆的次数较少，过一段时间后它就会被遗忘；如果我们不断地重复记忆和理解这段信息，它就会发展为长时记忆。长时记忆的存储量很大（大约2500万亿个组块，相当于1亿张A4纸承载的内容），而且存续时间较长，可能是几个月，也可能是几年；有些涉及情感的记忆，可能会存续一辈子。因此我们需要尽量把所学的知识都转化为长时记忆进行存储。一旦转化为长时记忆，就不用担心大脑存量不够用的问题了。

记忆的形成是有规律的

有些家长总为孩子记不住学校里学的知识点而忧虑，其实孩子

图 6-2 记忆过程

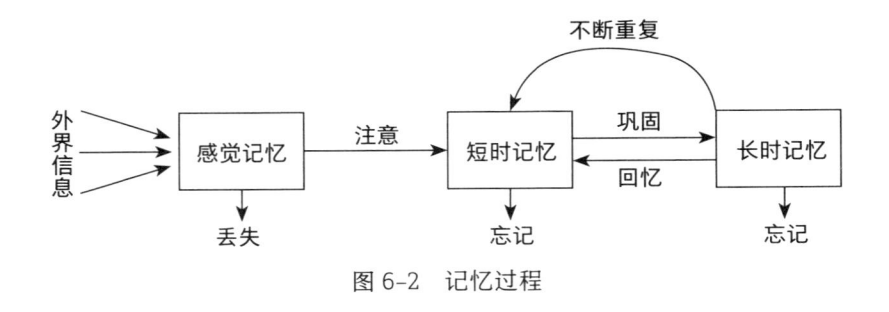

学了就忘是非常正常的现象。很多家长觉得孩子没记住是因为孩子没有努力，多背几遍肯定就记住了。不可否认的是，努力背书确实比不努力能记住更多知识，但只有努力的方向和方法正确，才能取得事半功倍的效果。在这个过程中我们可以使用的利器便是"艾宾浩斯遗忘曲线"。

理论与研究

遗忘曲线由德国心理学家赫尔曼·艾宾浩斯（Herman Ebbinghaus）研究发现，它描述了人类大脑对新事物遗忘的规律。艾宾浩斯遗忘曲线有三大规律。第一规律：遗忘在学习之后的 20 分钟就开始了，而且遗忘的进程并不是均匀的——最初遗忘速度很快，之后逐渐缓慢。他认为"保持和遗忘是时间的函数"。20 分钟后，如不抓紧复习，只能记住原来的 58% 左右，一天后就只剩下原来的 35% 左右。随着时间的推移，遗忘的速度减慢，遗忘的数量也就减少。第二规律：每多复习一次，遗忘的知识留存率就会增加一些。短时间内，经过三四轮复习，记忆就可以转化为长时记忆，在一段时间内遗忘比例不超过10%。第三规律：不同性质的内容遗忘速度不同。艾宾浩斯发现，20分钟后记忆留存率就只剩下58%左右的是毫无规律的字节；如果是诗歌，遗忘速度会慢一些；如果是数学公式，可能更慢。这一规律说明，不同性质的信息的遗忘速度是不一样的，内容越有意义，遗忘的速度就越慢。如果我们对要记忆的内容重复理解并进行组块，就会延长它的留存时间。

最基础的记忆方法——艾宾浩斯遗忘曲线

家长应该指导孩子遵循艾宾浩斯遗忘曲线所揭示的规律进行记忆，在每一个关键的时间点对所学知识及时进行复习。这样就能达到事半功倍的效果。根据记忆的特点以及短时记忆转化为长时记忆的规律，可以训练孩子掌握以下几个记忆策略，来提高语文、英语

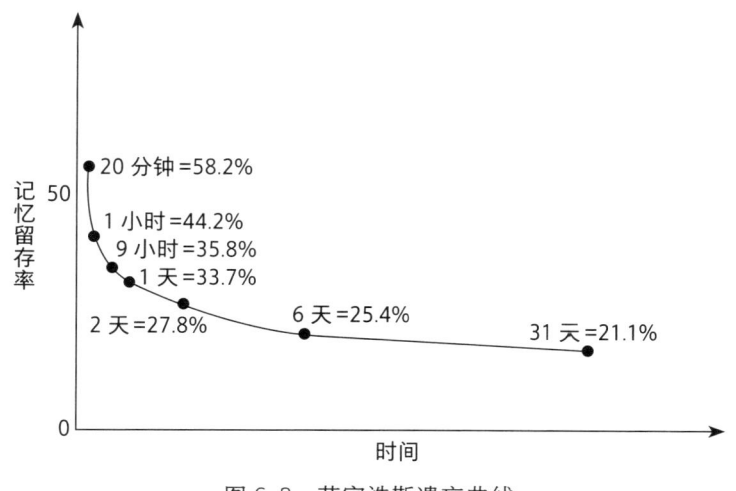

图 6-3 艾宾浩斯遗忘曲线

等文科科目的记忆速度，同时提高理科学习的效率。

如何把艾宾浩斯遗忘曲线落实到孩子的学习中？

> ▶ **解决方案** 抓住学习与复习的重点
> · 上课专注
> · 四轮复习法
> · 思维导图法

对所学知识及时进行复习和自测记忆效果，是艾宾浩斯遗忘曲线发挥作用的主要方式，这个方法对于任何学习材料的记忆都是有效的。艾宾浩斯遗忘曲线所揭示的记忆规律涉及初次学习、再次学习和记忆技巧三个方面。初次学习的主要场景通常为课堂，再次学习即学生复习的过程，思维导图法是从艾宾浩斯遗忘曲线中总结出的记忆技巧。

上课专注

一般来说，课堂是很多孩子第一次接触新知识的地方，因此听课过程就是知识点在他们的大脑中形成瞬时记忆的过程。如果孩子能做到认真听课，就能把这些知识点由瞬时记忆转化为短时记忆。为了能在每个知识点出现时都抓住初次记忆的机会，孩子可以尝试在课堂上跟着老师一起默念板书或课件内容，特别是老师强调的重点知识。默念不一定能让孩子马上记住知识点，但能强化孩子对知识点的印象，并且让孩子跟上老师的思路，减少课上做其他事的可能性。同时，对于老师在课上提的问题，孩子不一定要举手回答，但一定要试着在心里思考并解答，隐形的互动会让注意力更集中，而孩子对自己思考出的答案也会印象更深刻。最重要的是，课堂上孩子一定要认真记笔记，不需要把老师讲的所有内容都记下来，但重点、难点和没听懂的知识点一定要有所记录。记笔记不仅能帮助孩子在记的过程中熟悉知识点，还能在课后为再次复习提供指导。

四轮复习法

根据艾宾浩斯遗忘曲线，孩子在学习知识点后应及时并多次复习，那么什么时间节点最合适呢？孩子可以使用"四轮学习法"。第一轮复习应在下课后马上进行，利用一分钟的时间回忆一下本节课主要讲了哪些内容，哪些还没有搞懂，哪些内容是以前知识的延展等，这一分钟是黄金记忆一分钟，这个时候加深记忆效果最明显。第二轮复习是做作业，在当天的自习课写作业就是对所学知识的复习和应用。第三轮复习是在睡前，可以选择看会儿课本和笔记再睡觉，也可以选择躺在床上的时候把知识点在脑海里回忆一遍。有研究表明，睡前记忆的效果通常好于第二天清晨，因为睡觉时大脑就直接把刚才记忆的内容转化为长时记忆了。第四轮复习建议放在2~3天后，如果周中较为繁忙也可以选择周末复习。这次复习在于巩固对知识点的记忆。经过这四轮的复习，知识点就基本记住了，期中或者期末复习时会很容易想起；如果一遍都不复习，考试前可能已经没有任何印象了，需要重新学习。

思维导图法

思维导图记忆法基于艾宾浩斯遗忘曲线的第三规律，即不同性质的内容遗忘速度不同，因此需要先理解再记忆。理解记忆的基本条件是理解材料和进行思维加工，理解记忆相当于知识组块。理解不仅指看懂了材料，还包括搞懂材料各部分之间的逻辑关系，以及该材料和以前的知识经验之间的关系。我们的短时记忆虽然只能记住 5~9 个组块，但绘制思维导图就是把一个个看似毫无关系的零散信息进行组块的过程，虽然还是记忆 5~9 个组块，但每一个组块包含的内容增加了很多，因此单位时间内记忆的内容就变多了。比如我们很难在一分钟内记住"香蕉、牛奶、地铁、鸡蛋、尺子、橡皮、橙子、笔袋、豆浆、火车、黑板、飞机、猕猴桃、油条、自行车、苹果、公交车、水蜜桃、粉笔、蛋糕"这 20 个词，但如果把这些词联系起来，画成思维导图（如下图），按照早餐、水果、上学工具、上课用品这 4 个组块进行记忆，一分钟就可以记住 20 个词了。

绘制思维导图时，一方面需要对要背的内容进行理解、归纳，另一方面要用笔重复一遍，脑和手两遍重复对记忆能起到非常重要

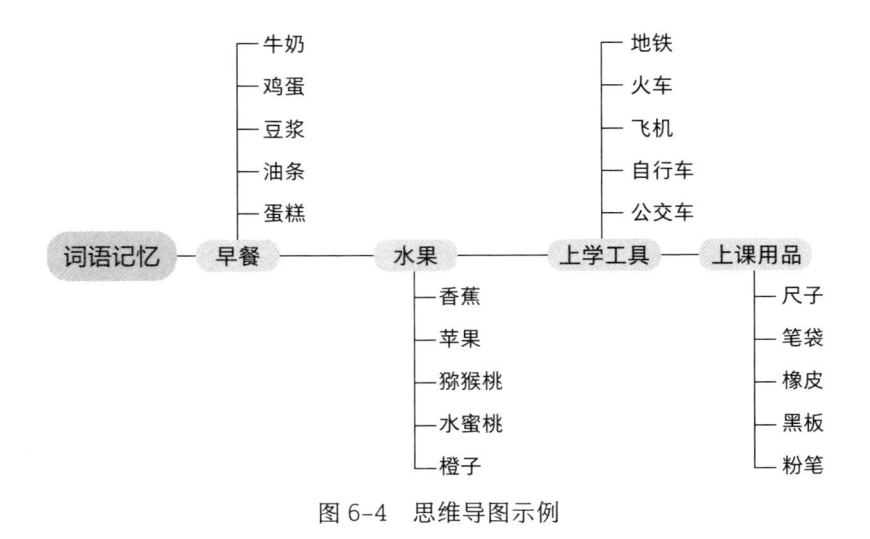

图 6-4　思维导图示例

的作用。无论是背语文课文、政治知识点还是背物理和化学的性质定理，都建议孩子使用思维导图进行记忆。

理论与研究

孩子背诵一段课文时，往往比较容易记住开头和结尾，中间部分总是很难记完整；背诵一系列单词时，往往记得开头几个和最后几个，中间的单词难以记牢。这是因为前面的内容只会受到中间内容的干扰，后面的内容也只会受到它前面内容的干扰，但中间内容受到了前后内容的干扰，因此最容易混淆，成为最难记的部分。该现象被称为"系列位置效应"。

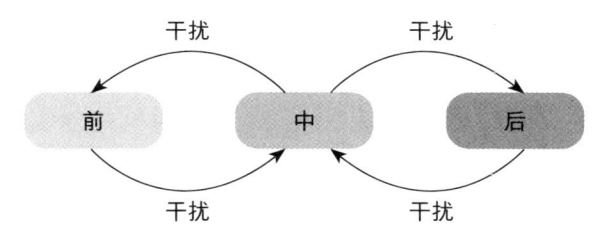

图 6-5 记忆过程中不同部分之间的干扰关系

篇幅较长、较难、内在联系不强的材料，适合采用分段识记的方法，即将整篇材料分成若干段，先一段一段地记牢，然后根据一定的逻辑整合成整篇识记。

3

科学学习方法之阅读力

家庭教育案例

读不懂题目的小蓝

小蓝是一个偏科严重的学生,很喜欢学习理科科目,但对文科科目提不起任何兴趣。因此,在高一决定分班时,他选择的科目都是理科。现在小蓝已经高三,最近在做高考数学真题时遇到了困难。他做的数学题目如下:"为加快新冠肺炎检测效率,某检测机构采取'k合1检测法',即将k个人的拭子样本合并检测,若为阴性,则可以确定所有样本都是阴性的;若为阳性,则还需要对本组的每个人再做检测,现有100人,已知其中2人感染病毒。(1)若采用'10合1检测法'……(2)若采用'5合1检测法'……"小蓝一看到题目这么长,就预感到这道题非常复杂;读完题干之后,脑子里一片混乱,他感到难以理解题目的意图。

有很多孩子都存在偏科现象，有较喜欢的学科和较不喜欢的学科。喜欢理科而不喜欢文科的孩子可能会像小蓝一样期望在高中分科学习后逃离文科的"苦海"。然而，语文作为所有孩子的必修课程是无法逃离的。与此同时，相信很多孩子也遇到过与小蓝类似的情况，明明正在做理科题目，却因为不能理解题目的意思而无法解题，或是觉得题干太长难以有耐心读完题干。出现这个问题的根本原因是阅读理解能力太差。所以，对学习理科的孩子来说，阅读能力也是非常重要的；对学习文科的孩子来说，阅读能力的重要性更是毋庸置疑。在学习过程中，孩子接触到的学习材料通常为文字形式，需要孩子通过阅读的方式去理解和分析，所以阅读是孩子接触知识的桥梁。

重视阅读，提高成绩

总体来说，有以下三个原因可以促使孩子提高自己的阅读能力。

提高精神境界和视野格局

新教育实验的发起人朱永新说过："一个人的精神发育史，就是其阅读史。"每个人由于不同的出生背景会获得不同的教育环境、人际资源，从而形成不同的性格和三观。从这些方面来看，人与人之间是不平等的；但在书籍面前，人人平等。书籍的字里行间都是不同个体对自我思想的表达，孩子从文字中不仅能学到科学真理，还能体会到他人的情感。意大利画家拉斐尔·桑西于1510—1511年创作了一幅壁画作品《雅典学院》，该画以古希腊哲学家柏拉图举办雅典学院之逸事为题材，以极为兼容并蓄、自由开放的思想，打破时空界限，让代表着哲学、数学、音乐、天文等不同学科领域的文化名人会聚一堂，该画反映了古代由于书籍传播非常困难，学者们只有聚在一起通过辩论、演讲的方式了解各领域的信息。而现在孩子们可以通过广泛阅读，汲取各位科学家、哲学家的思想精华，形成自己独有的精神境界。

提高人生品位和生命品质

一个读万卷书的人，"腹有诗书气自华"。常常读书的人与从不读书的人看见同样美景时的感叹能体现人与人之间不同的气质。喜欢阅读的人在看见大漠戈壁的时候，大可吟诵"大漠孤烟直，长河落日圆"，而不是说"你看你看，好多沙子"；看见夕阳余晖的时候，喜欢阅读的人又可温柔讲出"落霞与孤鹜齐飞，秋水共长天一色"，而不是"啊！夕阳真美，夕阳真的真的很美"。

此外，孩子在阅读的过程中心灵会变得平静，摒除杂念后生活中的烦闷无聊也会消失。长期保持阅读的习惯，有助于孩子除去心中的浮躁，培养温和的性情。书中传达的与人为善、知足常乐、谦虚低调等智慧，会在潜移默化中对孩子的品德修养产生积极影响。

提高高考成绩

阅读能带给孩子最现实的好处就是提高高考成绩。考试过程中，很多孩子都遇到过下列问题：做阅读理时解题速度太慢，总是做不完；做论述题或作文的时候，把握不了题意，答非所问，痛失分数；在解答理科题时，由于没有理解题意而失分。如果因为没有掌握知识点而失分，大家心里还能接受，但是读题原因导致的扣分，往往让人意难平。值得注意的是，近年来高考出题趋势更加考验孩子的阅读能力。通常来说，各科的学科水平乘以孩子的读题审题能力，就等于孩子的考试发挥情况。从文科来看，语文、英语、历史、地理、政治科目考试出题越来越强调阅读速度和理解能力。"部编版"语文教材总主编温儒敏曾透露："高考语文最后要实现让15%的人做不完！"新高考改革后，语文试卷的文字量由原来的7000字提高到9000字，将来可能还会更多。这是什么概念呢？语文的考试时间是150分钟，作文从构思到完成需要45~60分钟，这就意味着考生需要在差不多90分钟内完成近1万字的阅读并且进行答题，也就是说一分钟内至少要阅读100字。而对于理科来说，纯理科问题已经无法满足命题要求，因此命题时会加入文学、历史等相关知识点，这无疑提高了对阅读速度和理解能力的要求。只要提高了阅读能力，就能提高孩子的做题速度和对题目理解的准确性，从而帮助孩子提高各学科的考试成绩。

什么影响了孩子的阅读能力？

患有阅读障碍症的孩子主要表现为：在阅读一句话时，眼睛总是来回跳动，左右两个字可能会看反；尽管大声地读出内容，但大脑依然没有理解正在读的内容是什么，语言和大脑似乎被分隔在了两个不同的房间，干着毫不相干的工作。阅读障碍症患者的阅读方式会导致他们对阅读内容的理解力非常低，甚至低于20%，他们在阅读过程中会很有挫败感，自信心会受到严重的打击。所以大部分阅读障碍患者都不太喜欢读书，也不喜欢阅读包含很多文字信息的材料。有些阅读障碍症患者还会对自己产生怀疑，认为自己语文水平太差或是自己的眼睛有问题。很多有阅读障碍的孩子不喜欢读书或做题，不是因为学不会，而是因为读不懂。

首次出现阅读障碍一般是在上学之后，阅读过程中患者无法控制自己的行为。很多有阅读障碍的孩子也是渴望学习的，他们虽然在阅读文字的时候会遇到困难，但往往非常擅长空间想象、语言表达、手工实践和解决问题。当家长发现自己的孩子在阅读方面遇到问题时，首先要确认他是否患有阅读障碍症。如果确实有这方面的问题，之后要给予孩子更多的鼓励和支持，让他们认识到自己的优点，并帮助他们重新树立对阅读的信心。儿童时期是阅读能力培养的关键时期，应该尽早对阅读障碍症进行治疗。有轻微阅读障碍者，可以由家长通过有针对性的词汇拓展训练、阅读技巧训练及良好阅读习惯的培养得到矫正；较严重的阅读障碍者，比如神经生理方面可能存在缺陷，则需要由专门的教师和心理医生采用特殊的方法进行治疗，如多感觉通道法、神经组织矫正法，同时促进大脑半球优势能力发展。

除了阅读障碍症，缺乏阅读训练也可能是导致孩子阅读能力低下的原因。阅读是通过文字对内容进行获取和加工处理的过程，这是后天学会的技巧，因此十分依赖后天的经验。首先，阅读经验由阅读量决定。阅读量越大，孩子对获取和加工文字信息的过程就越熟练。此外，阅读经验受到阅读技巧的影响。有的孩子能很快看完一段文字，但看完后对文字所表达的内容仍然没有理解或很难进行复述。这是因为孩子没有掌握阅读的技巧，例如明确文章结构、抓住关键信息、详略得当等。无论是阅读量还是阅读技巧都需要通过阅读训练来提高。

如何提高孩子的阅读能力？

> ▶ 解决方案
>
> · 增强阅读理解能力——深加工
> · 提高阅读速度——速读
> · 增加阅读量——分类读

增强阅读理解能力——深加工

孩子刚看完一本书，你问他书里写了什么，以及他的感受是什么，结果他一问三不知。遇到这样的情况，可以使用"便签读书法"帮助孩子做到深度读书。便签读书法分四步。首先，阅读一个片段，既可以是一个自然段，也可以是一个小节；然后，用自己的语言重述从中学到的知识，尽量简洁有逻辑；接着，讲述自己与之相关的经验，比如这个内容以前是否在课堂上学过或在生活中经历过，或者联想到了什么脑海中已有的知识；最后，阐述以后自己可以如何运用这些知识。通过这四个步骤进行阅读，可以帮助孩子深度理解书中的内容。

有时候，孩子考完试后自我感觉很好，结果考试成绩却很不理想。问他成绩不理想的原因，他也许会说："这个题本来应该做对，但审题审错了，漏掉了一个信息。""作文写偏题了！"这时候，孩子就需要通过刻意练习来提高审题能力。深度读题训练有四个方法。第一个方法：细读题目，读题的目的在于理解题意，从而进行下一步思考。读题时可以使用"指差确认法"，即用手指着并且读出声，这样可以有效避免跳字。做题时也可以根据之前的错误，用手指指着依次检查。这个方法让原本的无意识习惯，转变为有意识地思考，从而大大减少错误率。第二个方法：圈点勾画，即在读题过程中用自己习惯的符号（例如下划线、三角形等）标注关键字及数据等，明确题中所给信息，挖掘隐含条件，帮助自己思考。第三个方法：试述题目，即用自己的语言将题意复述出来。这种做法不仅能培养孩子的表达、判断能力，还会让孩子变得想说、敢说、会说。第四个方法：画图，即通过列表、画线段图、画草图的方式把题中条件呈现出来。这种方法让思考过程得到有效的呈现，有助于解决问题。可以根据具体的题目或者孩子的喜好应用一到两个方法，它们能有效帮助孩子解决审题总是出错的问题。

提高阅读速度——速读

有时候，为了增加孩子的通识性知识，培养阅读兴趣，需要培养孩子的阅读速度。速读就是在阅读过程中学会抓要点、抓关键，跳过辅助信息的阅读技巧。对于很多孩子来说，要想练习速读，需要改变原有的阅读习惯，学会"语义单元推进快速阅读法"，而不是逐字阅读。语义单元是指表达同一个意思的几句话或几段内容，因此对于不同阅读水平的孩子来说，语义单元的长度是不同的。孩子们的语义单元可以从一个短语开始，逐渐增加定语到半句话的长度，最后到一句话、一段话。

举个例子。

如果　给　我　5个　小时　的时间

来　砍倒　一棵　树，

我　会　先花　3个小时

来　磨快　我　的斧头

如果按照前面这种断句方式来阅读，是不是觉得很吃力？那么换一种排版方式，以读取语义单元的方式来阅读。

如果给我 5 个小时的时间

来砍倒一棵树

我会先花 3 个小时

来磨快我的斧头

通过长期训练，学会按照语义单元读取信息以后，孩子会发现自己在阅读时变得更加专注。想提升阅读速度，也需要训练理解能力。提高快速阅读的理解速率有三个步骤。第一步，找关键词，即在阅读时为每一段的主题和次要主题设定一个关键词。这种练习将迫使孩子在阅读时深入思考材料。选择一篇文章或一本书的某一章，用上面的方法对每一个段落进行关键词提炼。刚开始选择或提炼的速度会比较慢，随着练习增加，速度会逐步提升。就这样不断练习，直至能在不中断阅读的情况下，快速选择或提炼出关键词。第二步，找结构，即整体把握文章的段落结构、章节结构、知识点结构。通读一个段落时，孩子可以把第一句与其余部分联系起来，并问自己这一句（一段）的作用是介绍、过渡，还是总结，与后面的句子（段落）有什么关联。就这样不断练习，直至能在不中断阅读的情况下，快速读过便知道这个句子在某个段落或整篇文章中文章有什么作用。坚持做上述两项练习，孩子会发现自己的阅读理解能力不断增强，即便是快速阅读也能够非常好地理解全文。对细节关键词、整体结构以及主线的把握，也可以大大提高阅读速度。第三步，画导图，即结合第一步和第二步，用思维导图整合整篇文章。思维导图能使孩子在阅读中和阅读后思维清晰，方便理解和记忆。

增加阅读量——分类读

在繁忙的课业中，想要增加自己的阅读量不是一件容易的事。因此，孩子要先对书籍进行分类，根据书籍类型采用不同的阅读方法。对于教科书，孩子要精读、吃透。可以先大致浏览教科书的框架，区分重点和非重点内容；然后速读，梳理知识脉络，记录自己的疑问；接着带着疑问进行精读，并完善知识地图；最后做课后习题，检验精读效果。对于辅导书，孩子要注重质量，从各种推荐和经典用书中精选适合自己的，有针对性地阅读或刷题；要做到一本为主，其余为辅，要像教材一样精读主力教辅书，对内容进行笔记整理和精细加工，习题也要认真对待；要有所取舍，切勿求全，读教辅书时不宜平均用力，对于比较容易的知识点以识记为主，看看教辅书提示的重点，保证知识的完整性即可。对于课外书，孩子要注重博闻多识。首先速读了解其大意，其次针对有疑问的部分选择性精读，最后利用零散时间碎片化阅读。

4

科学学习方法之反思力

家庭教育案例

学神的秘密

韩国的教育电视台与成均馆大学一起做了一系列实验，目的是探索"学神"之所以是"学神"的"秘密"。其中一个实验是选择一般学生和顶尖学生各 5 名，要求他们背 25 个无关联的单词，一个单词有 3 秒的记忆时间，共 75 秒。首先每个人要预测自己能够记住的单词的个数，之后在 3 分钟之内写下能背出来的所有单词。结果发现，顶尖学生并没有比一般学生在 75 秒内背下来更多的单词，两者的差别在于顶尖学生的预测数和实际背下来的单词数基本一致，而一般学生的预测数和实际背下来的单词数差别很大。这个实验说明了什么呢？顶尖学生和一般学生的差别到底在哪里？

在上述实验中,他们还对一般学生和顶尖学生的智商水平进行了测试,发现两者的智商并无明显差别。那么成为"学神"的秘密到底是什么?那就是顶尖学生清楚地知道自己已经掌握了哪些学习内容。据统计,60%的顶尖学生在上补习班的时候,知道自己要补充哪方面的知识,所以补习很容易有好的效果。而一般学生不知道自己哪些内容学得比较好,哪些内容还没有掌握。顶尖学生学习效率高的关键在于对自己的学习情况有较为清晰的认知,也就是他们普遍掌握了"元认知"这个秘密武器。

什么影响了孩子的反思与自省?

| 理论与研究 |

"元认知"最早出现在美国儿童心理学家弗拉维尔于1976年出版的《认知发展》一书中。弗拉维尔认为,元认知指一个人所具有的关于自己思维活动和学习活动的认知和监控。举个例子,有个人看完书不做标记,下次看书时重点全忘了,因此他下次看书时准备了签字笔,要在重点的地方画线做标记,这就是元认知;有个人去超市买菜,买回来发现总是忘买东西,因此他下次去超市买菜前列了一个购物清单,按照清单买东西,这也是元认知。简单点说,元认知就是对认知的认知。

元认知与学习的关系

元认知会影响孩子的学习信念,而学习信念是孩子对学习和思维的期望。研究表明,将失败归因于努力不够,将成功归因于能力的人要比将失败归因于能力的人对成功有着更高的期望。抱有前一种信念的孩子一般学业成就更高。如果孩子觉得自己付出适当努力就能取得成功，他就有可能挑选更有挑战性的任务并且更能持之以恒。

元认知会影响孩子的自我评估。自我评估不当，会影响孩子的学习态度、学习方式、学习目标等。研究显示，许多孩子并不擅长自我评价。例如，孩子经常在刚学习完后立即进行学习评估，并错误地认为他已经理解了自己听到或读到的东西；可这种判断往往是不准确的。因为刚学完时，该学习项目仍然停留在短时记忆中，而测试表现应基于对信息的长时记忆。因此，如果延迟学习评估，孩子的自我评估结果将会更准确。

元认知还会影响孩子的自我管理。自我管理是指行动中的元认知，包含孩子制订良好计划的能力、使用各种策略的能力，以及监控和修正、改进自己行为的能力。就监控能力而言，监控哪些信息已经被掌握，哪些信息尚未被掌握，是取得良好学习效果的关键。元认知在学习活动中有重要作用，主要体现在两个维度。一个维度是意识性，即学习者能明确地知道自己正在干什么、干得怎么样、进展如何。另一个维度是调控性，即学习者能随时随地根据自己对认知活动的认知，不断调整、改进和完善，使认知活动有效地向目标靠近；能将认知策略和元认知策略结合起来，从而在学习时对主题有更深的了解，并能识别出自己不理解的部分，使用正确的策略纠正；能解释自己的思维，将思维提升到一个更高的水平。元认知策略一旦形成，孩子就能将在学校学到的东西迁移到生活中继续运用。

元认知的形成

人们运用元认知的能力确实大有不同。它源于后天的努力，如果想要掌握技巧，就必须进行思维训练，尤其是反思训练。不过，一旦孩子能够熟练地运用元认知，它便是最有效的解决问题、应对挑战、矫正方向的手段。

学习和认知能力的提升是有一个发展过程的。小朋友在很小的时候没有元认知能力。根据瑞士心理学家让·皮亚杰（Jean Piaget）的观点，儿童在 7 岁之前具有自我中心和思维不可逆的特点。儿童完全以自己的身体和动作为中心，从自己的立场和观点去认识事物，而不能从客观的、他人的角度认识事物；不能在心理上反向思考他们见到的行为；不能回想起事物变化之前的样子。从个体认知发展的角度来看，元认知落后于认知的发展。研究表明，婴儿出生以后就有了一定的认知能力，而到了六七岁才开始获得一些零星的、肤浅的元认知能力。有研究显示，9~10 岁是儿童元认知能力发展较快增长的时期。此时元认知初始水平较高的个体发展速度非常快，在学习能力上可以表现为对自己学习情况的认知更清晰。多项研究显示，六年级后，在元认知能力自由发展的情况下，高水平个体发展速度减缓，而低水平个体发展速度则逐渐上升，在学习成绩上表现为，小学阶段成绩好的个体到了初中成绩下降。如果说初中以前这项能力是自由发展的，之后元认知能力的发展就非常依赖环境影响和刻意练习了。

如何提高孩子的反思能力？

> ▶ **解决方案**　培养孩子的元认知能力
> - 孩子的优劣势分析
> - 掌握学科及方法分析
> - 元认知策略及复盘辅导

孩子的优劣势分析

家长应了解孩子的个人喜好和学习特征,正确分析孩子的优势和劣势,扬长避短;正视孩子与别人的不同,不随便比较。例如,家长应了解,孩子喜欢哪些学科,不喜欢哪些学科;孩子是喜欢背诵,还是喜欢逻辑和运算;孩子喜不喜欢严厉的老师;孩子是越被打击成绩越好,还是被打击一次成绩就会下滑;孩子是否喜欢熬夜学习;孩子是否喜欢运动等。家长和孩子一起分析孩子的优劣势,能帮助孩子更了解自己。

这里给家长列一个孩子的学情评估表,以便从学业水平、学业情绪、学习效率、学习精力以优势及劣势这六个方面进行评估。让孩子了解自己是提升其元认知能力的第一步。

表 6-1 学情评估表

内容	我的特点	如何改进
学业水平	现有名次/分数——目标名次/分数	
学业情绪	学习的时候,哪些情绪比较多	
学习效率	什么时候效率高,什么时候效率低	
学习精力	什么时候精力好,什么时候精力差	
优势	在学习上的优势	
劣势	在学习上的劣势	

掌握学科及方法分析

家长应了解不同学科的特点,并随之调整孩子的学习方法。孩子有自己的学习规律和特点,不能用固化的标准要求,也不能把擅长学科的学习方法直接套用到不擅长的学科上,比如英语只刷模卷分数就很高，便生搬硬套到数学学习上，效果可能并没有那么好。建议家长和孩子参考下表，对每一科进行学科分析并研究可行的提升方法。

表 6-2　学科分析表

科目	现在分数	提分目标	自我分析（示例）	提升方法
语文			老师讲内容的和考试无关，古文阅读总出错	
数学			二次函数不会做，作业一般做不完	
英语			单词总是记不住，语法有很多不会	
物理			实验题总是出错	
化学			搞不懂，上课听不进去，不喜欢	

元认知策略及复盘辅导

家长要合理看待孩子的学习及相关体验，接纳孩子的情绪，也要让孩子接纳自己的情绪，并让孩子逐渐掌握控制情绪的办法。成功的喜悦和失败的苦涩都是学习过程中的必要经历，家长要帮助孩子学会放平心态、整理情绪，继续前行。

家长可以引导孩子尝试独立制定适合自己的学习策略。元认知策略分为计划策略、监控策略和调节策略。计划策略是指孩子学习时应该有目标，家长可以引导孩子制订学习计划，做一个相对明确的时间表。监控策略是指孩子监控自己，分析计划执行的进度和问题以及与目标的差距。调节策略是让孩子学会针对具体问题做调整，做出有利于成绩提升的改变。

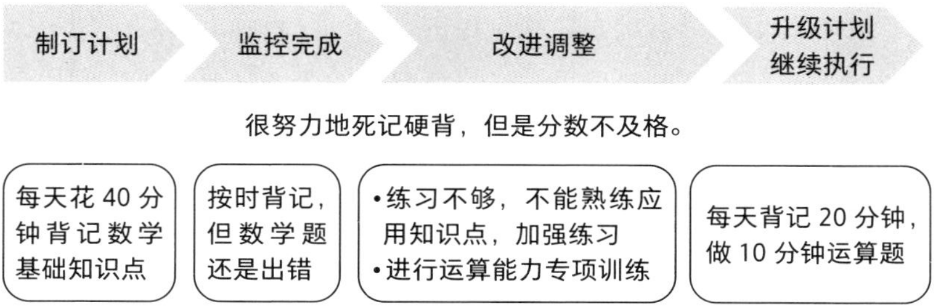

制订计划	监控完成	改进调整	升级计划继续执行
每天花 40 分钟背记数学基础知识点	按时背记，但数学题还是出错	• 练习不够，不能熟练应用知识点，加强练习 • 进行运算能力专项训练	每天背记 20 分钟，做 10 分钟运算题

很努力地死记硬背，但是分数不及格。

图 6-6　学习计划制订流程

如果孩子在数学学习中存在努力死记硬背却还是不及格的情况，可以先制订"每天花 40 分钟背记数学基础知识点"的计划。监控完成计划后，如果数学题还是出错，那可能是因为练习不够，不能够熟练应用知识点，需要对运算能力进行专项训练。于是可以改进调整，执行"每天背记 20 分钟，做 10 分钟运算题"的新计划。

如果孩子在历史学习中存在知识点太多，总是记不住的问题，那么可以先制订"晚上 9 点~10 点背诵历史知识"的计划。执行后若发现经常没时间背，不能完成任务，那可能是因为原计划的时间不是背诵的高效时间，记忆效率低。于是可以改进调整，确定适合背诵的时间，执行"早上 7 点~8 点背诵历史知识，并用思维导图记忆"的新计划。

如果孩子在制订学习计划时存在一开始做计划很积极，不到三天就坚持不下去的问题，可以执行"每天做计划和总结"的方案。执行后若发现，有时候做得到，有时候做不到，那可能是因为孩子对计划的重要性认识不够，或是内心排斥计划。于是可以改进调整，明确目标，并且设置奖惩机制，再继续执行新计划。

元认知策略的反思调整，只是元认知反思中的一部分，反思应该应用在课堂、练习、考试等各个环节中。比如，学霸每次做题前都会问自己："以前见过这类题吗？考的是哪个知识点？想想自己为什么做错！审题时有没有忽视给出的条件？"老师问之前，他早已这么问过自己，这就是反思——思考自己的思考。孩子可以利用自我提问法，养成反思的习惯。

家长可以参考下文晓晓这个案例，让孩子反思自己在上课的过程中可以做哪些元认知方面的改进。

上课铃响的时候，晓晓已经坐到了自己的位置上。她早在前天晚上就预习过所有内容，还温习了昨天的笔记，知道今天要做一个关于电流的实验。她在笔记本上标明了日期，并写上"电流/电"，然后翻到要学的那一章。这样，上课前晓晓已经做好了一切准备。当老师开始讲课时，晓晓马上就开始记笔记，但是她发现自己根本跟不上。意识到自己不可能记下老师所说的每一句话后，她试着用自己的话把老师的讲课内容简化，然后记下来，这样就好多了。但是她很快又发现自己的笔记越记越乱，因为老师开始做实验了，操作越来越多，而说得越来越少，内容上也没有什么结构。她知道，老师是想让大家记住一个完整的线路，因此晓晓不再记老师说的话，而是开始按照老师所说的进行制图。效果确实不错，晓晓已经能看到自己的笔记上出现了一张完整的线路图。下课之后，晓晓觉得自己在这节课上收获颇丰。

> **特别提醒**
>
> "元认知"快速发展的时期是小学阶段，最易受环境影响的时期是初中阶段之后。因此小学阶段孩子学习成绩和学习能力不太理想的家长不用灰心丧气，在初中阶段通过训练提高孩子的"元认知"，很可能会有意想不到的收获。

第 7 章

学习习惯：让孩子爱学习的关键习惯

1

保持精力旺盛，"躺赢"的基础

家庭教育案例

一心学习的小E

　　小E今年上初三，面临着升高中的压力，每天大部分时间都在学习：早上很早起床背单词；白天在学校，课间也不出去走走，而是整理上节课的笔记或者预习下节课的内容；晚上回家吃完饭之后，小E的妈妈就会陪着他学习，经常学习到深夜。一段时间后，小E每天学习的时间越来越长，成绩却越来越差。

　　小E的父母也很着急，他们觉得即使自家孩子没有别人家孩子聪明，勤也能补拙，只要再努努力就一定会有进步的。因此，他们在学习时间上更加严格要求小E。在家里，小E的父母从来不让小E做家务，吃完饭小E想把碗端进厨房他们都不让，而是催着他赶紧去学习。周末小E的同学叫他打篮球，父母也不许他去，而是让他待在家学习。

学霸都是"躺赢"的

某位中考学霸取得了极好的成绩,12 门中有 8 门取得了满分。当被问及学习诀窍时,她谈到的第一条就是睡眠。缺少睡眠的孩子更容易出现注意力低下、认识能力低下、多动、情绪不稳定以及攻击力过强等问题,而这些问题显然会影响孩子上课时的状态,进而影响学习成绩。孩子缺少睡眠的原因有很多,有可能是学习压力太大,难以入睡,躺在床上辗转反侧;也有可能是习惯性晚睡。

为研究睡眠对记忆的影响,甘文标教授及其研究团队培育了两种小鼠,让它们学习在旋转棒上站稳,一种小鼠学习 1 小时后睡 7 小时,另一种小鼠学习同样的时间但不准睡觉。研究人员利用双光子成像技术观察小鼠大脑的运动皮层,发现睡眠充足的小鼠会长出较多的新突触,学习能力较强,而睡眠被剥夺的小鼠则基本没有新突触长出,学习能力相对较弱。

甘文标教授说:"这项研究成果对于小孩子学习特别重要。如果你不停地学习,甚至牺牲睡眠来学习,那是不行的,因为大脑神经元不会有新突触形成,你根本记不住。"

│ 理论与研究 │

纽约大学华人学者甘文标教授在美国《科学》杂志上发表的研究表明:"当人进入深度睡眠时,大脑神经元会长出新的突触,加强神经元之间的联系,从而巩固和增强记忆力。"

在大脑中有两个脑区与记忆有关。一个叫作"海马体",它位于大脑的左右两侧,相当于"U盘",可以接收、储存白天感知和收集的各种信息和记忆。但是由于U盘容量有限,因此里面的内容会不断被删除并更新。另一个叫作"大脑皮层",它是一大块布满褶皱,覆盖在大脑表面的组织,相当于大脑的"硬盘"。我们在晚上进入深度睡眠的时候,大脑就会对"U盘"里的短时记忆进行加工,剔除掉无关信息后,将其存入"硬盘"里长期保存。

当孩子进入深度睡眠后,白天学习新知识时活跃过的脑区域将再次活跃起来,也就是说,大脑在自发地进行"复习",而这种"复习"的学习效率其实是要比熬夜学习的效率高的。原因是,如果孩子选择熬夜学习,那么无论是白天学习的内容还是熬夜学习的内容,都仅仅是一种短时记忆,很难在大脑内转化为长时记忆。

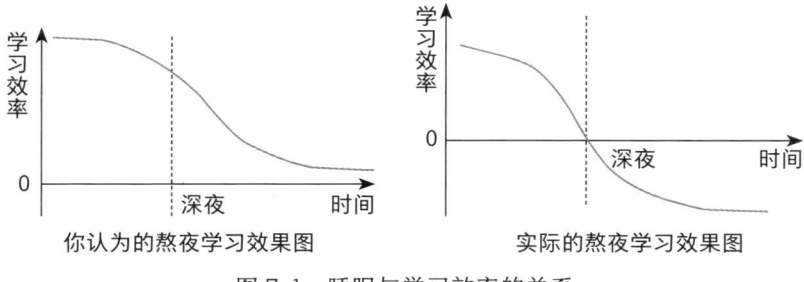

图 7-1 睡眠与学习效率的关系

充足的睡眠可以使孩子的大脑保持清醒,从而提高学习效率。其作用途径主要有以下三点:第一,大脑清醒的孩子专注力更强,相应地听课效率也会更高;第二,大脑清醒的孩子思考速度更快,那么掌握同样多的学习内容,他花费的时间就会比那些状态不好的人少;第三,睡眠对记忆力水平也会产生影响,若记忆力好,那么孩子的学习效率自然会提高。如此一来，就会形成"睡眠充足—学习效率高—不需要熬夜学习—按时睡觉—睡眠充足"的良性循环。

保证大脑的能量补给

有很多孩子为了早上多睡一会儿，选择不吃早餐或者匆忙吃一口就去上学。有这种习惯的孩子容易在上午 10 点左右的时候精神不好，满脑子都是"饿饿饿"，当然也就无心学习了。大脑重量只占人体体重的 2% 左右，消化的能量却达到了全身能量的约 20%，也就是说大脑工作是需要充足的能量补给的。不吃早餐会使孩子血糖浓度较低，大脑兴奋程度下降，注意力无法集中。此外，早上不吃早餐，孩子在午饭时就会大吃特吃，而消化这些食物需要大量血液集中到胃部工作，大脑就会供氧不足，因此会比那些正常吃早午饭的孩子更容易感到困顿。

香港中文大学数据研究中心网站在 2016 年曾经发布过一组每周吃早餐次数不同（0~7 次）的学生的平均成绩统计。统计数据表明，每周吃早餐次数越多，其平均成绩越高。

从图 7–2 的三个图表中我们可以清晰地看出，无论是小学生、初中生还是高中生，坚持每天吃早餐的孩子的平均成绩要高于不爱吃早餐的孩子。每天都吃早餐的四年级学生比一周吃 3 次以下早餐的同级学生的平均成绩高 60 多分。这意味着，有时候去补课还不如按时吃早餐成绩提升得快。同时，不吃早餐还会对消化系统、心血管系统造成损伤，增加患肠胃疾病和心血管疾病的风险。

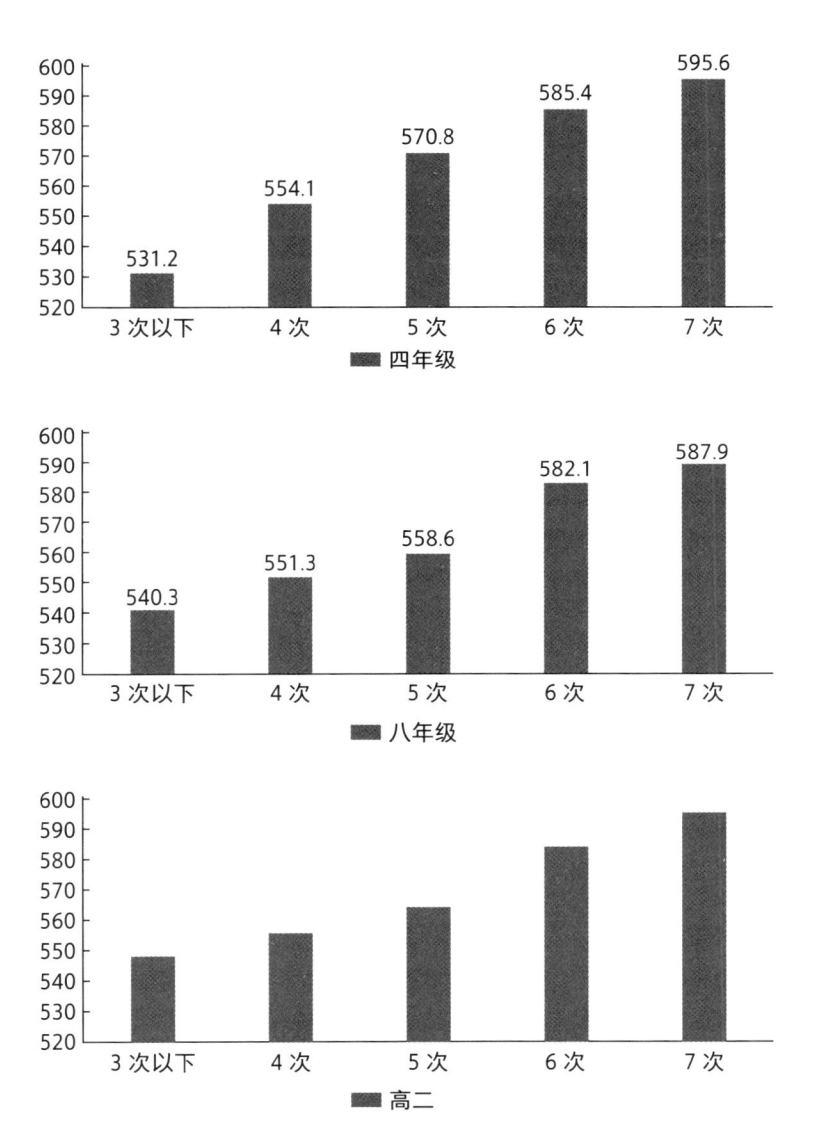

图 7-2 每周吃不同次数早餐学生的平均成绩统计

运动可以让孩子精力充沛

一个成年人在不间断地工作一上午之后，会感觉反应迟钝、头脑发蒙，没什么精力。同样地，孩子在结束一天不间断的课程后也容易精力不济，这就是为什么学校会安排课间休息。那么，要如何休息才有效？芝加哥的一所中学曾经实施过"零时体育计划"，就是在正式上课之前，让学生到校做运动，运动到学生的心跳达到最大摄氧量的70%才开始上课。一开始家长都反对：孩子本来就不愿早起上学，再去操场跑几圈，岂不是一进教室就打瞌睡？但是计划实施一段时间后，结果却恰恰相反：学生们更清醒，记忆力、专注力都增强了，上课的气氛更好了。

众所周知，运动是一种释放压力、改善情绪的有效方式，但其实它对于大脑的发育和记忆力的提升也有一定的作用。有研究发现，人在运动的时候会提升三种神经递质——去甲肾上腺素、血清素、多巴胺——的水平，而这三种神经递质都会对学习产生影响。去甲肾上腺素跟注意力有着直接的关系，它可以提高孩子的专注力，使他上课的时候更专心；而血清素则跟人的情绪和记忆有直接关系，血清素的增加有助于孩子释放压力，改善情绪，同时还能提高记忆力；多巴胺则会让人感觉到快乐，运动后产生的大量多巴胺可以使孩子保持一种亢奋的学习状态。

> ▶ **解决方案** 做好体能精力管理，高效学习
> · 睡眠管理，保持大脑清醒
> · 运动管理，使大脑更聪明
> · 饮食管理，补充大脑能量

睡眠管理，保持大脑清醒

《美国国家科学院院刊》的研究表明，每晚睡眠不足 6 小时的情况持续一周，人体的功能就会发生改变，其中涉及新陈代谢、免疫力和抗压等功能。因为大脑休息需要 4 个睡眠周期，每个睡眠周期大约 90 分钟，所以晚上的连续睡眠时长不能少于 6 小时，否则不仅会影响大脑的工作效率，还会对身体健康造成严重影响。青少年处于身体发育阶段，更应该保持充足的睡眠。中华人民共和国教育部规定"小学生睡眠时间不应低于 10 小时，初中生不应低于 9 小时，高中生不应低于 8 小时"，是有科学依据的。保证充足的睡眠时长是孩子精力充沛不可或缺的条件。平时午睡则以 15~20 分钟为宜，时间过长就会进入深度睡眠，猛然醒来后容易感到疲倦，产生"睡不醒"的状态。

只靠周末补觉没有任何好处。因为上课，很多孩子周一到周五每天早上六点半就起床了，周末一觉睡到中午 12 点。这样不仅没有起到恢复精力的作用，反而会扰乱孩子的生物钟，让他在周一上午非常困。荷兰一个团队曾经做过这样一个实验，将大学生随机分为三组，第一组每天只睡 5 个小时，第二组每天睡 7 个小时，第三组周一到周五每天睡 5 小时，周六日随意睡。结果发现第三组的记忆力和专注水平都不如第一组，当然第二组工作效率和成绩最好。

入睡时间也非常关键。由于褪黑素在晚上 11 点进入分泌高峰期，所以应该保障孩子在晚上 11 点前入睡。此外，为了保证健康的睡眠，建议孩子午饭后避免喝咖啡，睡前 3 小时只进行温和的体育锻炼，睡前不看手机等电子产品，避免摄入过多水和食物，保持卧室环境安静、整洁，光线和温度适宜等。

运动管理，使大脑更聪明

由于学习时间紧张，学生和家长往往会忽略运动的重要性。由美国国立卫生研究院发起，哈佛大学、耶鲁大学、加利福尼亚大学、康奈尔大学主导的"人类脑计划"研究表明，长期坚持运动可以明显增加大脑神经纤维、树突、突触的数量，从而促进大脑的发育，提高记忆力。但每次运动时长需要在 25 分钟以上，而且心跳值以达到最大摄氧量的 70%~80% 为宜。因此青少年应该坚持每周 3~5 次室外或室内有氧运动，比如 1000~2000 米慢跑。如果一开始跑不下来，可以从 400 米开始，然后逐步增加至 800 米、1200 米……；也可以选择跳绳、深蹲等其他形式的运动。

除了每周较长时间的规律运动，孩子还可以充分利用课间进行身体放松和锻炼，比如进行各类拉伸运动以及头肩部活动等。当然，有的孩子喜欢打羽毛球、乒乓球，有的孩子喜欢踢足球，孩子本身爱好的运动也不失为体育运动的一种补充。这些运动不仅可以让孩子的大脑越来越聪明，而且对调节情绪有非常大的帮助。

饮食管理，补充大脑能量

在为孩子准备食物的时候，家长应尽量避免高油、高糖、高盐、高热量的食物。因为这些劣质"燃料"本身很难消化，导致大量血液集中到胃部工作，此时大脑就会供氧不足，这会极大地影响孩子的精力，让他吃饱饭除了睡觉什么都不想干。

那么家长应该怎么帮助孩子科学地"吃"呢？早餐要吃饱，并且要以高蛋白和高纤维食物为主，这样安排可以让孩子到上午最后一节课都不会感到很饿，否则就没有精力听课了；午餐要吃好，要多吃蔬菜和鸡肉、鱼肉等高蛋白食物，课间可以补充一些坚果，因为鱼肉和坚果有助于加厚神经通路外面的髓鞘层，会让人越来越聪明；晚餐可以多吃一些相对容易消化的粗粮，比如谷物杂粮一类。

对于睡觉时间比较晚的中学生，如果晚餐时间在六七点左右，那么在必需的主食之外，还可以吃一些高蛋白食物。大脑工作需要能量，如果只吃蛋白质，没有吃碳水化合物，人体就会把蛋白质脱氨基酸变成能量供大脑消耗，这样蛋白质不仅白吃了，脱氨基酸过程还会产生杂质，对健康没有好处。

2

搞定时间管理，学习轻松又高效

家庭教育案例

"勤于计划"的小明

暑假到了，老师给每个同学发了一本《全科暑假快乐生活》，要求大家合理安排时间，按时完成暑假作业，开学后挨个检查。小明拿到练习册的时候就在心里计划：这个练习册一共250页，暑假一共83天，每天只需要花半小时写3页就可以完成，毫无压力啊！

6月过完，小白根本没动笔，他又开始重新计划："暑假还剩61天，从明天开始做，每天只需要做4页，比原来的计划多了一页而已，轻轻松松，我今天先刷会儿视频，明天开始写。"到了8月，小明又开始计划："时间不多了，明天一定要开始做了，每天做8页，上午4页，下午4页，好像还比较轻松，今天再休息最后一天……"暑假最后一天的晚上，小明终于开始动笔了，但是时间来不及了，他只能抄答案，最后熬了一个通宵来应付第二天开学的检查。

经常会听到父母抱怨，每次让孩子先写作业再玩，孩子总是说等一会儿再写；写作业的时候也磨磨蹭蹭，每天晚上都要写到很晚。有些家长可能就会让孩子计划一下什么时间做什么，但有的孩子不愿做计划，抱怨说："本来每天的课就很多，老师布置的作业我都得写很久，哪里有时间能让我计划呀？"还有些孩子就像案例里的小明一样，"计划"倒是做了不少，但是永远停留在计划阶段，不会脚踏实地地执行，最后等快没时间了只能糊弄了事。其实这些孩子都缺乏时间管理能力，感觉自己一整天都在学习，但由于学习效率低，成绩没有起色，长此以往可能对自己的能力产生怀疑。

效率问题是时间管理的本质问题

时间管理的对象其实并不是时间，而是自己。它的本质是一种自我管理，是对人类天性和个体习惯的管理。现在的孩子普遍面临着学习压力大、学习时间紧、学习任务重的问题。有的孩子能够将自己的学习生活安排得井井有条，有的孩子却总是觉得时间不够用。产生这种差别的关键就在于有没有进行科学的时间管理。采取有效的时间管理方法，可以帮助孩子提高学习效率，避免掉入"假努力"的陷阱当中去。

有一个经典的知识总量公式：$Y=A+BX$。

等式左边的 Y 代表一个孩子的知识总量；等式右边的 A 代表孩子的知识存量，也就是之前所学习的知识积累量，B 代表学习效率，X 代表学习时间。大多数的家长和孩子只注意到要通过增加学习时间（X）来增加孩子的知识储备量，却忽略了仅仅通过增加学习时间（X）来获得更多知识的效率是远低于学习效率（B）和学习时间

（X）同时增加的。这也解释了为什么有些孩子看起来没有比别的孩子更努力，别人玩他也玩，但是最后他的成绩要比别人好。背后的原因可能并不是他比别的孩子聪明，而是他的学习效率要高于别的孩子。

要事优先是孩子时间管理的基本原则

| 理论与研究 |

著名的管理学家史蒂芬·柯维（Stephan Covey）提出了有关时间管理的四象限法则，从"重要"和"紧急"两个维度来确定任务的优先级，其中"重要"代表有利于实现目标的事，"紧急"代表必须立即处理的事。我们基本上可以将生活和学习中的所有事务分为四个象限：重要且紧急、重要不紧急、不重要不紧急、紧急不重要。

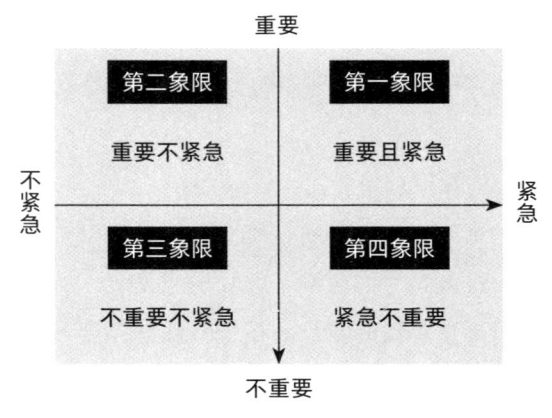

图 7-3 时间管理的四象限法则

第一象限是一些既重要又紧急的事情。比如第二天要交的作业，因为重要所以无法逃避，又因为十分紧急，所以不能拖延，必须马上完成。面对属于第一象限的事情我们应该不犹豫，立即去做！很多孩子觉得所有事情都是重要且紧急的，根本没有自己可以管理的时间，整天疲于应对学校布置的各项作业。这是因为没有管理好第二象限"重要不紧急"的事情。就比如前文案例中提到的暑假作业。在刚放暑假的时候，它其实是一件"重要不紧急"的事情，时间充裕，但是由于小明一拖再拖，慢慢地它就从第二象限转变到了第一象限，结果是小明不得不在开学的前一天通宵完成作业。第二象限的事情如果没有被及时处理好，就会转向第一象限，既耗费更多的精力也让人徒增压力。因此面对属于第二象限的事情时，不能因为不紧急就不去解决，而是应该第一时间将任务进行分解，然后一个一个地解决。除此之外还可以制订时间表，约束自己在规定的时间内完成，以防第二象限的事情不知不觉溜到第一象限去。

第三象限的事情"不重要不紧急"。空闲的时候，我们可以通过做一些不重要且不紧急的事情来调整、放松。但在第三象限投入过多时间将会影响我们的计划，尤其是大量既不能带来好的休闲体验，又不能为目标服务的事情。因此，这一象限的事情我们应该尽量不去做，比如无休止地刷手机。第四象限的事情"紧急不重要"，这一象限的事情具有很强的迷惑性，看起来非常像第一象限的事情。按照常人的思维，当一件事情很紧迫时，我们潜意识里会觉得它也很重要。比如，你正在专心致志地忙自己的事，别人过来让你帮他搬个凳子，这其实就是一件紧急但对于你自身的计划来说并不重要的事情。准确地区分"重要且紧急"和"紧急不重要"是摆脱焦头烂额的重要一环，而对于紧急不重要的事情，有时候可以选择寻求他人的帮助。

成绩好、效率高的孩子花费了大量的时间在"重要不紧急"的事情上，比如三天后要交的作业，每天都安排完成一些，就没有很多马上要交的作业了，还可以按照自己的计划做一些复习任务。而成绩中等的孩子将大量时间浪费在"不重要不紧急"和"重要且紧急"的事情上，所以总觉得时间不够用。

> ▶ **解决方案** 做好时间管理，学习轻松又高效
> · 宏观时间管理——合理分配各科时间
> · 中观时间管理——高效时间与低效时间的合理安排
> · 微观时间管理——向课堂 45 分钟要效率

时间管理三个层次的解决方法

合理分配各科时间

孩子需要同时处理多个学科的学习任务，想要实现学习目标，就应进行各学科学习时间的统筹，学会在较长时间内进行宏观时间管理，既可以是一个学期也可以是一个学习阶段。宏观时间管理强调系统性。比如，针对各科的学习时间进行规划。首先，让孩子回想一下，上周花在各个学科上的时间比例是怎样的，包括上课、写作业、自习以及补课；可以根据比例绘制出孩子当前各科学习时间饼图（如图 7-4 所示）。

其次，对各个学科进行现状分析。可以列出各个学科现在的分数、对于学科的自我分析以及预计的提分空间（见表 7-1）。

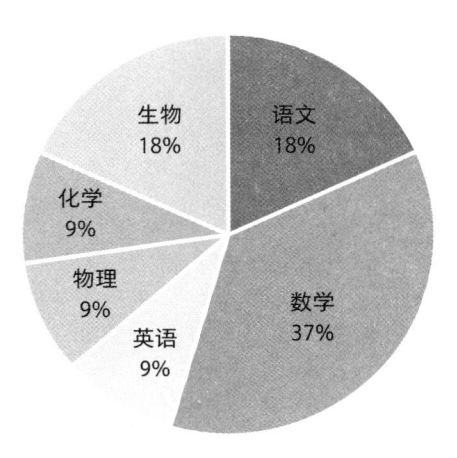

图 7-4　调整前的各科学习时间分配

表 7-1　各学科自我分析表

科目	现在分数	自我分析	预计提分空间
数学	120	是喜欢的学科，遇到瓶颈，不好突破	0~5 分
语文	110	感觉进步很难，花时间不少，但进步慢	0~5 分
英语	90	阅读得分不稳定，作文得分低	5~10 分
物理	50	弱势学科，不喜欢学	10 分
化学	60	基础知识总是出错，化学实验题老出错	5~10 分
生物	70	是喜欢的学科	0~5 分

最后，根据分析来对之前的时间分配进行调整。有些孩子会倾向于在自己喜欢或者擅长的学科上花费更多的时间，因为这个学科更容易给孩子带来成就感；而对于自己不喜欢或者看不懂的学科，

孩子恨不得一眼都不看。但是现在的考试看的是综合成绩，严重偏科不利于孩子的长期发展。那么，应该在哪些学科上多花功夫呢？第一，是那些"得分大户"，比如语数英；第二，是一些容易提分的学科以及劣势学科。单从成绩的角度来看，基础本来就不错的学科，想从95分提升到100分是很难的，但是原来不及格的学科想要提升一二十分可能很容易，只需要掌握一些基本的知识就可以做到。经过一系列调整之后，我们或许就能得到一个更为合理的时间规划图（见图7-5）。

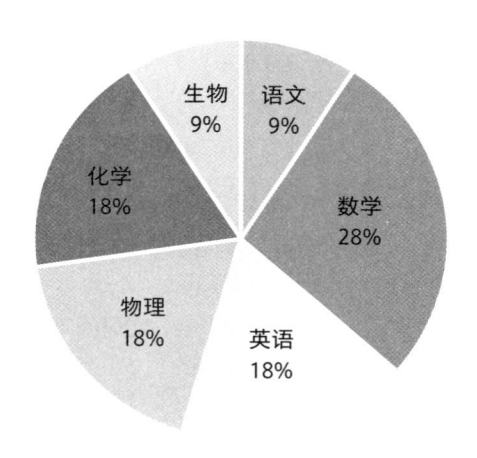

图 7-5　调整后的各科学习时间分配

高效时间与低效时间的合理安排

孩子进入小学高年级以后普遍学习时间比较长，这个时候就需要家长帮孩子合理安排时间，比如制订一周或者一天的休息和学习计划。在学习任务增加的情况下，如果一直学习不休息，就很容易出现两种情况。一种情况是学习效率不高，整个人变得消极，另一种情况是压力太大，导致一些心理问题。因此学习计划就像一根橡皮筋，要有张有弛，也就是学习和休息交替进行。家长要告诉孩子课间最好不要再赶作业、补笔记了，放学回家也需要有放松休息的时间，否则孩子自己会把1个小时就能写完的作业拖沓成3个小时完成。

另外有研究表明，不同学科分散学习的效果优于学完一门再学一门。因此无论是上自习还是回家写作业，每个学科的学习时间不宜超过40分钟；交替进行各学科的学习和复习，效果更好。

在一天当中，一个人不可能时刻保持精力充沛，在不同的时间段，人的体力、情绪和智力状态是不一样的，也就是说存在着高效时间和低效时间。其中高效时间是人一天当中注意力最集中、观察力最强，同时最能创造出新东西的时候。每个人的高效时间和低效时间是不同的，一般存在3种变化模式：先高后低、中间高两头低、先低后高。

家长要根据孩子自己的时间模式安排学习内容，确保在状态最佳的时间学习最重要的内容，而不是生搬硬套别人的时间表。最合理的利用方式是在高效时间做难题、记忆和背诵、梳理知识点、学

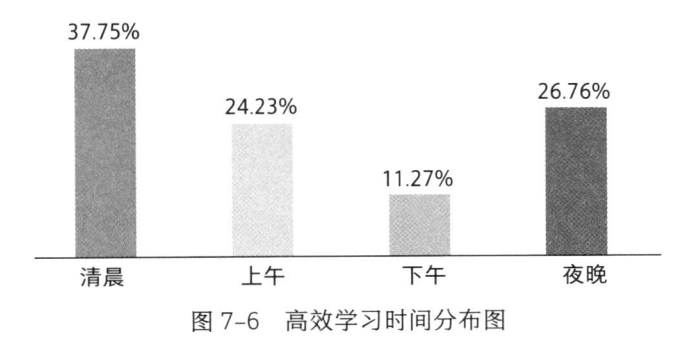

图 7-6　高效学习时间分布图

注：被调查对象中有人选择了两个高效时段，所以整体超过了100%。

习讨厌的科目；在低效时间做简单题、写作文、回顾错题、学习喜欢的学科。

向课堂 45 分钟要效率

时间管理不仅是管理课后的时间，课堂上的时间也需要管理。向课堂要效率是最重要的学习方法。曾经有位家长找我沟通，说他家孩子上课不专注，总走神，该怎么办。了解后我才知道，这位家长给孩子的周末安排满了各种各样的补习班，孩子说感觉周末非常累，只好平时上课时休息。这完全是本末倒置，家长和孩子都很累，孩子成绩却还不理想。跟孩子和家长商量后，家长只保留了数学补习，停掉了其他的，但要求孩子承诺上课认真听讲，结果孩子成绩飞速提高。

这个案例说明课堂效率对提高成绩来说非常重要，因为课堂效率高，写作业速度快，孩子自信心也足，继而影响一天的时间安排。如果孩子在某些科目的课堂上很难保证 45 分钟里都高度专注地听课，家长需要让孩子跟自己描述一下老师上课的节奏。当老师讲到新知识或者重难点的时候，让孩子一定要跟着老师的思路走，并且积极参与、主动思考，确保学会弄懂；而当老师讲解孩子已经完全掌握的习题的时候他就可以稍微放松一下了。另外，千万不要为了记笔记放弃听讲。当老师讲到重点内容时，一定要认真仔细地听，记要点即可，如果来不及记就以听课为主，努力做到当堂知识当堂消化，笔记记不完可以课下找机会。如果有些科目学得比较吃力，可以练习从专注 20 分钟开始，只听最开始能听懂的 20 分钟，之后可以自己看书或者做题，然后随着成绩的提升，逐渐延长专注的时长。

特别提醒 千万不要在课堂上做其他科目的作业。第一，很难专心，比如会担心老师叫自己回答问题；第二，由于不能全神贯注地写作业，作业的质量也不可能高。就算不想听课，也需要干一些和这门课相关的事情，比如英语课上背单词，数学课上看数学例题等。

3

抓住关键节点，孩子主动拿成果

家庭教育案例

不知道为什么考得好的小良

小良和小青是同班同学，又住在同一个小区，俩人时常在一起玩。放假前，班里举行了一场数学考试，考完后，小青感觉自己考得还可以，可成绩下来后，才发现"惨不忍睹"。而小良考了全班第一。这已经不是小良第一次得第一了。自去年下半年开学到现在，一年多的时间里，他每次考试都是班上第一。小良在学习上不仅积极、主动，还特别乐于帮助他人。小青忍不住问小良："小良，你学习这么好，是不是有什么秘诀啊？"小良憨厚地一笑，不好意思地说："没啥，课下多努力一点就行！"

经常会有家长问"别人家孩子"："你为什么考那么好？是不是有什么诀窍？"其实很多孩子并不知道自己为什么能够学习那么好。可能花了和别的孩子相同的时间、相同的精力，他们却能收获更好的结果。这往往是因为在学习过程中的几个关键节点，他们做得都很到位，最后积累出好成绩。

学校里的学习是相对规范的学习，包括课前预习、课堂听讲、课后复习练习、考试检验等环节，能够自主学习并取得好成绩的孩子，往往抓住了重要的节点。从大量的实践中，我们总结出四个与孩子的学习成绩息息相关的关键节点，分别是课前预习、高效课堂、科学练习、考试应对。而这四个节点正是培养良好的学习习惯时必须关注的。

如何让孩子有良好的课前预习习惯？

当被问到为什么没考好时，一些孩子说："其实我上课没听。"另一些孩子则说："我都学了，怎么还是考不好？"很显然，上课不听讲的孩子在考试的时候很难取得好成绩；而那些只是"感觉"自己好好听课了的孩子，可能效率并不高。这个时候家长可以帮助孩子通过以下问题评估：上课45分钟，能专注地听几分钟？老师讲的内容，能听进去吗？听不进去的话，是什么原因导致的？

如果孩子通过评估发现自己上课的效率不高，家长就可以帮助他从三个方面来调整。

第一个方面是课前准备，包括课前预习和课间准备。

至于预习有没有必要，我们首先要看预习的目的是什么。如果只是提前学一遍，那么孩子可能会想："反正开学还会学，我现在偷会儿懒也没关系。"预习之后，到正式上课的时候孩子又会想："这些我假期里都已经学过了，上课真没意思。"那么这样的预习，不仅不能让孩子学得更好，反而可能影响他的学习兴趣、学习动力以及学习效率！

为什么还要预习呢？当孩子出现上课的时候听不懂的情况，课前预习就是必要的。这种情况很多时候是由之前学过的知识点掌握得不牢固，需要在课上花很长时间去回忆导致的。而预习有助于查漏补缺，提前激活知识，避免出现上课时因跟不上老师的节奏而听不懂的情况。

例如，刚开始上物理课的时候，一些孩子觉得物理就是噩梦，知识点不仅多，而且很难理解。上课的时候，他们不知道该先听课还是先记笔记，一节课下来手忙脚乱、头脑发蒙，不知道这节课主要学了些什么。实践发现，通过预习，很多孩子能提前了解本节物理课的重点和难点，在上课的时候就可以合理分配注意力，把关注的重点放在老师讲的这些内容上。

总而言之，预习的作用是预知难点，以便听课时能够合理分配注意力，提前扫清听课障碍，让听课思路更加连贯，而且带着问题听课能让脑细胞始终保持活跃。所以课前预习的真正目的是提升听课效率，而不是简单的提前学习。

如何做呢？预习之前，家长可以帮助孩子做一个自我评估。

（1）这门课上课的时候是否经常听不懂，跟不上老师的思路？

这可能是因为课上要讲的知识点很多，而老师无法顾及所有人的水平进度，有的时候就会讲得特别快。加上孩子以前的知识学得不扎实，才出现这种情况。此时，家长应该鼓励孩子在预习时注重复习之前的知识。若在预习机械能的时候看不懂，就可以去看一看之前学的直线运动和受力分析知识。

（2）是否因为不喜欢这门课的授课老师，所以上课的时候没有兴趣听？

孩子若有一门课考得好，被这门课的老师表扬了，就会获得自信，从而花更多的时间学习这门课。相反地，如果有科目考得很差，被老师批评了，孩子就很容易对这一科目产生抵触心理。除此之外，如果老师讲得很枯燥，孩子也很难对一门课产生兴趣。这个时候就需要孩子在预习的时候给自己提出明确的学习目标。比如，这节课要解决 3 个问题；或者说，这节课有 3 个听课目标。

（3）是不是每次上课都手忙脚乱，既想记笔记，又想理解老师讲的内容，结果两件事都做不好？

当老师讲得很快，孩子跟不上节奏，记笔记又不知道该记什么的时候，家长就应要求孩子在预习的时候标出重点、难点，并且画一个大概的思维导图来辅助自己在上课时快速定位老师所讲内容。

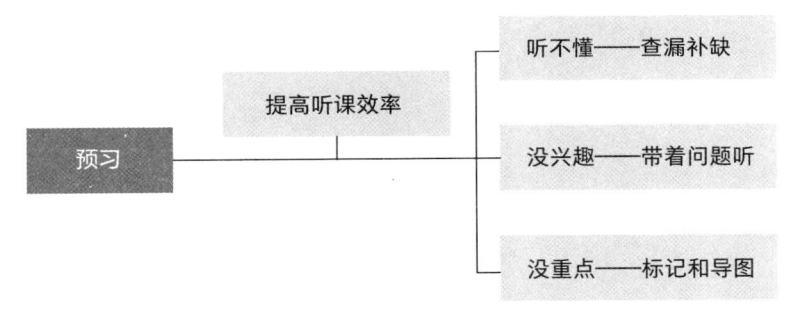

```
预习 —— 提高听课效率 ┬── 听不懂——查漏补缺
                    ├── 没兴趣——带着问题听
                    └── 没重点——标记和导图
```

图 7-7　预习的作用

针对不同的上课状态，孩子预习的内容也应该有所调整。

如何让孩子课堂效率高？

第一，做好课前准备。在课间十分钟里，首先孩子可以简单地活动放松一下，让自己有一个比较好的精神状态去听课；然后打开课本看一眼下节课要讲的内容，做到心中有数，这样可以更好地理解上课内容；最后创造一个有助于听课的物理环境和心理微环境。物理环境包括整洁的课桌与齐全的学具，建议仅保留与本堂课相关的课本、笔记本和练习册；创造适宜的心理微环境的目的是让自己有个平静的心态。上课前可以有个小小仪式，比如喝口水，给自己一个上课的手势或者做几组深呼吸，让自己上课的时候更容易集中注意力。

第二，正式听课时，要养成手勤脑勤的习惯。上课的时候，脑子要勤转，跟上老师思路；手要勤动，记下重要的内容。

不同的孩子听课时的状态是不同的。有的孩子照着黑板上的板书抄得一字不落，并且感动于自己的笔记写得如此工整完美，简直"像一件艺术品"。有的孩子在思考：为什么要给出这个定义？它能够描述什么？定义写得这么复杂，难道是怕有逻辑漏洞？那么最核心的部分是什么？

有的孩子会简单地认为："这步听懂了，很简单啊……这步也听懂了，什么难题啊？不过如此嘛！"但做作业的时候，进展并不顺利。有的孩子会观察思考解决题目的完整逻辑链条，思考是否还有其他更短的解题路径，课后做题较顺利。

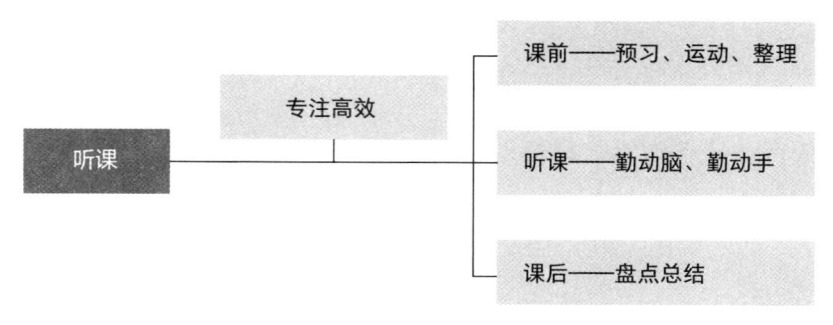

图 7-8 高效听课模式

第三，课程结束时，主动盘点、回顾本节课内容。看看这节课有哪些重点、难点，有没有不理解的；核对预习时列的问题清单，有没有遗留问题；回忆和补全笔记；做练习或记忆本节课知识点。

如何让孩子养成科学自觉的练习习惯？

很多孩子抱怨练习册做了一摞又一摞，题目刷了一遍又一遍，草稿纸用了一沓又一沓，一考试却发现做过的题不少但分数不高。刷刷刷，为什么分刷不上来？这是因为孩子在练习时存在三个误区：忽视课本、没有反思、只重数量。

孩子的时间有限，而可以做的练习是海量的，所以孩子不可能做完所有的练习题。相信每个家长都很清楚这个常识，但在实际家庭教育中，几乎没有家长认为自己的孩子做的练习太多，也很少有家长跟孩子说"这些练习不用做"，说得更多的是"如果不做这些题，你的成绩怎么提高？"家长有常识却并不一定能做到，这里有两个根本的原因。

第一个是恐惧心理。同学们都在做练习，增加补课数量，如果自己家的孩子不做，在练习量上就已经"输"给了别的孩子，所以，在不知道怎么做的时候，花费更多的时间做更多的练习成为家长最简单、最直接的选择。简而言之，少做练习会让家长和孩子不安，都害怕因为练习不够影响学习成绩。

第二个是判断失误。很多家长都知道练习要适量，至于到底多少量合适，以及做哪些练习更有帮助，则没有办法判断。学校的教学面向全班同学，老师布置的作业和练习也面向所有同学，要想提供个性化的练习指导，就需要充分了解孩子的水平，也需要科学的教育能力做支持。连专业的教育工作者都难以给出指导，家长更是难以做到。

学习提高是量变加质变的过程

想让孩子的练习更有效，就需要了解学习背后的科学规律。教育与脑科学的相关研究证实，在小学期间，语文、数学、英语等学科确实需要孩子做一定量的重复练习，以积累基础知识和技能。小学低年级的时候，老师讲课的进度很慢，一个知识点会反复讲很多次，相似的练习也会反复让孩子做，即便是大部分孩子都考满分，老师也不会轻易增加难度或者讲新的内容。这是为了让孩子打好基础，而这个过程就是量的积累。当年级升高，再回头看上一学年或者上学期学习的内容，孩子发现自己进步了，前面的内容已经完全掌握——这展现出的就是质变，从不懂到学会。

实际上，孩子学习的质变要比家长发现的早得多。例如一个小学生刚开始学习"线与角"的知识，看到"锐角""钝角""直角"时会弄不明白，作业完成情况时好时坏，这次做对了，下次又出了错。家长很难知道他有没有真的学会。但随着多次练习，突然有一天，在没有人指导的情况下，他懂了。关于这个知识点的作业，他完全可以独立完成，而且再也没有出过错，这个时候孩子在学习上就发生了质变。科学的练习是通过最少的作业和练习达到质变。当我们不知道做哪些练习有助于孩子的学习产生质变时，就只能通过大量的练习去强化训练效果。

盲目刷题不可行

安德森·艾利克森和罗伯特·普尔在《刻意练习》中提到："人

们眼中的天才之所以卓越非凡，并非天资超人一等，而是付出了持续不断的努力。一万小时的锤炼是任何人从平凡变成世界级大师的必要条件。"正是因为这个理念如此简单，又好操作，很多家长非常认同，会把它视为让孩子成功的宝典，用来鞭策孩子花更多的时间去学习学科知识、进行音乐训练、完成体育练习。然而，更多的心理学、教育学研究也证明，并不是每个领域都需要一万小时的锤炼才能成为专家；另外，很多人经过一万小时甚至更长时间的训练，仍然无法成为某个领域的专家。只能说，大量的练习在某一阶段对掌握知识和磨炼技能有帮助，但孩子时间有限，想要让学习效率更高、学习效果更好，家长就需要关注孩子学习中的"最近发展区"。

关注孩子的最近发展区

苏联心理学家维果茨基（Vygotsky）提出的"最近发展区理论"指导了很多学习研究，比如分层教学，就是着眼于不同学生的不同学习水平；比如阶梯教学，就是着眼于从易到难不同阶段的不同学习水平。这些教学方法，关注的都是学生的"最近发展区"。研究和实践也证明，适度做"最近发展区"的练习，能有效提高孩子的学习成绩。

打个比方，孩子的学习就像一颗鸡蛋，已经掌握的知识和技能就像蛋黄，而通过学习和训练能够达到的水平是蛋壳，那么二者之间的蛋白部分就是"最近发展区"。我们也可以把蛋壳部分看作孩子学习的"潜能区"，将蛋黄看作学习的"舒适区"。孩子的学习过程是不断地把蛋白转成蛋黄，蛋壳转成蛋白，努力扩大孩子"舒适区"的过程。

孩子学习成绩的提升是一个循序渐进的过程。一个孩子从学会写第一个字开始，到中学阶段能够写出大几百字的文章来，这是一个需要积累的过程。我们很难想象，词汇量很少的学生能够写出非常优美的文章来；我们也很难想象，在基本的数学运算都没能掌握的情况下，孩子如何去做复杂的数学运算以及综合性练习。这个道理家长都懂，但在孩子实际的学习过程中，他们往往无法辨别哪些练习对孩子更有帮助，哪些题目是重复的无用功，哪些练习违背了通过积累获得进步的原则。

很多家长认为，数学的本质就是公式和计算，孩子在学习数学的过程中，把不会的题目都搞懂，成绩不就能提高了吗？所以他们让孩子背公式和口诀，或者揪着错题让孩子反复练习，有的甚至还让孩子把错题抄十遍。可效果往往很不理想，因为有些练习属于孩子的"舒适区"，有些练习属于孩子的"潜能区"，这两个区域的练习量即便很大，也很难起到提高成绩的作用。

如何找到孩子学习中的"最近发展区"？有个比较简单的方法，家长可以通过孩子的日常作业和考试试卷找到。在小学低年级，大部分孩子在练习和考试中的错误比较少，但到了小学高年级，日常作业和考试中孩子都会有错题。当孩子做完练习检查后，如果发现有错误，家长可以通过让他做一道选择题来了解某些题对孩子来说是不是最近发展区的题目。

家长可以这么问孩子："对于这道错题，你有什么感觉？"家长要给出三个选项，让孩子选择。

选项一，"看见就会，做了就对"。也就是说，孩子看见这道题的时候就知道怎么做，而且有信心一定不会做错。如果孩子选择了这个答案，并且这类题以前也没有出错，这是第一次，家长就要知道这道题是孩子的"舒适区"题目。

选项二,"看了不知道会不会,但可以尝试去做,有时做对,有时做错"或者"看了觉得会,但做出来是错的"。如果孩子选择了这个答案,家长就要知道,这道题就在孩子的"最近发展区",是孩子需要重点练习的内容。

选项三,"看了就知道不会,做了也百分之百做不对"。如果孩子选择了这个答案,家长就要知道,这道题已经超出了孩子的"最近发展区",一般属于"潜能区"。老师和家长给孩子讲了这类题以后,他往往也不明白。

要想帮助孩子提高成绩,训练应主要针对"最近发展区"的题目,也就是那些看起来会做,但会做错,讲了就能明白的题;或者看了不知道会不会做,但可以尝试做,有时做对、有时做错的题。

很多家长,甚至学校的老师都会陷入一个误区,认为"如果只抓孩子时会时不会的那些题,成绩提高的幅度应该不大;如果把孩子搞不懂的题都教会了,他的成绩就会百分之百地提高"。这样的想法当然非常好,但如何让孩子把搞不懂的题都学会呢?每一个新的知识点都依赖对前面知识点的掌握,孩子看起来会做或者可以尝试的题目做起来却出错,就是因为相关知识点没有完全掌握。如果练习的关注点不放在这一部分,而是把注意力放在解决更深、更难的问题上,关注他完全不会的"潜能区"部分,可能会有以下几个弊端。

第一个弊端是降低孩子对学习的兴趣。因为总是在做难题,每道题对他来说都很有挑战,而做题的结果又是大部分都出错,所以会打击他学习的自信心,让他渐渐讨厌做练习题,毕竟谁都不喜欢持续的挫败感。

第二个弊端是破坏孩子对学习的掌控感。孩子和大人一样，都愿意做自己能够掌控的事情，对于需要冒险、不确定的事情都会三思而后行。天天做难题，又总是做不对，并且面临受到家长老师批评的风险，孩子对学习的掌控感就很低。当学习变成一件无法掌控的事，孩子就会产生抗拒心理。

第三个弊端是无法解决孩子没掌握知识点这个问题。让孩子做练习时，只关注有没有错误，没有关注到孩子有没有掌握知识点，也是许多家长的误区。只关注孩子做错的难题，让他更多地练习"潜能区"的题目，即便偶尔做对，这也并不代表他已经熟练掌握这一知识点。孩子完全掌握的是"舒适区"的知识点，为了让"舒适区"扩大，就需要多做"最近发展区"的练习。随着"最近发展区"的练习增多，"舒适区"就会扩大，同时"潜能区"的题目就变成了"最近发展区"的题目。在很多"最近发展区"的实践练习中，人们会发现孩子的自信心越来越强，学习主动性也提高了，以前那些令他痛苦和抗拒的难题，他也愿意去研究了。这时候，带着成就感再去挑战难题，学习中遇到的问题就会得到有效解决。

巧用错题本，针对"最近发展区"进行练习

找到了孩子"最近发展区"的练习题后，就可以在家庭教育中使用"错题本"这样的工具帮助孩子做有效的训练。错题本很常见，但要想它发挥作用，要看怎么使用。

首先，孩子做错题的原因各不相同，可能是粗心大意，可能是知识点没有掌握牢，也可能是压根儿不会、毫无思路。因此，不是有错题就要往错题本上抄，需要抄上去的只有"最近发展区"的错题。关于这些错题，孩子好像掌握了相关知识点，但不一定能做对，需要反复强化练习,从而形成能够牢牢掌握的知识和技能,避免下次出错。千万不要把那些怎么也讲不明白的题抄到错题本上,因为这类题不属于错题,而是不会的题,抄上去既浪费了时间,又影响了孩子的信心,毫无裨益。

其次,错题本不是为了抄错题,而是为了练错题。孩子把题目抄到错题本上以后,建议家长监督孩子隔一周对题目进行一次练习,如果做对了,千万不要把它划去,再隔一周来看一看,如果还能做对,这道错题就可以从错题本中删去了。

实践中,很多孩子就是使用这样的方法,专注于学校布置的作业,不再做大量的补习和练习。家长监督孩子使用错题本,一起聚焦"最近发展区"的题目,每个周末集中做一次错题,经过几个月的练习后,成绩就会有明显的提升。

如何把孩子培养成"考试型选手"?

了解孩子考试发挥不佳的原因

◇ 考试压力过大,缺乏减压调整

考前焦虑是由考试压力带来的。大部分考试压力来源于环境,最直接的便是家长带给孩子的压力。比如,家长要求孩子在下次考试中必须考多少分以上,或是排前几名,并约定给予相应的奖励或惩罚。为了不被批评或是得到奖励,孩子必须在考试中好好发挥。再比如,有的家长并不会明确要求孩子取得怎样的成绩,但总是对孩子抱有很高的期待,如果期待没有被满足,家长虽不会惩罚孩子,但会流露出明显的负面情绪。为了不让家长失望,其实孩子也面临

着较大的考试压力。但这种压力来源较为隐蔽,许多家长和孩子自己都不一定有所察觉。

另一种容易影响孩子的压力来源于同伴。每个人都渴望被同伴接纳、认可、肯定,为了避免被排挤或掉队,孩子不得不强迫自己做一些违背自己意愿的行为,包括努力学习这样的积极行为。当孩子发现自己身边的同学都很优秀时,就会希望自己也能一样优秀,甚至比他们更优秀,所以有一部分考试压力便来源于同伴之间学习成绩的比较。

| 理论与研究 |

> 当遇到危险时,我们会感到恐惧,这时大脑中的特定区域——杏仁核会接管大脑。为了快速行动,此时我们不再思考,不再拥有创造性思维和批判性思维过程,只有三个选项可以选择——僵在原地、攻击、逃跑;高压也会引发类似的反应。

在一个实验中,德国神经科学家许特(Hüether)博士测试了玩赛车的年轻男子的大脑功能。研究人员在比赛结束后查看其大脑扫描结果时,震惊地发现赛车手大脑的活动很少。事实上,这些年轻人几乎没有使用他们的大脑,当然,对比赛过程也没有记住什么。后来,研究人员又重复了这个实验,这次这些年轻男子并没有亲自上阵,只是坐在司机旁边观看;他们没有专注于赢得比赛,而是关注了其他很多事情,如驾驶行为、车道、其他车辆等。这一次扫描结果显示,他们的大脑进行了大量活动,并且拥有学习过程和记忆过程。科学家得出结论，当学生在数学考试中惊慌失措，或推销员害怕达不到月度目标时，会产生一种"隧道视野"——视野会变得很小，不仅使学习受到限制，也无法找到通往成功的道路。这也是为什么在考场上紧张时，孩子容易出现大脑一片空白的情况。

当孩子面临压力或在考试中惊慌失措时，就会产生焦虑的情绪。焦虑是人类最基本的情绪之一，但孩子要学会分辨自己的焦虑是正常焦虑还是异常焦虑。正常情况下，如果第二天要考试，人都会感到担心、紧张，等考完试就会放松；而病理性焦虑会让人将考试这件事情灾难化，并担心与考试相关而非考试本身的事情，如路上是否会发生意外、当天晚上能不能睡好觉、考试时会不会拉肚子等。正常的焦虑一般可以通过转移注意力的方式来淡化，而病理性焦虑无法通过转移注意力来控制情况，甚至会让人出现口干、胸闷、出汗等身体反应。如果每到考试孩子就出现病理性焦虑，一定要及时就医。

◇ 考前复习计划与执行不足 ◇

所有孩子都知道考试前要复习，但有没有复习、如何复习，答案就因人而异了。关于考前复习，孩子们普遍存在的问题是不知道从哪里开始复习，以及复习一会儿就想罢工。第一个问题涉及复习的计划性，等到考试前一天晚上临时抱佛脚，还想要把整本教材背下来，显然是不可取的。第二个问题涉及自制力与执行力，再好的学习计划，如果不能坚持完成，就不会达到预期的效果。这两个问题都会导致一个结果——要考的知识还没学会，考试过程中题目也不会做。

◇ 考试技巧不够完备 ◇

如果说知识储备是参加考试这场战斗的基础实力，考试技巧就是增强战力的"装备"。考试技巧包含很多方面，比如答题节奏、审题诀窍、解题思路，甚至还有考试时的心理状态调整。这些技巧能帮助孩子在考场上尽可能地运用已掌握的知识，取得尽可能高的分数。考试技巧不完备对考前焦虑的影响与考前复习不到位类似，孩子会因为对考试这场战斗的细节不够熟悉而缺乏自信，感到不安。假设有两份涉及相同知识点的试卷，一份是孩子做过很多次的题型，另一份是孩子从未遇到过的题型，做哪份试卷会让他更有信心拿到高分呢？答案显而易见。熟悉试卷题型、考试流程会更容易获得高分，因为孩子能根据以往的经验决定先做什么题型，每个题目应该用多长时间来做，不同的题型如何审题和解题比较高效，等等。这些都是对考试技巧的应用。

掌握科学方法，缓解考试焦虑

◇ 正确看待考试焦虑 ◇

当陷入考试焦虑时，孩子首先要分析自己的焦虑从哪里来：是期望太高，还是准备不足，抑或是对考试有错误的认知？然后，根据具体原因找寻解决办法。家长一定要改变孩子对考试的错误认知，跟孩子说明"考试结果不完全代表你的能力，也不代表你是个什么样的人"，"考试真正的意义在于检验对之前的知识的掌握程度，以便查漏补缺"。如果想从根本上解决焦虑，家长需要让孩子明白学习的真正意义不是考上好大学，也不是找个好工作，而是实现自己的理想和社会价值。

此外，要让孩子接纳自己的焦虑。适度的焦虑反而有利于临场能力的发挥。这里介绍一条著名的曲线，它叫"焦虑曲线"，又称"耶克斯—多德森定律"。这条曲线呈倒U形，坐标系横轴是焦虑程度，纵轴是工作效率。当焦虑程度水平比较低的时候，工作效率就不会太理想，人们处于敷衍塞责阶段；当焦虑感不断增加，潜能开始被激发，人们会更认真、更专注地对待工作任务，以求获得更好的结果，这一阶段的效率和配合度将达到顶峰；但随着焦虑和渴望超过机体承受能力，人们会因为极大的心理压力而出现记忆力衰退、注意力无法集中、思考速度变慢等问题，不仅无法提升效率和处理能力，甚至连常规的任务都无法完成。因此，适度焦虑反而是好事，家长要让孩子正确看待考试焦虑。

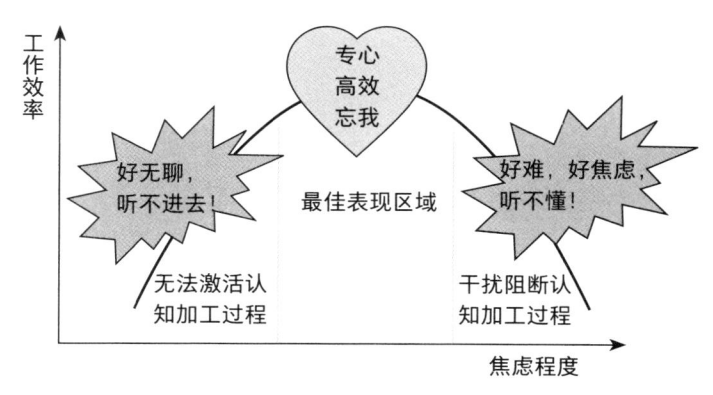

图 7-9 焦虑曲线

缓解考试焦虑的方法

方法一：深呼吸放松法（见效快并且最容易做）

让孩子学会通过鼻子进行腹部呼吸。双肩自然下垂，慢慢闭上双眼，然后慢慢地、深深地吸气，吸到足够多时，憋气2秒钟，再把吸进去的气缓缓地呼出，同时配合呼吸的节奏给自己一些暗示和指导语："吸……呼……吸……呼……"呼气的时候尽量告诉自己"我现在很放松、很舒服",注意感觉自己的呼气、吸气,体会"深深地吸进来,慢慢地呼出去"的感觉。重复20遍,每天两次。

方法二:想象放松法

让孩子想象最能让自己感到舒适、惬意、放松的情境。例如,"我静静地俯卧在海滩上,周围没有其他的人;我感觉到了阳光温暖的照射,触到了身下海滩上的沙子,我感到无比舒适;海风轻轻地吹来,带着一丝丝海腥味,海涛在轻轻地拍打着海岸,有节奏地唱着自己的歌;我静静地躺着,倾听这永恒的波涛声……"可以自己在心中默念,节奏要逐渐变慢,配合自己的呼吸;尽量想象得具体生动,全面利用五官去感受。

方法三:肌肉对抗放松法

把身上任意一个部位先紧绷到极点,然后放松。比如握紧拳头,然后松开;将肩膀旁边的斜方肌使劲往上提,然后放下;等等。每天两次,坚持半月便有明显的效果。

方法四:焦虑暴露法

考前一天可以教孩子使用"焦虑暴露法"。因为紧张和焦虑源于对未知事物不确定性的恐惧,因此可以让孩子把考场上可能的焦虑都提前暴露出来,以便缓解焦虑。孩子考前的焦虑包括,考试当天拉肚子了怎么办?第一道题就不会做怎么办?漏答题了怎么办?诸如此类。预设焦虑,并思考解决方法。

方法五:自我接纳法

如果孩子在考场上仍有焦虑的情绪,可以让他通过自我对话来接纳焦虑,比如,"我现在感觉到自己很紧张、很焦虑,我知道这种焦虑对我的考试是有帮助的。我还可以更紧张、更焦虑一些,没关系,我就让自己紧张一分钟,在这一分钟里,我可以深呼吸。然后我会将注意力放在考试上,刚才的紧张会让我在接下来的考试中更加专注、高效。好了,一分钟到了,我要开始专注地考试了。"

全面启动复习计划

复习不应该临时抱佛脚,而是至少在考试前20天开始。首先,要把各学科的知识体系梳理一遍,过一遍目录和大纲,明确自己要复习的内容是什么。然后,逐一强化考试时应该掌握的内容,这时候时间较为充裕,复习要做到细致、精确。

在考试前一周,再次复习重点内容,强化公式和基本概念,回顾一遍错题本,梳理考试中可能出现的重点题型。还要调整作息时间,孩子应尽量在晚上10点~11点入睡,保持与考试当天一致的起床时间,中午可以午睡15~20分钟。良好的作息不仅可以帮助孩子缓解紧张情绪,还可以让孩子在考试时大脑更活跃。

到了考试前一天和考试当天,第三次复习错题本中重点标记的部分,并用回忆的方式将知识点在脑海中过一遍。需要注意的是,应优先安排弱势学科的复习,留出充足的学习时间;每天各科目的复习顺序应尽量与考试科目的顺序一致,以提前培养适应考场的学习思维。

(1)考前复习流程

成体系的考前复习流程可以降低孩子对考试的焦虑,有效提高备考的效率。可以利用系统性思维帮助孩子建立成体系的考前复习习惯。

第一个步骤是建立整体框架,这一步的目的是让孩子知道学习的范围。确定一门学科整体框架的依据可以是课本的章节分布,也可以是这一学科考卷的知识点分布或者考试大纲。例如，下图就是高考数学的整体框架。

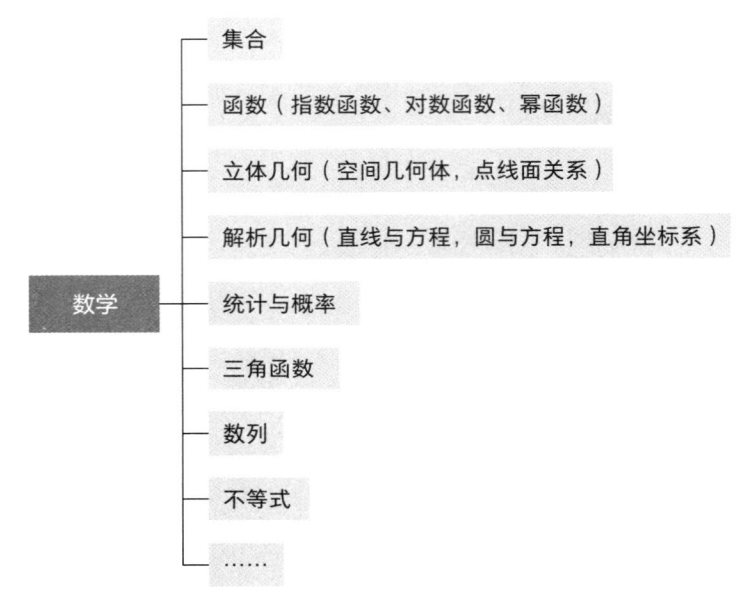

```
         ┌─ 集合
         ├─ 函数（指数函数、对数函数、幂函数）
         ├─ 立体几何（空间几何体，点线面关系）
         ├─ 解析几何（直线与方程，圆与方程，直角坐标系）
  数学 ──┤
         ├─ 统计与概率
         ├─ 三角函数
         ├─ 数列
         ├─ 不等式
         └─ ……
```

图 7-10　高考数学整体框架示例

第二个步骤是梳理知识地图，确定这一学科的知识结构。拿"点、直线、平面之间的关系"举例说明。这个知识点包含空间点、直线、平面之间的位置关系、线面平行的判定和性质，以及线面垂直的判定和性质三个方面。

```
                              ┌─ 空间点、直线、平面之间的位置关系
点、直线、平面之间的位置关系 ──┼─ 线面平行的判定和性质
                              └─ 线面垂直的判定和性质
```

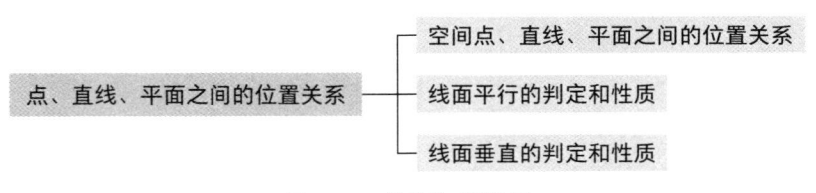

图 7-11　梳理知识地图

第三个步骤是填充细节,确定具体内容,即详细的知识点。依旧以"点、直线、平面之间的关系"为例,它的具体内容包含"线面平行的判定定理"等。细节到什么程度,取决于孩子对内容的熟悉程度,如果非常熟悉,就不用一一写出;如果不熟悉,可以对照课本把内容补充完整,强化记忆。

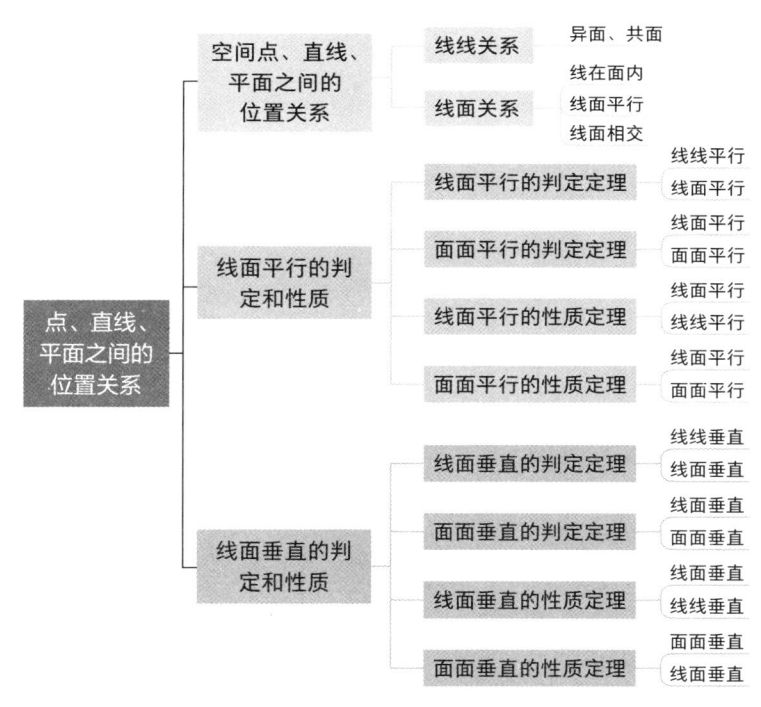

图 7-12 填充细节确定内容

第四个步骤是使用系统性思维进行思维遍历。思维遍历就是在大脑中回忆整个课程的逻辑体系。当孩子梳理完以上内容,家长可以鼓励孩子对知识点进行回忆式记忆,也就是遮住刚刚整理的思维导图,让孩子尽可能地把这门学科的考试内容都复述出来。如果孩子可以做到完整复述，这说明他已经清楚所有知识点之间的联系，并建立了逻辑结构。

第五个步骤是操作遍历。操作遍历就是通过动手练习巩固所学的课程和知识。记忆具有欺骗性，知识点记住了，不代表解题不会出问题。到了操作遍历的阶段，孩子需要大量练习来保证既记住知识点，也能够做对题。这样下去，孩子会做的题越来越多，就能逐渐扩大舒适区，掌握更多的知识。

第六个步骤是教授他人。教授他人是一个非常好的知识强化过程。很多题目，孩子自己会做，但给他人讲时讲不出来，这说明孩子对这个知识点还是似懂非懂。这时候可以让孩子通过问老师、翻书、上网查等方式解决这个问题。解决之后，孩子才是彻底弄懂了这些知识点。

第七个步骤是模拟考点。这一步是让孩子作为"考官"，针对薄弱点，有针对性地给自己出题，尤其是经常做错的题目，以保证最后的分数稳定。如果想让孩子当学霸，就应该让孩子思考如果是自己出题，各个知识点会怎么考，会设哪些陷阱，等等。孩子可以出题，说明他真正明白了各个知识点需要掌握的内容。

建立整体框架	梳理知识地图	填充细节	思维遍历	操作遍历	教授他人	模拟考点
确定范围	确定结构	确定内容	回忆逻辑整合	习题覆盖	学习强化	重点强化

图 7-13　考前复习全流程

练习科学考试技巧

要想孩子考试取得好成绩，家长要注意引导孩子在考前保持专注的状态；考试过程中注意考试技巧，比如审题技巧、答题技巧以及检查技巧；考后要善于总结、分析试卷上出错的部分，并将其整理到错题本上以便经常查看。

（1）审题五大技巧

第一，审题要"全"，绝不能漏题。每份试卷都有关于本场考试的"答题须知"，比如哪类考生答哪部分题；哪些题是选答题，哪些题是必答题；哪些题要直接答在答题卡上，哪些题要答在考卷上；总共有几页，有几题；等等。在卷子拿到手里之后，首先要做的就是仔细阅读答题说明，将上面这些情况都看清楚之后再开始答题。每年中考都有孩子在这方面出问题，要么漏看了两题，要么漏答了一页；也有孩子出现多答题或者答案写错位置的情况。本来会做的题目因为看错而不能拿分，比因为不会做失分更可惜。

第二，审题要"细"，要圈点勾画。数理化等学科的考试中一定要看清符号，英语考试要看清单词，语文考试要看清字词。有些题目条件很多，孩子有时候看到后面可能已经忘了前面的要求，所以在审题的时候可以圈出关键词、关键条件和关键信息，比如人名、地名、数字符号等。

第三，审题要"准"，不要看错题。比如做选择题时要看清楚是选正确的还是选不正确的，是单选还是多选；写作文时要看清楚文体要求。

第四，审题要"懂"，不要没理解就做题。审题时对于看着眼熟的题一定要多加注意，见到熟悉的题不要盲目高兴，高考时一般不会出现原题，此时更要注意题目中一些细小的条件变化可能产生的巨大差异。

第五，审题要"稳"，不要急躁，争取一遍做对。有些孩子在考试的时候觉得时间不够用，因此大致扫一眼题目就开始下笔答题，这种习惯其实并不会节省多少时间。如果孩子写到一半突然发现自己忽略了一个条件，那么这时候全部重写所需要的时间肯定比认真把题目看完之后再下笔花费的时间更长。家长还要提醒孩子在做选择题的时候，一定要看完ABCD四个选项再做选择；不能看到第一个选项感觉对，就直接选上不再往后看，因为出题人可能会捕捉孩子这种偷懒的想法，将第一个选项伪装成看似正确的答案。

（2）答题三步骤

第一步，开场计划——浏览题量，确定时间。家长要告诉孩子利用好分发试卷的时间，做好整场考试的整体规划。可以按照孩子平时的习惯给每道题目分配一个大概的时间，比如一道填空题不超过3分钟，一道大题在20分钟内完成，如果大题在两分钟内完全没有思路，就先去做下一道题。

第二步，卷面书写——字迹工整清楚，要点排列有条理。大家都知道作文的"卷面分"很重要，因为在有限的改卷时间内，阅卷老师第一眼看到的就是字迹。不是要求孩子的字写得像字帖一样好，而是不能潦草，要工整、清晰，让老师能够看清楚写的内容，看到孩子认真答题的态度。当然，不仅仅是作文要求卷面整洁，在数理化考试的时候，同样要注意字迹清晰。如果一道题有三问，一定要标清楚答题序号，让老师一眼看到每一问的答案。

第三步，答题顺序——先易后难，先小后大，先熟后生。家长可以建议孩子先做简单、比较熟悉的题目，再去解决比较难、没见过的题目，这样有助于孩子树立自信，其答案状态也会更好；还可以建议孩子尝试先做小题，再做大题，因为小题一般信息少、运算量小，又比较容易得分，所以可以尽快解决它们，以便为后面的大题留出更多时间。

（3）检查六细节

家长可以建议孩子在考试中按照以下六个步骤来进行试卷检查。第一步，检查卷头姓名、学号等信息是否正确；第二步，检查是否有试题漏做，是否按要求填写答题卡；第三步，检查有没有错别字（特别是填空题）；第四步，检查有没有计算错误；第五步，检查答案是否存在抄错或者答非所问的情况；第六步，检查论述题要点是否全面，有没有需要补充的地方。

第 8 章

家庭教育：给孩子创造爱学习的好环境

在学业提升的过程之中，无论是提高孩子的学习动力，还是教会孩子更好的学习方法，抑或是帮助孩子养成良好的学习习惯，从方法论角度来看，这些似乎并不难。但在教育孩子的过程中，很多家长会感慨："我也是这么做的呀，为什么就没有获得预期的效果呢？"很多家长毕竟不是老师，家长的角色、家长与孩子的关系，以及家庭的整体氛围，都会对孩子学业的整体提升有不同的影响。想让孩子自主学习，提高其学习能力，家长在家庭教育中就要了解孩子，根据孩子不同的发展阶段调整自己的角色，提供不同的指导方法，这很重要。

1

读懂孩子才能更好地助力孩子

了解孩子不容易

人们常说"知子莫若父"。但家长真的了解自己的孩子吗？实际上并不是这样。曾经有位家长说自己初一的儿子在家里和在学校的表现非常不一样。他很疑惑，到底哪个才是孩子的真面目。

这个初一的男生在家里的时候，搞得自己的房间非常凌乱，文具乱放，衣服乱扔；总是躺在沙发上吃零食，吃完以后把零食袋子、可乐瓶子随手放在茶几上；让他做点家务活，他经常能拖就拖，糊弄妈妈。但是家长通过几次家长会发现，他在学校里不是这样的，老师和同学都反映他很主动，很勤快，动手能力特别强，做事很有条理，学校只要有活动都会参加。

这位家长非常困惑，他说："如果不是了解到孩子在学校这么勤快，我一定会骂他又笨又懒。是不是孩子本来就是又笨又懒的，因为在家里比较放松，所以本性表现出来，而在学校，为了表现给别人看，就装出来勤劳的样子。"

很多家长都遇到过这样的情况，并且认为孩子在家里才是最真实的一面，因为不用假装。但实际上，在家中放松懒散，在学校有责任心、积极主动，都是孩子真实的一面，没有假装，只是一个人面对不同的环境、不同的对象时，展现的态度和行为方式不同。

为什么随着孩子成长，家长越来越难接受孩子的多面性，并了解孩子呢？有三个原因。

第一，随着孩子年龄的增长，家长与孩子相处的时间实际上在减少。孩子在家的时间少，家长就很难看到孩子的全部状态，而孩子在家中的状态只是孩子整体状态的一部分。

第二，家长和孩子的沟通在减少，尤其是生活方面的沟通。很多家长感慨，伴随孩子学业加重，自己和孩子聊得最多的话题就是学习，学习以外的沟通较少。而孩子在成长过程中，不只有学习，还有娱乐、休息、同伴、成长、社会等各方面的经历和需求。只和孩子沟通学习的时候，家长无形中就减少了对孩子其他方面的了解。

第三，家长看待自己的孩子时很难保持中立客观，总会有偏差。比如，同事的孩子吃晚饭前玩一会儿手机，吃完饭休息一会儿再写作业，家长甚至觉得这个孩子很自觉，但换作自己家的孩子躺在沙发上玩手机，很多家长心中就会蹿起小火苗，认为孩子不自觉，不知道学习的重要性，然后质问孩子："有这个时间玩手机，为什么不能去看会儿书？"家长看自己的孩子时，总会期待孩子做得更好，以至于很难包容他的任何失误。但看到几个孩子一起犯了错误，家长又总会为自己的孩子找理由，认为自己的孩子是犯错最小的那个。因此，在家庭教育的过程中，会出现有时候过于苛刻，有时候又过于宽松的情况。

信息社会挑战家长的管理

经常有家长感慨:"现在的孩子怎么这么难管!以前的孩子不听话,打一顿,啥事没有。"为什么比起三十年前,家长难当了,孩子难管了?

三十年前,给孩子道歉的家长会被认为没有家长样,娇惯孩子;到了今天,家长犯错也应该道歉已经成了共识。正是因为社会文化、教育理念的变化,应该如何教育孩子在今天已经没有了统一的答案。曾经,家长意味着权威,孩子必须服从,在这样的背景和社会共识下,孩子犯了错就打一顿,而且没有人认为打孩子是不对的,甚至孩子也会认为,自己犯了错,就该挨打。但在家庭教育没有统一答案的今天,孩子犯了错,家长却不惩罚,有时会被认为纵容孩子;如果体罚,家长也会被认为惩罚不当;如果对孩子讲道理,家长有时又会被提醒讲道理不是好的教育方法。正是如此,如何教育孩子成了难题。更多的家长既担心自己教育失职,又担心教育失误。这无形中给很多家长带来了焦虑情绪和心理负担。

信息时代也给教育带来新的挑战:家长知识再渊博,也没有网络涵盖得广;老师讲课再有趣,有时候也难有短视频精彩。

现代社会中数字媒体、网络信息已经成为人们生活中不可或缺的一部分,而数字媒体上的内容千差万别,有时孩子会受到网络信息的不良影响。尤其是处在青春期阶段的孩子,批判性思维提升,但甄别能力不足,有些内容可能会影响他们的价值观形成,有些信息还会导致他们看问题更加片面。孩子接收的信息越多,他们的认知水平越会随之提高,他们会有更多不同的想法和观点,也会有更强的自主性和独立思考能力。所以家长也需要提高自己教育孩子的水平。

在信息社会中，家长和孩子感受到的竞争压力越来越大，孩子需要学习更多的知识和技能来应对未来的挑战。这使得家长更加注重孩子的学习成绩。但当成绩成为家庭教育的核心时，家长的管理方式就面临新的挑战，毕竟影响成绩提升的因素是多元的、复杂的，其中大部分都是家长不能掌控的。这时，家庭教育变得更加困难。传统的家庭教育模式已经无法满足现代社会的需求，家长们需要适应新的教育方式和理念，探索更加科学有效的家庭教育模式。

家庭教育没有统一模式

每个家庭的文化背景、家庭环境、人员结构都不相同，而每个孩子和家长的个人特质也不相同，需要根据孩子的个性、兴趣和需求来制定适合的家庭教育方案，没有统一的模式。

一般来说，家长对孩子的期望会影响他们对家庭教育的重视程度和投入程度。如果家长对孩子的期望较高，那么家长往往重视家庭教育，会投入较多的时间、精力和金钱来培养孩子的各种能力和素质。相反，如果家长对孩子的期望较低，家长对家庭教育的重视程度和投入程度往往较低，只是基本满足孩子的日常需求和学业要求，缺乏更多的投入和创新。

但家长的期望和投入不同并不意味着家庭教育的质量会有很大的差异。即使家庭教育投入较少，只要家长心态积极，关注孩子身心健康，尊重和支持孩子的个性和兴趣，也会有不错的教育效果。虽然期待不同，但家庭教育的目标总是相似的，即培养孩子的良好品德，提升孩子的个人能力，让孩子健康成长、全面发展、适应社会。在实践中，为了达成这个教育目标，条件不同的家长可以根据孩子的个性和需求来制定合适的教育方案，灵活地运用不同的教育方式和方法。

如何更好地了解孩子、助力孩子？

了解孩子并提供助力不是一件容易的事，有两个要点：第一个是看到孩子的"面"，第二个是看到孩子发展的"线"。

所谓看"面"，是要看到每个孩子都是独一无二的，都是多面的。只要看到孩子的多面性，就会知道没有哪个孩子浑身都是缺点，每个孩子都有自己的闪光点。孩子和同学、爸妈、老师在一起时的表现可能并不一样，这是正常的，因为每种表现都是孩子真实的一面。经常评价孩子是装给外人看的，或是当外人夸孩子优秀、懂事、成绩不错的时候，总说"他没有这么好"，这些做法都是在强调孩子的弱势和缺点。

为什么看到孩子的多面性有助于提高孩子的学习力，让他的学业发展更好呢？因为，当家长总关注孩子的缺点，把注意力放在不好的一面时，孩子也会更加关注自己的缺点。更多的时候，关注缺点反而放大了缺点，导致孩子自信下降，对自己的学习能力评价降低，在学习上更加消极。家长要知道，缺点不是孩子的全部，只是他的一部分。如果家长接受孩子是多面的，孩子好的一面就会给家长带来更多积极的情绪、正面的感受，家长对孩子的评价和教育就会更客观。家长的态度孩子看得见，如果家长多表扬孩子，看到孩子的优点，孩子也会更加肯定自己。这样就会形成正向循环，从而让孩子变得更加优秀。

看"面"是看孩子的多面性，看"线"则是看孩子发展的主线，是看不同年龄、不同阶段的孩子身上的共性。

无论是学龄前，还是小学，或是中学，孩子在学习上都会有阶段性的共性特点，抓到了共性特点，家庭教育的方式和重点就不会有大的偏差。

孩子在学龄前大脑快速生长，处于发育的加速期，也是大脑可塑性最强的时候。这个时候，如果在学习上集中培养某一个方面的能力，弱化了综合能力的培养，那么孩子上学以后，集中培养的某方面能力并不会成为孩子持续的强项。所以这个阶段，家长要提供丰富的环境，保障孩子的睡眠与营养，保护孩子的好奇心，这些都比让孩子培养学习某个学科的能力更重要。

到了小学阶段，孩子的学习特点反映为生理上的"用进废退"。也就是说，多让孩子动脑筋会让孩子变得更聪明。举个例子，一位职业是教师的妈妈，从孩子一年级开始陪伴他写作业，却看不得他不会写，总是忍不住想给他讲讲。妈妈讲的过程中，孩子很快就会得到答案，时间久了，孩子变得不愿意自己思考，一遇到难题就问家长。妈妈一开始觉得孩子喜欢问问题是个好习惯，但到了孩子上四五年级发现：很多原本可以自己思考得出答案的问题，他也不愿思考；如果她不帮忙，孩子写作业就会拖拖拉拉的，错误率很高，成绩也非常不理想。实际上，在小学一二年级，多让孩子想一想比直接告诉他答案更好。孩子自己解出来题目也会更有成就感，信心会增强。而且，孩子在小学阶段是"等得起"的。

到了中学阶段，孩子的大脑发育开始变得不均衡，批判性思维让孩子意识到老师和家长并不完全是对的，同时他还不能包容大人的过错，这一时期的孩子会表现出对抗权威的倾向。家长及时了解和接受孩子的成长和不成熟变得重要起来，如果家长总觉得孩子不够懂事，双方之间的冲突就会产生，而冲突会破坏家长和孩子的关系，导致家长的教育方法难以奏效。好的家庭教育要允许孩子更强，允许孩子超越家长；当孩子掌握的知识和经验超过了家长，家长就需要调整看待孩子的视角。

每个孩子都是独一无二的，了解孩子不是一件容易的事情，也没有统一的方法可以用在所有的家庭教育中。首先，家长要看到孩子的多面性，多看到孩子的优点，这样就更容易找到孩子的闪光点。其次，家长要了解不同年龄的孩子有不同的学业发展任务，家庭教育的要点需要跟着调整。总的来说，在学龄前要保护好孩子的兴趣和好奇心；在小学阶段要让孩子多用脑，保持良好的情绪，养成良好的习惯；中学阶段要接受孩子在成长，要管少。只有更好地了解孩子，家长在助力孩子时才能有的放矢。

2

家庭教育中的管理学原理

在家庭教育中,家长管理一两个孩子需要投入的时间和精力不亚于管理一个大公司。企业管理者需要根据企业发展战略和整体目标合理设置岗位,管理员工的日常工作,调动员工积极性,以促进工作效率提升。对孩子的学业管理亦是如此,要设置学业目标,管理日常学习行为,以此促进学习效率提升。所以企业管理中的管理学原理,对家庭教育亦有指导意义。

坚持人本原理,以孩子为中心

"人本原理"是管理学四大原理之一,顾名思义就是以人为本。它要求在管理活动中坚持一切以人为核心,一切以人的权利为根本,强调人的主观能动性,力求实现人的全面、自由发展。其实质就是充分肯定人在管理活动中的主体地位和作用,通过激励调动和发挥员工的积极性和创造性,引导员工实现预设的企业目标。

很多家长都认同,在家庭教育中,孩子应该是教育的中心。因为孩子是教育的主体,教育的目的是帮助孩子健康成长和全面发展,所以很多家庭会把焦点放在孩子的学习上,花费大量的时间和金钱来促进孩子的学业发展。当效果不甚理想时，有些家长会感慨："我投入了这么多精力，一切围绕孩子的学习转，为什么没什么效果？"这背后，有着家庭教育中所谓"以孩子为中心"的误区。

家庭教育案例

小东是个初三的男生，临近中考。为了提高他的学习成绩，父母给小东报了好几个培训班。某个周末，小东的爸爸去接他下课，发现其他的同学都在教室里做练习，小东却出去买零食了。当小东爸爸看到他提着零食慢吞吞地走回来时，他气不打一处来，在走廊里批评小东："爸妈花这么多钱给你补课，处处以你的学习为重，你自己却不上心，太没责任心了。"小东看到很多人在偷偷地看他，觉得很没面子，也很生气。接下来的几天，小东都拒绝和爸爸说话。小东爸爸觉得自己做的没有错。平时什么事情都依着孩子，为了孩子中考，妈妈甚至请假在家照顾孩子，全家围着他转。现在他犯错了，连批评一下都不可以吗？

小东爸爸觉得事事是以孩子为中心的，可孩子不领情，被批评一下就不高兴。小东却觉得爸爸根本就不尊重自己，当着这么多人批评自己；并且买零食是培训班里的一个共同约定，大家会轮流去，自己还是写完了练习题才去买的，并没有耽误学习；但爸爸不了解真相就开始批评自己，一点都不在乎他的自尊。

在家庭教育中，人本原理主要表现在尊重孩子的人格尊严、尊重孩子的个性发展、注重孩子的情感需求、培养孩子的责任感。就像小东的爸妈，他们虽然在小东的教育上提供了很多资源和支持，但因为没有看到孩子的自尊需求，并没有做到真正的"以孩子为中心"。尊重孩子的需求和意见，培养孩子的自我管理能力和自我表达能力，建立共同的规则和价值观，才能让孩子这个"员工"和家长这个"管理者"目标一致，家庭教育才能事半功倍。另外，以孩子为中心并不意味着所有的家庭资源都必须集中在孩子身上。

用好反馈原理，教育孩子有效果

"反馈原理"是现代管理的基本原则之一，指的是在管理活动中，面对不断变化的客观实际，必须做到灵敏、准确、有力地给出反馈。对反馈信息的感受要非常灵敏；对获得反馈信息的分析处理要非常准确；把反馈信息转化为指挥中心的措施要非常有力。

孩子的成长是一个不断从外部环境、家庭环境中获得反馈，进而调节自己行为的过程。可以说，在家庭里，父母每天都在对孩子的成长进行反馈。而家长教育孩子，也是不断与孩子沟通，从孩子的行为和变化中获取反馈，并进行调整的过程。从对孩子的学业发展有帮助的角度来看，要做好反馈，以下几点家长得做到位。

首先，对孩子传递出的信息要灵敏。比如孩子经常上学迟到，而家长每次都很着急地催促，但孩子还是不紧不慢的。这时，孩子已经在通过行为进行反馈，反馈的信息是"催促没有效果，需要换一种教育方式"。如果家长接收到了这个反馈，理解了孩子的行为所传递的信息，就可以考虑换一种方法了。

其次，对孩子成长中的反馈信息要理解准确。解读孩子的行为，对家长来说是一种挑战。比如，一个初二男生在进入初中后，不喜欢数学老师。他回家和爸妈说，数学老师说话难听，还当着全班同学的面批评他。家长劝说他要看到自己的错误，是不是他犯错在先，不要只抱怨他人。孩子说，老师不尊重自己。家长说："你数学成绩不好，还这么要面子。"听到家长这么说，这个孩子没有再反驳，但后来数学成绩越发不理想。家长问孩子，是不是因为数学老师对他不好，所以他不想学数学。孩子说，没有，挺好的。家长没有在意，只是敦促孩子要努力。不久之后家长从孩子的同学那边了解到，孩子上数学课时不愿意听讲，总是趴桌子上睡觉，有时候连作业也不愿意交，和数学老师"杠上了"。进入青春期后，孩子在和家长的沟通中经常会用"还行""没事"来回答家长的询问，这些答案有时代表着不想沟通，有时代表着不信任家长，有时还代表着他想解决问题但没有办法。准确理解这些信息可以让家庭教育更有针对性。

最后，接收到孩子的反馈信息后，要行动有力。有时，家长能够看懂孩子的潜台词，知道孩子的真实感受，但觉得这些事情不重要，尤其是与学习没有直接关系的事情，因此没有对反馈信息进行及时有力的回应。举个例子，有个高二男生，父母在他小学时离异，他与妈妈一起生活。有一次和同学在家里聚会，他聊起自己小时候妈妈和爸爸吵架，爸爸摔门离家后，妈妈很生气，把他打了一顿。这个男生说现在还清楚地记得当时的感受。妈妈在旁边听到孩子这么说，心里很不是滋味，不过又觉得事情已经过去了这么久，现在也做不了什么。但这件事让妈妈很难心安，于是第二天妈妈做了一桌子孩子爱吃的菜。和孩子一起吃晚饭时，妈妈鼓起勇气，向孩子袒露心声，说她当时因为生气迁怒于他，狠狠地打了他，其实他没有错，所以现在要向他道歉。她没有想到，孩子听到道歉后不禁落了泪，后来变成号啕大哭，说自己一直在等妈妈给自己道歉，现在听到了，憋了这么久的委屈一下子就涌上来了。这件事之后，孩子和妈妈的关系比以前更加亲密，孩子更愿意与妈妈分享自己的事情了。妈妈没有想到，自己道歉的举动竟这么有力量。

如何建立良好的学习指导关系？

"不说学习母慈子孝，一提学习鸡飞狗跳"，指导孩子学习似乎成了破坏亲子关系的罪魁祸首。但孩子的成长过程中，家长不可避免地要对孩子的学习进行指导。家长是孩子的第一位老师，肩负着对孩子的教育责任。无论是指导孩子学习做人做事的道理，还是指导孩子在学科学习上养成良好的习惯，家长都担当了教育者的角色，而扮演好这个角色并不容易。

关系好，指导学习才有效

有一个初二的女生，她的妈妈是一名高中数学老师，平时经常给孩子辅导数学，她的数学成绩也一直都不错。这个女生在初二的时候转学到了妈妈所在学校的初中部，不久就收到了一封男同学写的"情书"。"情书"被妈妈看到后，她和妈妈说自己可以处理这件事情，把信退还给了男生，附上纸条说自己现在不想谈恋爱，这个男生也没有再继续追求她。到了情人节的时候，那个男生给这个女生送了一张写有"节日快乐"的贺卡。妈妈看到贺卡后很生气，认为是女儿没有和男生说清楚，不然男生为什么还会继续送情人节贺卡呢？为了不让女儿再受到干扰，这位妈妈直接找到那个男生，批评了他，警告他不要继续追求自己的女儿。这个女生知道以后，认为妈妈不相信自己；男生已经没有追求自己了，只是写了一张贺卡，不了解情况的妈妈还专门找过去警告。女生觉得非常尴尬，担心同学会嘲笑自己，所以很生妈妈的气。可妈妈觉得自己也是为女儿好，虽然做法有点冲动，但有什么大不了的。

以前每天做完数学作业，女生都会和妈妈复盘当天的学习情况，但这件事情以后，她就拒绝让妈妈辅导数学了。遇到不会做的题目，她宁愿空着不写，等到第二天问同学、问老师，也不愿问妈妈。一段时间后，女生的数学成绩明显退步，妈妈着了急，想要给孩子补一补课，但她每天都要反锁房门写作业，拒绝妈妈给她讲题。妈妈说女儿太较劲，事情过去就过去了，还是要好好学习的。女儿觉得妈妈太强势，不只是这一件事，而是事事都对自己表现出不信任，根本不理解自己。

原本一对在数学学习上可以好好沟通的母女，因为一件事的不当处理，母女关系变得僵硬，孩子开始拒绝妈妈的学习指导。虽然不是每位家长都直接指导孩子的学科学习，但在家庭教育中，指导孩子按时完成作业、养成良好的学习习惯，嘱咐孩子上课认真听讲，都是对孩子的学习进行指导。想要孩子接受这些指导，良好的亲子关系是前提。

我们经常可以看到，在一个家庭里，同样的话，妈妈说了或许不管用，但爸爸说了，孩子立刻就去执行；或者爸爸提了要求，孩子充耳不闻，但妈妈换一种方法提同样的要求，孩子立刻就去做了。这就是不同的亲子关系带来的不同指导效果。在家庭教育中，让孩子接受父母讲的道理、传授的学习经验，靠的不是经验有多么有效、道理有多么深刻，而是孩子对家长的认同、对家长的信任以及合理的沟通方式。当亲子关系出现问题时，家长的指导引发的是孩子的负面情绪，是孩子的不耐烦，是孩子的质疑；当亲子关系变好，孩子对家长的认同增加了，家长的指导才能被孩子接受，进而发挥作用。

如何让期待效应发挥作用

"期待效应"又称皮格马利翁效应、罗森塔尔效应，是一种社会心理效应，指的是教师对学生的殷切希望能戏剧性地收到预期效果的现象。

这一效应由美国著名心理学家罗伯特·罗森塔尔和伊迪丝·雅各布森（Edith Jacobson）在小学教学上予以验证提出。1968年，罗森塔尔团队来到一所小学，煞有介事地对所有的学生进行智力测验，然后把一份学生名单告知有关教师，说这些名单上的学生被鉴定为"新近开的花朵"，具有在不久的将来进行"学业冲刺"的潜力，并再三嘱咐教师对此保密。其实，这份学生名单是随意拟定的，根本不是依据智力测验结果列出来的。但8个月后再次进行智力测验时出现了奇迹：凡被列入此名单的学生，不但成绩提高得很快，而且性格开朗，求知欲望强烈，与教师的感情也特别深厚。为什么会出现这种奇迹呢？由于罗森塔尔和雅各布森都是著名心理学家，因此教师对他们提供的名单深信不疑，在教育过程中就会产生一种积极的情感，即对名单上的学生给予厚爱。尽管名单对学生是保密的，但教师还是会在日常教学中对这些学生有更多关注，而这些关注会通过语言、表情等表现出来。在这种积极的关注下，学生自然会产生一种自尊、自爱、自信、自强的心理，在这种心理的推动下，他们有了显著的学业进步。

这种心理效应说明人总会不自觉地接受自己喜欢、钦佩、信任和崇拜的人的影响和暗示。赞美、信任和期待具有一种能量，能改变人的行为，当一个人获得另一个人的信任、赞美时，他便感觉获得了社会支持，增强自我价值感，变得自信，获得一种积极向上的动力，并尽力达到对方的期待，以免让对方失望，从而维持这种社会支持的连续性。

很多了解罗森塔尔实验的家长都希望通过自己对孩子的积极期待，让孩子获得积极向上的动力，以达到家长的期待为目标努力学习。有位家长说："我很支持我女儿，为了让她学习更积极，我每天都夸赞她，鼓励她加油，为什么她好像什么变化都没有，学习进步也不大，有时候还很不耐烦？"

在实验中，期待效应之所以能发挥作用，是因为这些老师对名单上的学生的潜力深信不疑，这种笃定让老师在教学中不由自主地表现出更高的期待，这种期待有打心底流露出的信任和赞赏做基础。在家庭教育中，有时期待效应之所以不能发挥作用，问题往往出在信任上面。

初中生小丽原本成绩不错，目标一直都是重点高中，爸妈也从来没有担心过小丽的学习。但初二下学期时，由于爸妈的工作变动和疫情影响，小丽大部分时间都是一个人在家线上学习。她经常管不住自己，上课下课都在玩手机，一个学期下来，小丽的成绩滑到了班级倒数。按照这个趋势，小丽考上高中都很困难。爸妈看到她这个成绩，很生气也很着急。他们不能接受孩子的退步，想努力通过补习帮助孩子把成绩提上去。小丽觉得只剩一年，自己肯定考不上重点高中了，于是试探性地问爸妈普通高中是不是也可以。妈妈认为孩子以前底子不错，只是现在没信心了，只要抓紧，还是有希望的。为了鼓励小丽，妈妈和小丽说只要努力一年，她仍然可以考上重点高中。

为了让小丽相信自己，积极努力，妈妈每天都给小丽写一张便笺纸，上面是"加油""努力"等激励的话语。妈妈还为小丽找了一位特别有耐心的辅导老师，线上辅导的时候，爸妈有时还会旁听并和老师沟通。但几个月过去了，小丽的成绩不但没有提升，反而又退步了。

小丽说，爸妈说相信自己只要努力就能考上重点高中，只是为了骗她学习，她觉得爸妈根本不相信。爸妈虽然经常说"加油""相信你"，但只要自己测试成绩出来，爸妈就会说："你这样可不行，这可不是你的真实水平，你想要赶上还得加油。"爸妈还在悄悄打听哪所普通高中升学率更好一些，为她考不上重点高中做准备。想到这里，她就会觉得自己真的不行，很烦躁，上课也不想听。

一边跟孩子说"相信你""你可以"，一边又忧心忡忡，担心孩子不行，这种矛盾纠结的心态就是期待效应不能发挥应有作用的根源。试想在工作中，领导交代了工作任务，表示相信员工可以独立完成，但又时不时看一下、指导一下，从员工的角度来看，言语表达的信任和行为上流露的不信任之间，不信任更加真实。家庭教育亦是一样，无论怎么告诉孩子相信他，都不如真的在行为上流露出信任。期待效应发挥作用的关键在于，真心认为自己的孩子会越来越优秀——真诚是让期待效应发挥作用的不二法则。

如果问一个家长："你相信你的孩子会越来越好吗？"绝大多数家长都会回答："相信。"但如果问一个家长："把手机给你的孩子，你相信没有你的监督，他能管好自己，只用手机查资料吗？"相信很多家长会回答"不相信"，只有少部分家长会肯定地回答"相信"。在家庭教育中，真诚可以让期待效应发挥积极作用，但如果不相信孩子真的可以做到自律，该怎么表达真诚呢？那些对孩子很信任的家长，他们的孩子真的非常自律吗？

有位家长说："对孩子的信任是建立在孩子每次都听话的基础上的。我只要不管，孩子没有一次是自觉的，所以我没办法相信他能自觉。"这时，家长既要表达对孩子的信任，又要对孩子的行为进行管理，看似不可协调。其实，信任不代表对孩子的行为没有要求，不进行管理。大部分孩子都需要经历从"他律"到"自律"的过程，家长对孩子的学习进行指导，也需要先管理后放手；在管理中表达信任，也是放手的前提。

三年级的小路放学后经常会被老师留下，因为他上课小动作太多。老师和小路的妈妈沟通后，妈妈对小路说："老师给我讲了你上课的情况，你以后可以少做小动作吗？"小路说："我以后上课会注意听讲的。"妈妈问他："我能相信你说的话吗？"小路说："可以。"结果，第二天，小路又因为上课切橡皮被老师留下。回到家，小路妈妈和小路说："你食言了，违反了咱们的约定。"小路很不好意思，给自己找了很多借口。妈妈没有直接反驳他，而是说："如果你做不到，就告诉妈妈，我们一起想办法。明天你能不能做到呢？"小路说："试试吧，我不知道。"之后小路果然做到了上课不做小动作，妈妈也越来越放心。

当孩子还处在"他律"阶段时，家长管理的目标不是让孩子当下的行为得到矫正，而是从更长远的角度来看，当下做什么，孩子未来才能不用管。也就是说，管孩子的目标是有一天就算不管孩子，家长还能放心。那些对孩子很信任的家长，或许他们的孩子并不是事事都能做到很听话，但因为家长清楚孩子的行为底线，所以可以做到心中有数，放手放心。

没有完美的教养方式，只有有效的教养方式

每个家庭的经济水平、家庭文化、父母受教育程度、人员结构不一样，但每个家庭都希望自己的孩子能够更优秀。优秀孩子的家庭有没有共同点？优秀孩子的家长有没有共性？很多家长想通过寻找、学习优秀的家庭教养教育方式，把自己的孩子培养得更好。家庭教育与孩子学习的关系是一个复杂的命题，即便是专门做教育研究的学者，也不可能给出一个可以应用在所有家庭中的完美答案。但我们仍然可以从一些优秀的孩子、一些家庭教育做得好的家庭中看到共同点。

通过大量的调查可以看到，培育出优秀孩子的家庭，其家庭教育的第一个特点是情感温暖型家长多，孩子能感受到父母非常爱自己。具体表现可能是孩子经常感受到鼓励，受到挫折、委屈时父母会安慰他，也会经常就学习中的问题和困难及时有效地进行沟通。

"爱孩子"是优秀家庭教育的第一个特点。很多家长会觉得这一点自己做到了，但为什么孩子并没有变得很优秀？这时需要考虑的是，这份爱孩子能不能感受到。错误地表达爱，也许会让爱错位，导致孩子没有感受到家长的爱。另外，"爱孩子"是家庭教育的基石，有了这个基石，孩子在成长途中就不会跑偏。但仅仅有爱好像还不够，好的家庭教育还需要有第二个特点——会管孩子。

有个农村家庭的妈妈有三个儿子，她自己不识字，平时孩子的爸爸在外打工挣钱，她在家带着三个儿子，最后三个儿子都考上了非常好的大学，学业发展得很好。通过这个妈妈分享的管孩子故事可以看出，她的诀窍是"大儿子靠夸、二儿子靠骂、小儿子靠哄"。虽然是一个家庭中的孩子，这个妈妈却对不同孩子用了不同的管教方法。她经常夸奖大儿子，大儿子得到妈妈的认同和肯定后，激发了责任心，就会主动引领两个弟弟学习。二儿子很调皮，需要更强的约束，所以妈妈经常严格要求他。小儿子很听话，但不积极，妈妈就哄着他向大哥学习，同时哄他去监督二哥。一个独自在家的妈妈照顾三个儿子非常不容易，她的目标是少操心，让孩子能自觉。虽然这位妈妈不识字，但她这个"让孩子能自觉"的目标是对的，管理的方法也是对的。学习是孩子自己的事情，学业管理的目标是让孩子自己主动学习，学会学习。这位妈妈在家庭教育中，使用的方法是让孩子自觉怎么管，而不是自己想怎么管就怎么管。试想，如果对大儿子很严厉，经常批评他，他可能会有逆反心理；如果对小儿子经常夸奖，小儿子可能会恃宠而骄。

　　寻找完美的教养方式、学习家庭教育的"秘诀"在应用中可能因为具体情况而效果不理想。但从助力孩子成长的角度出发，在家庭教育中，读懂孩子，以孩子为中心，做到让孩子感受到爱、信任与尊重，再去思考如何管孩子，如何实现助力孩子变得自律的目标，也许会有惊喜出现。

第 9 章

资源管理：做好家庭教育的CEO

几个在等待孩子补习班下课的家长聊起"为什么人家的孩子能考上好大学"这个话题。有位家长说:"因为人家的孩子天生聪明,父母本身学历就很高。"另一位家长说:"只有学历高也不行,还得投入足够的时间和精力管孩子。"还有一个家长说:"还是经济基础决定的,要是有钱,上更好的初中、高中,考上好大学的可能性自然会更高。"他继续感慨:"如果有钱,我也会给孩子提供更好的教育,总之需要好资源。"

有很多家长把孩子学业发展不理想归结为孩子不够努力,或者家长不够给力,简单地在学习成就与孩子的努力和家庭提供的资源之间画等号。每个家庭的经济条件不同、人员结构不同、所处的社会环境不同,不过每个家长都可以通过对现有资源的有效利用,助力孩子的学业发展。

1

如何让学校教育效益最大化？

学校教育是每个家庭都可以拥有的社会资源，尤其是在义务教育阶段。义务教育是依照法律规定对所有适龄儿童少年统一实施，具有普及性、强制性、免费性的学校教育，是提升国民素质的基础，实现社会公平的起点。每个孩子都有接受教育的义务，都能够获得接受基础教育的机会。

学校教育是最基础的社会资源

在学校教育中，最基础的是课程。课程是老师进行教学活动的基础，也是孩子在学校汲取知识的主要来源。合理的课程设置对孩子的全面发展起着决定作用，也是评估孩子在学校学习的情况以及老师教学质量的主要依据和标准。我国小学、初中、高中的学校教育，都有相对一致的课程方案和课程标准，以此来提升课程的科学性、系统性，确保人才培养的方向和目标。所以，用好学校教育资源是性价比最高的资源利用。

初二的小吴，在班级里排名中等偏上。小吴所在的初中是一所普通初中，他爸妈一直想让他的成绩得到大幅提升，希望小吴能够通过中考进入重点高中。从小吴上初一开始,爸妈就给他在校外请了补习老师进行一对一辅导。补习一年多,爸妈发现小吴的成绩并没有明显的变化,入学时是中等偏上,到初二下学期依然是中等偏上。小吴的爸妈盘点两年来为孩子花的数十万元补课费,自我安慰说,如果不花这些钱,说不定孩子的成绩还会下降。

真的是这样吗?和小吴沟通后我们发现,由于在校外补习,小吴在学校课堂上的认真和投入程度下降了很多。一方面,课外补习让小吴没有足够的休息时间,因此上课的时候他觉得很疲惫,而且上课的时候爸妈也看不到,小吴会趁老师不注意偷会儿懒、发会儿呆,休息一下。另一方面,小吴很清楚,哪怕课堂上讲的内容没有听懂,课后也可以找补习老师答疑解惑,所以他并不担心落下课堂上的内容。正因为这样,一年多的补习就成了课上不学课后学,免费的学校课堂不听花钱学。

当孩子学习成绩不理想的时候,补习也许是解决当下学习问题的"快捷键",却是"治标不治本"的猛药。想要让孩子学习更高效,依然要回到助力孩子养成良好的在校学习习惯,让孩子学会在课堂上通过学校的教学体系高效学习。

孩子最应从学校里获得什么?

孩子早晨起来去上学,放学以后回家,在学校的一天里最应该学的是什么呢?这个问题的答案看起来非常简单:当然是学习知识,尤其是学科知识。增长知识是在学校学习的重要目的,但是学校不仅仅是学知识的地方,还是一个远比单纯学习知识复杂的"小社会"。如果要求孩子在学校里只关注学科学习,只参加与学习有关的活动，学校教育的资源就没有被充分利用。

学校是孩子可以"安全犯错"的地方。在学校学习的过程之中，老师面对最多的就是孩子们做错题，犯错误。孩子的成长也是他不断犯错，面对各种情况，由老师和家长再对错误和不同情况进行分析并给予指导的过程。无论孩子在学校里犯了学科学习上的错误，还是与同学发生冲突和产生矛盾，由于有学校的规章制度约束，孩子一般情况下都是安全的。因此只有孩子在学校里先体验了"犯错—受到惩罚—受到约束—获得经验"的过程，在真正进入社会后，他才会懂得如何在社会规则和法律规范的约束下生活，懂得如何面对错误与挫折。

避免让孩子在学校犯错是家庭教育中的一个误区。曾经有一个初中孩子的妈妈，很困惑为什么老师每次都说自己的孩子表现得挺好，但考试的时候他总是考得不理想。通过分析这个孩子在学校里的表现，我们就会发现问题出在什么地方。孩子的妈妈希望孩子在学校里被老师认为是懂事、认真的孩子，所以要求孩子在做家庭作业的时候，先在草稿纸上做，等确定答案正确的时候，再认真誊写到作业本上。孩子每次到学校交的作业都是工整的、没有错误的。即便孩子不想听课，为了让老师认为自己很认真，他也装作认真听的样子。正因为孩子在家庭作业、课堂表现方面都很好，老师无法评估孩子的学习问题出在什么地方，一直给出积极的反馈，从而导致这位妈妈很困惑。

学校也是孩子可以获得社会支持的地方，每个孩子都需要与同龄人交往，从中获得信息、认同、反馈，更好地认识自己，获得"我是谁"的答案。

当家长在家庭教育中看到，孩子应该从学校里获得的不仅仅是知识，还包含人际关系、生活技能、兴趣爱好等方面的培养时，家庭教育的关注点就会从孩子今天在学校里学到什么学科知识，转向孩子在学校里如何处理挫折与冲突，是否与老师、同学友好地相处，是否磨炼了与人交往的能力。当家长关注孩子在学校里收获了什么，与孩子沟通的内容就变得更加丰富与多元，就更能理解孩子在学习中遇到的困惑和问题，也能更好地支持和指导孩子高效地吸收课堂上的学科知识。

如何与老师沟通更有益于孩子发展？

　　了解孩子不容易，其中一个重要的因素是孩子大部分时间在学校里，并不在家长身边，与孩子的老师保持沟通是更好且能够全面了解孩子的方式和途径。不过很多家长害怕与老师沟通，也不知道该如何和老师进行沟通。

　　一位做公司高管的爸爸说，每次和老师沟通都有一种胆怯的感觉，总觉得自己的孩子不够好，害怕来自老师的批评。这种情况并不少见，每次家长与老师谈孩子的表现和学习，往往都成了家长的自我检讨会。这种感受特别不好，因此家长会尽量避免和孩子的老师沟通。

　　实际上，避免和老师沟通就失去了更好地了解孩子、通过家校协作助力孩子的机会。与老师沟通时的畏惧心理和回避反应是家长首先要克服的心理阻碍。很多家长说"如果老师找我是为了夸奖我家孩子，我当然很乐意"，但大部分情况下老师找到家长时，都是对孩子的学习提出要求，或因孩子在学校里表现不佳提出建议和意见；家长自然觉得面子上挂不住，就像自己犯了错误，所以总想回避。

可是，老师对孩子在学校行为的反馈，不正是家长了解孩子在学习上遇到什么问题的关键点和了解孩子在学校的真实表现的契机吗？只有这样，家长才能在家庭教育过程之中有针对性地对孩子进行指导和提出要求。家长要把老师反馈的意见和提出的建议视为老师对孩子的关心——这说明老师对孩子充满希望，认为孩子可以在学校与家长的共同努力下获得更好的发展。当家长理解老师的出发点和教育目标是让孩子获得更好的发展时，家长对老师提出的建议和意见的感受就会产生转变。

积极主动与老师进行沟通是让学校教育"效益最大化"的方法之一。一个班里有几十个孩子，老师的时间精力有限，既无法做到对每个孩子倾注同样的注意力，也无法做到日常和家长保持非常密切的沟通。家长只有积极主动与老师沟通，才能更好地了解孩子在学校的表现。

与老师沟通时，家长往往会向老师表达希望老师多管教孩子的意愿，让孩子少犯错误，但这样的沟通无意中会影响老师对孩子关注的重点。一个初一男生的妈妈每次见到老师都会说："我家孩子自律性差，希望老师对他要求严格一些。如果犯了错误，不用客气，就算揍他我们家长也没意见。"这位妈妈这样说的目的当然是让老师对孩子更加上心，但这样沟通后，老师首先关注的是这个孩子有没有犯错误，因为家长说了孩子自律性差，拜托了老师要多加管教。试想，老师总在关注孩子有没有犯错，一定会看到孩子的很多缺点，而老师不断地批评孩子，孩子对老师的感受就会发生变化。所以，这位妈妈和老师沟通后，发现孩子和老师的关系反而变差了，孩子说老师总在挑他的毛病。

与老师沟通，不是让老师对孩子另眼相待，也不是让老师偏爱孩子，而是通过沟通让老师在日常教学中对孩子有更加积极的感受，让孩子对老师、对学习也有更加积极的感受。家长不妨向老师传达自己孩子的好学之心、爱师之心，以及家长的配合意愿。当老师接收到的信息是孩子很喜欢自己、想好好学习，家长又很通情达理、配合度高时，老师在日常教学中就会流露出对这个孩子的肯定和认可。这份肯定和认可会转化为积极的力量，让孩子更加愿意与老师沟通，喜欢上学校学习。学校教育的资源面向所有学生，只有智慧的家长会思考如何让这份资源更好地发挥作用。

2

巧用社会公共资源，促进家庭教育

学校教育不是孩子教育的全部

学校教育只是孩子教育的一部分，孩子在学校里学习学科知识、掌握社交技能、培养学习态度。除此之外，孩子在成长过程中还有更加广泛和综合的内容需要学习。比如，父母对孩子的教育观念、行为习惯、情感关系等方面的影响远远超过学校；孩子在家庭中接受的教育，对其人格、价值观、道德观等的形成和发展有着重要的影响。孩子在社会中接触到的各种人和事，也是一种教育，对其世界观、人生观、价值观等方面产生深远的影响。即便是学科知识，在信息时代，孩子也不再是只能通过学校课堂学习。

有个初三的学生，因为在学校和班主任闹了矛盾，拒绝返回学校上课。劝说无果后，家长只好帮他请假，可又害怕他落下课程，于是找了补习老师。但孩子很坚决地拒绝补习，说自己可以复习。初三下学期，这个学生自己在家学习，偶尔向同学请教一下问题，又通过网络查找一些资料，听线上公开课。几个月下来，他完成了备考复习，也取得了不错的中考成绩。这个孩子的爸妈感慨，现在的孩子一点也不缺学习资料，缺的是主动学习的意愿和自主学习的方法。

这样拒学在家又取得很好成绩的学生是少数，但是很多学生都有通过学校以外的资源，例如网络、图书馆、课外资料，进行学习的经历。

理性看待教育的"资源劣势"

虽然学校教育不是孩子教育的全部，但是优秀的学校往往意味着教学经验更丰富的老师、更多的教育经费、更好的优秀学生群体。与优秀的同学一起学习，孩子的学习动力会更高；老师的教学水平越高，课程讲授越科学，孩子的学习方法也会越得当。所以，让孩子进入优秀的学校是每个家长的期待。但优秀的学校毕竟有限，当客观条件限制了孩子，导致其无法获得更好的学校教育资源时，如何理性看待"资源劣势"，并有针对性地弥补，就非常考验家长的智慧了。

一个初三的男生，平时成绩不错，在中考时因为生病发挥失常，只考上了一所非常普通的高中。家长一开始很难接受孩子将要进入一所普通高中学习，尤其是孩子的爸爸。直到孩子到高中报到了，爸爸还是不想让孩子去，但又苦于没有办法解决，只好接受现实。因为孩子认为自己的学习水平比中考成绩所代表的水平好得多，所以他给自己定的目标是保持在学校前五名；并和家长说，自己会向进入重点高中的初中同学借一些他们测试的试卷，通过自测让自己与重点高中的进度保持同步。孩子的妈妈非常支持孩子，相信孩子在普通高中也会不断提升，并鼓励孩子在学校里建立"超级学习小组",和几位成绩不错的同学一起进步。这个想法也得到了学校老师的支持。经过三年的学习,这个男生取得了非常优异的高考成绩,"超级学习小组"的成员也都考出了这所高中前所未有的好成绩。

当孩子无法获得更优秀的学校教育资源时,家长要针对现有教育资源在家庭教育中进行"补短",尤其要针对孩子遇到的学习困难。比如,在普通学校学习的孩子,往往会信心不足。当一个孩子因一分之差进入了普通高中,获得的信息是这所高中从来没有学生考上过"985"大学。哪怕他在学校里排第一名,是入学分数最高的学生,他仍然会认为自己考不上"985"大学。对他来说,这就是学校的"天花板",而这个"天花板"并不等同于实际情况,只是孩子感受到了它,自信心下降。这个时候,家长与其严格要求孩子投入更多,不如把家庭教育的重点放在提高孩子的学习信心上。只有孩子的信心提高了,他才能突破学校和自己的"天花板":在学校普通、教育资源处于劣势的情况下,仍然相信自己可以不断进步,取得更好的学业发展。

许多家长也懂得环境对孩子的影响,所以总希望孩子在学校能和更优秀的同学一起学习。但面对班风、学风不佳的情况,家长往往束手无策,感受到家庭教育的无力。虽然无法彻底改变这种环境带来的"资源劣势",但家长仍然可以通过家庭教育优化。

一位初二孩子的妈妈就通过与孩子同学的沟通,让孩子在学校里的"躺平小分队"变成了"学霸小分队"。这个初二的孩子在学校里有几个玩得很好的同学,他们几个对待学习都是得过且过的态度,以"躺平者"自居。孩子的妈妈自然不希望孩子和这几位同学走得近,但劝说了几次都没有效果,因为孩子觉得和他们在一起更自在。

后来，这位妈妈理解了孩子和这些朋友在一起时更舒服，也更有价值感，所以接受了孩子的这些朋友，还让孩子在周末约他们到家里玩。他们来家里玩过几次以后，这位妈妈发现这群同学里有个孩子很有领导能力，其他几个孩子都很听他的话，于是找机会和这个孩子沟通，夸奖他的领导能力和组织能力，说他是这个小队里成绩最好的，引导他带着其他人一起学习。在几次沟通后，这个孩子就开始劝说其他人完成家庭作业，提醒其他人玩得不要太晚。渐渐这些孩子在学习上都开始变得投入，这位妈妈也看到了自己孩子的进步。当孩子适应一种环境、选择一个群体时，这个环境一定满足了孩子的某个需求，批评指责往往不会让孩子远离。看到孩子的需求，用其他环境满足孩子的需求，或者找到改变环境的触发点，这才是家庭教育的优化方向。

家庭教育中，教育投入不够，甚至对孩子的学习起反作用的爸爸或妈妈，也被很多家长视为教育的"资源劣势"。有位妈妈说，孩子的爸爸经常出差，只剩自己在家管孩子时，孩子学习习惯很好，一般都会按时完成家庭作业，也会帮忙做家务；一旦爸爸回家几天，孩子的作息与习惯就会被打乱，因为孩子学习时爸爸总会去打扰他，若孩子做不完作业，爸爸会说"算了，不写了"。就这样，几天过去，爸爸又出差了，妈妈在家又需要与孩子斗智斗勇，改掉孩子的坏习惯。所以，这位妈妈说，孩子爸爸就是来拆台的，是教育孩子的过程中的绊脚石。

当家中爸爸或妈妈或隔代长辈，与孩子学习的主要指导者理念不一致时，这往往会给孩子学习状态的稳定性带来挑战。这时，与其他家庭成员就管理孩子的学业进行沟通、谈判、约定都是可以采取的措施。并且，让孩子意识到每个家长管理理念不同，远比在孩子面前指责其他人更有效。可以客观描述每个家庭成员性格不同、教育理念不同，对孩子的感情、学业期待不同，自己思考不同的教育方法意味着什么，让孩子判断哪种方式对自己的学习更有益，这本身就是在提高孩子的思辨能力，助力孩子的成长。

学会使用对孩子有益的社会公共资源

除了要减少"资源劣势"带来的影响，家庭教育中也需要寻找和利用有益的社会资源，尤其是性价比高的社会公共资源。社会公共资源是指由政府或社会团体提供的公共设施、场所或服务等，如公共图书馆、博物馆、公园、文化中心、社区活动场所等。这些资源可以为家长对孩子的教育提供很好的支持和帮助，比如带孩子去公共图书馆借阅书籍，通过阅读丰富孩子的知识；带孩子去博物馆，通过参观陈列的展品培养孩子的文化素养和审美能力。许多地方的博物馆还实行免费参观的政策，无论是小型主题博物馆还是大型省级博物馆，都会展示丰富的文化和历史遗产。

方便、实用、经济的网络信息资源也属于性价比高的社会公共资源，通过搜索引擎可以找到很多有关学科学习的内容，也有帮助家长提升教育理念、教育方法等的内容。有些专业视频网站提供在线课程，可以帮助孩子学习新知识，对学校学习进行补充。

另外，教育部提供的国家中小学智慧教育平台，涵盖了从小学一年级到高中各科目的全部课程，授课老师也都是经验丰富的教师。可以说，孩子能够通过这个平台完成从小学一年级到高中的所有学科课程。该平台按照学段和学期排列，对科目进行了分类，不仅仅有升学考试中的主科课程，还有生命安全课、心理健康课等专题教育课程。

生活即教育，无论是给孩子分享教育资源和信息，还是亲自带孩子通过社会公共资源学习，都是为孩子的教育提供支持和帮助，都是在丰富家庭教育内容，让孩子在学习中快乐成长。

3

利用有限资源，塑造学习好环境

学习需要"好环境"

学习环境对孩子的学习非常重要，一个好的学习环境可以提供良好的学习条件和氛围，有利于提高孩子的学习积极性和学习效率。

曾经有个高考落榜的孩子，他心灰意冷，不想再复读，想到北京找份工作做。他的妈妈在一所大学旁边的餐厅打工，他到了北京后一时找不到工作，就经常到大学里转转，偶尔也拿本小说在大学的教室里看。他发现，这个大学里有很多年龄很大的人在上自习，有时候会上到很晚，这些人看上去应该都工作了，但下班后还来这里上自习。有一次，他好奇地问别人为什么来这里学习，他得到的答案是，虽然三十多岁了，但要考研，家里学不进去，所以到学校里上自习。这个孩子听到别人三十多岁了还在努力学习后，觉得自己这么年轻就放弃太不应该了。所以，整个暑假他都在大学的教室里跟着别人上自习，复习高三的内容。开学后他回到老家复读，第二年考上了重点大学。他说，那个暑假在北京某所大学里学习的状态是自己从没有过的，非常投入，也感到非常有力量。

对于这个孩子来说，高三备考前，他也一定处于老师要求严格、同学非常勤奋的环境中,但这个暑假他反而觉得没有人约束的环境是让他很投入、很有力量的环境。为什么这个环境让他更想努力呢?

好的学习环境对孩子来说往往可以让他专注于学习。这个环境中可能并没有人严格约束他,可能也没有一起努力的同学,也可能并不宽敞,设施也不好,但是可以让孩子集中注意力,让孩子学习更投入。有时候,家长们给孩子提供了很好的设施,却没有关注到这个环境是不是对孩子的学习有益。

家庭好氛围,学习好环境

在家庭中,家长总是尽自己所能,为孩子提供丰富的学习资源和良好的设施,尽力为孩子营造更好的家庭氛围。我们看到,在孩子参加中考、高考等大型考试前,亲朋会减少聚会,社区也会号召大家减少噪声,为孩子营造好的备考环境。

有个家长为了让上高三的儿子安心复习,在学校附近租了房子,全家搬到学校旁边住,孩子却觉得还不如住在原来的家中。细问之下才知道,搬到学校旁边后,爸爸上班离得远了,加上工作比较忙,每天晚上很晚才到家;妹妹上学也变远了,妈妈接完妹妹再回家做饭很辛苦,晚上就会唠叨孩子要高三了,爸爸回来太晚了,对孩子学习也不上心。虽然爸妈尽量压低声音,不想吵到他,但这个孩子还是会时不时听到爸妈的抱怨。这个孩子说,每当这个时候,他心里总是很烦躁,根本学不进去,很想开门出去和爸妈说,宁愿离学校远,也不愿爸妈因为这个吵架。

还有一个初三的孩子,她爸妈觉得她来回奔波太累,租房搬家又会影响家里其他人的工作和生活,就让孩子在学校住校。虽然孩子一直和家人反映在宿舍里睡不好,但爸妈觉得孩子就是因为在家条件太好了,才在学校吃不了苦,而且以后总是要去上大学,得学着适应,坚持让孩子住校。到了中考前夕,孩子总是彻夜失眠,家长才意识到事情原来并不简单。

每个家庭都或多或少会受到经济条件的限制,所以很多家长会将为孩子提供的学习环境与经济支持能力画等号。我们在大量的咨询案例中发现,其实经济因素对孩子学习环境的影响是比较小的,影响较大的因素是人和氛围。父母争吵或冷战、多子女家庭中兄弟姐妹的干扰、学习过程中被打断和窥探,被很多中学生视为影响学习的三大不利环境因素。

虽然家长都知道争吵对子女学习有影响,但很多时候家长低估了这一影响,还会期待孩子能够克服环境的影响,专心学习。有个初二学生的家长正在协商离婚,老师担心离婚这件事会对孩子有影响,试探着问他的感受。结果孩子说,之前他爸妈每天都在冷嘲热讽、互相指责,自己天天放学回家路上都会担心一到家就看到爸妈吵架,或者爸妈刚吵完架,气氛很压抑。之前因为担心他们会不会闹离婚,自己快要崩溃了,现在爸妈真要离婚了,他虽然不愿意,但又觉得这样比原来的状态还要好些,说不定以后他们还能好好相处。

经常有家长对孩子说"这些你不要管,你也管不了,安心学习就行",可当家庭中有让孩子感到不安的因素时,任何一个有情有义、对家人有爱心有关切的孩子都很难做到"两耳不闻窗外事,一心只读圣贤书"。如果爸爸在发脾气,妈妈在哭泣,真的有个孩子能够丝毫不受影响,只管学习,相信他的家长就不是感到欣慰,而是觉得心酸了。

学习环境中的电子产品

有家长说,对自家孩子来说,最影响他的不是其他人,而是他的手机。写作业时把手机放在身边真的没有影响吗?答案是有影响。很多孩子声称自己不会一直拿着手机看,也不会玩手机游戏,只是休息的时候偶尔看看。真实的情况却是,一旦在写作业的时候把手机放在身边,使用手机的时间就远多于把手机放在其他地方。即便不时时看手机,孩子写作业的专注程度也会降低。无论是把手机设置成震动模式还是静音模式,只要手机在身边,大部分孩子就会时不时拿起来看一下有没有消息。这种情况不仅未成年学生有,在成年人工作学习时也很常见。

孩子写作业时把手机放在身边,与其说是因为他需要查看消息,倒不如说是他需要手机在身边带来的安全感。手机放旁边,即便不看,也会满足孩子对手机的依赖。所以,拒绝孩子写作业时带手机是一场斗智斗勇。强硬地把孩子的手机拿走,就像给几个月大的孩子断奶一样,孩子会有很强的不适应感。断不好的话,孩子可能要"生病",手段太强硬也会破坏孩子和家长之间的关系。

帮助孩子戒掉写作业时带手机的习惯远比一开始就不允许他带手机难。从孩子最开始接触手机到拥有自己的手机,中间有三个非常关键的节点。

第一个关键节点是孩子开始想要用家长的手机的时候。在幼儿园或者小学阶段,在孩子想用家长的手机来玩游戏、看视频、查资料的时候,家长需要给孩子说明使用规则,并让孩子知道家长是有权利随时把手机拿回来的。这时孩子往往会比较配合,愿意听从家长的安排,并且他的注意力容易被其他有趣的事情吸引,对手机不会形成很强的依赖感。

　　第二个关键节点是家长发现孩子打破规则，开始在手机上花费更多的时间，不愿意归还手机或者偷偷玩手机的时候。这时，家长要看到孩子对手机的依赖，一方面要为孩子提供更丰富的户外活动或者其他娱乐方式，另一方面要用坚决的态度让孩子知道，使用手机有规则，打破规则是不被允许的。很多在写作业时带手机的孩子，都是从把家长的手机放在旁边开始的，比如学习的时候要查资料，所以找家长要了手机放在书桌上，逐渐就养成了写作业时把手机放在旁边的习惯。等到他有了自己的手机，就很难把手机和写作业分开了。

　　第三个关键节点是孩子拥有属于自己的手机的时候。"没约定好使用规则，就不要给孩子买手机"，每个家长都需要记住这句话。即便孩子已经有了手机，再买新手机时，仍然可以约定使用规则。孩子一旦拥有手机，就会认为这是属于自己的东西，他有处置权，想放在什么地方就放在什么地方；他更期待的是自己想什么时候玩就什么时候玩，如果不想玩了，自己就收起来。很多孩子都认为可以管好自己，但纷乱庞杂的网络信息、具有成瘾性的游戏等对中学阶段的孩子来说是一个非常巨大的挑战，这时需要家长的"他律"和助力让孩子学会"自律"。

　　所以，当孩子已经养成了需要手机陪伴自己写作业的习惯时，家长要知道，改变这个习惯不是一件容易的事情。即便孩子在理智上知道手机对他的学习产生了影响，在情感上也还是难以割舍。这时候家长讲道理起到的作用微乎其微，而共情到手机对孩子的重要性能够让孩子感受到家长的理解，再给予孩子一些指导方法，对孩子可能更有帮助。

一个初三的女生很苦恼，把手机放在旁边时，总是忍不住去看，但是让爸妈保管，她又是一百个不情愿。看到爸妈理解自己把手机放在身边时学习更心安，她对妈妈说，初三了，是需要好好管一下了。爸妈就为孩子提供了一个放在书桌上的小保险柜，让孩子把手机放在保险柜里，她自己拿着钥匙；她想看手机是可以的，只是多了一个打开保险柜的过程。虽然这只是一个简单的过程，但是一个月后，孩子反映自己看手机的次数减少了很多。以往随手就把手机拿起来，但放在保险柜里以后，需要用钥匙打开，拿到手机的过程就变长了。不要小看这短短的一两分钟，就在这一两分钟里，孩子的理智已经战胜了情感。大多数时候，她都放弃了在写作业时打开保险柜拿手机。

作为网络时代的"原住民"，网络是孩子的必需品，让孩子活在没有网络、没有手机的真空中并不现实，也无益于孩子的成长。助力孩子养成学习时远离手机的好习惯，对家长来说需要认同与耐心，更需要方法与智慧。

为什么有的孩子不喜欢太安静？

虽然安静的学习环境是公认的对孩子有帮助的好环境，但在实际的家庭教育中，总会有些孩子不喜欢特别安静的环境，反而喜欢边聊天边学习，或者戴着耳机听着音乐写作业，还会说听着音乐学习效率更高。经常有家长很困惑："为什么我家孩子就不喜欢特别安静的学习环境呢？"

初三的小佳说，自己无法忍受家里静悄悄的感觉，虽然没人打扰自己学习很好，但家里没有一点声音会让他感到很压抑。经过几次沟通后发现，小佳会这么觉得，与他的过往经历和中考备考的压力有关系。小学时，一直是奶奶照顾小佳的生活起居和学习；到初中后，学习任务多了，他每天晚上都要写作业到很晚，奶奶就很担心，总是隔一会儿就来问："快写完了吗？""还有多少？"爸爸觉得奶奶这样会打扰小佳学习，就让奶奶不要总去问。但奶奶还是担心，于是每次都悄悄地问爸爸，小佳就经常忍不住竖起耳朵听奶奶是不是在问爸爸。听到奶奶问这些，他觉得很好玩。到小佳上初三时，奶奶回自己家了，可小佳还是习惯听一下家人在外面说什么。当他听到爸妈在客厅压着嗓子说话，蹑手蹑脚地走路，甚至为了让家里更安静，连洗碗时水龙头都不敢打开太大时，他就会有一种说不出的难受，觉得没必要为了自己，全家人都不说话。他希望爸妈在家该干吗干吗，不要为了让他学习牺牲这么多。

小佳的爸妈说，从没有想过为孩子提供安静的学习环境反而成了孩子的负担。其实，让孩子有负担的不是安静的环境，而是为了营造这个安静的环境，家长所表现出的忍耐和付出，以及为了他的学习一切都要让步的态度。这种态度对很多孩子来说都是心理负担。曾经有个放弃读研究生的孩子说，自己来自农村，最听不得的一句话就是"砸锅卖铁都供你读书"。这句话成了沉重的心理包袱，所以他放弃保送研究生的资格，早早工作。家长心甘情愿为孩子提供更好的学习环境，但如果期望自己的付出会提高孩子的责任心，就要知道这份付出同时也会增加孩子的心理负担。

后来在咨询师的指导下，小佳的爸妈每天该做家务做家务，该打电话打电话，偶尔两人在自己的卧室看个喜剧，开怀大笑，本来还担心会影响孩子，结果小佳不但没有受到影响，反而学习得更投入，成绩也大幅提升。

理论上，安静的环境是孩子学习的好环境，但如果安静的环境让孩子感到压抑、害怕、孤独、疲倦，那安静的环境就没有那些"噪声"环境让孩子更自在。如果孩子在家学习时能感受到爸妈很相爱，都在忙自己的事，家中有人气、有生活气，同时又不算吵闹，很少有打扰，即便有点声音传来，这也是让他觉得幸福美好的学习环境。

第 10 章

终身成长：父母的持续自我提升

1
树立成长意识，为放手做准备

　　帮助孩子实现独立是家庭教育非常重要的任务之一。经常有小学生的家长感慨孩子什么时候才能长大，什么时候才能不让自己操心。初中生的家长也无奈地说，孩子是长大了，但操心的事情变得更多了；尤其是青春期的孩子，管不了也管不住；孩子看起来什么都懂，但就是让人放心不下，长着接近成年人的身高，有时却做出很多幼稚的举动。当然也有家长欣慰于孩子一天天长大，总在增长新本领，让自己越来越放心。

接受事实：孩子一定会长大

　　虽然家长总在盼望孩子长大成人，但从很多家庭教育的细节中，我们能隐约感知到，家长好像在害怕孩子长大。有一个高一的男生要组织同学去参加社区篮球赛，于是把同学召集在自己家里商量流程与策略。他爸爸在旁边听到他们的讨论，忍不住讲自己是怎么带儿子去练篮球的，并对他的安排提了很多建议，自告奋勇要当他们的队长。儿子很不乐意，觉得这件事不需要爸爸参与，爸爸管得太多了。遭到拒绝后，爸爸感到很失落，看到儿子变得独立和自我，不再像小时候那样听从自己的安排和管理，他突然有了害怕和不安的感觉。爸爸觉得孩子在外面遇到很多事可能都不再和家长说，觉得孩子在面对复杂的社会环境时会有很多风险，担心孩子没有能力独立解决问题，担心孩子会受到伤害成经历挫折。因为这些担心，家长总想帮助孩子，不愿让孩子自己去尝试。

家长需要接受孩子会长大的事实，在家庭教育中做好放手的规划。有个妈妈准备让孩子到省会城市去读高中，而在那里读书需要住校，一个月才能回来一次。在准备阶段，妈妈不仅安排了孩子考入这所学校需要的学科练习，还从孩子上初中开始，早上不再叫孩子起床，不再给孩子洗衣服，不再安排孩子晚上的作业规划，而是要求孩子自己完成这些，她只负责监督和指导孩子。虽然初中的课程比较紧张，但妈妈还是要求孩子自己承担这些任务，为的就是有一天孩子到别的城市读高中了，可以独立开启住校生活。

实现逐渐放手要如何做准备？

家长在辅导孩子学习的过程中，有两个问题经常被讨论。

第一个问题是："别人是怎么管孩子学习的？尤其是优秀的孩子，他们的家长都是如何做的？"

很多家长在与别的孩子家长沟通后会很困惑，因为他们会听到有些家长说"孩子很自觉，很省心，完全不用管"，也会听到有些家长说"不能放手，必须认真管，不然孩子就会开小差，犯很多错误"。还有些家长觉得不管孩子成绩挺好，严格管教的孩子成绩也不错。听到不同的反馈后，家长往往会纠结于自己家的孩子要不要严格管教。

小学阶段，完全不需要家长管理，就能自觉养成非常好的习惯，并且积极努力学习的孩子是很少的。不用家长管还很自觉，不仅取决于孩子的性格因素，还跟家庭的氛围有关。很多孩子的家长虽然没有很严格地管孩子，但家长自己的工作、学习、生活习惯非常好，所以家长会给孩子树立榜样。孩子不是看家长说什么，而是看家长做什么，很多优秀的孩子都是从家长身上学习了如何管理自己的学习任务，如何养成良好的习惯。这种情况下，家长看似什么都没管，但实际上提供了良好的学习氛围，孩子在这种氛围中自然形成了很强的自我管理能力。但很多家庭难以提供这样的学习氛围，因此对于大部分家长来说，孩子是一定要管的；尤其是在小学阶段，不能看到别人家的孩子在家长不管的情况下也表现很好，就轻易尝试完全放手。

大部分家长都认同孩子在小学阶段需要家长手把手带着、管着。不过随着孩子长大，尤其是进入中学后，家长就会讨论第二个问题："我怎么样才能不管孩子，孩子也很自觉？"

有一位妈妈自儿子出生以后就辞职在家，专门照顾孩子。她是重点大学的本科毕业生，在小学阶段辅导孩子的学习是非常轻松的。从吃穿到运动、兴趣班、作业练习等，妈妈都会认真安排。儿子写作业的时候，妈妈也会经常陪伴，他有问题可以随时问，学习成绩一直都不错。六年级结束的时候，有一个不错的工作机会，爸爸就想让妈妈尝试一下，给出的理由是妈妈早晚都会辅导不了孩子，应该尽早放手，让孩子自己学习；孩子进入青春期了，开始不愿让妈妈管着，也不想听妈妈讲解知识，母子之间冲突变多了；妈妈有时候也会抱怨自己辅导孩子学习很累，从而影响了夫妻关系。可妈妈觉得自己这时候不能出去工作，因为孩子现在不够自觉，她不放心。

妈妈说在孩子五年级的时候，孩子外婆生病了，自己有一个多月没在家里，那段时间由爸爸看着孩子学习，结果孩子做作业经常丢三落四，成绩退步非常明显。妈妈认为初中学习很重要，等孩子上了高中自己才能放心。

爸爸有爸爸的理由，妈妈也有妈妈的顾虑，这里没有对错，只是出发点不同，看到的问题不同，给出的解决方案也不同。后来，这位妈妈在学习力指导师的帮助下出去工作了，但对孩子的管理也没有一下子放手。孩子初一后，妈妈不再给孩子讲题，但每天还是会监督孩子写作业。一开始，孩子的学习成绩下降，妈妈很着急，但想到以后总是要放手的，所以只是给孩子提了一些要求和建议，并没有像孩子小学时那样盯着他学。坚持了一段时间以后，孩子的成绩恢复了原来的水平，妈妈放心些了，就把监督孩子写作业改成了每天晚上让孩子自己列计划，每周沟通一次。孩子在执行过程中，有时表现很好，有时让妈妈很担心，不过妈妈都抱着"以后总要放手的，现在必须练习放手"的心态和孩子沟通，不再插手具体的学习过程。初一第二学期，孩子的成绩又提高了，并且孩子变得自觉起来，学习上不再依赖家长，会自己主动安排。

这是一个逐渐放手很顺利的案例，顺利的关键在于家长敢放手，也会放手。有很多家长也想放手，但不敢放，不会放：既担心放手太早，管得太少，孩子自控能力弱，不良习惯多，影响学业，也担心放手放得晚，家长管得多，对孩子限制多，影响了孩子独立能力的培养与发展。

抓住机会，顺利放手

要顺利放手，逐渐减少对孩子具体学习过程的管理，什么时机最合适呢？没有统一的时机，却有统一的理念：孩子总是要独立的，提前准备很重要。放手是逐渐的，不能指望孩子某一天突然长大懂事，不用家长再管。一般说来，小学阶段重点养习惯，初中阶段做监督，高中阶段做支持。具体到每个孩子身上，可能会有差别，不过家长都可以朝着这个目标努力。

孩子独立学习就像独立骑自行车一样，如果我们的目标是孩子能够自己骑车出门，同时家长放心，就要先做教孩子骑自行车的规划和准备。小学的时候，就像教孩子学骑车；中学的时候，就像教育孩子骑车时不能做危险动作，到了孩子上高中，家长要做的不再是管孩子怎么骑车，而是助力孩子做自行车检修工作。

在孩子的成长过程中，有很多培养自主能力的机会。第一个机会是孩子有独立意愿的时候。例如，上幼儿园时自己选衣服，做游戏时自己定规则，这些看起来都是小事，不过孩子独立自主的能力就是从这类小事中养成的。这个时候让孩子做自己的主，即便他犯错了关系也不大。第二个机会是孩子上小学低年级的时候。这个阶段，孩子崇拜老师和家长，学习内容简单，成绩差距小。家长要想以后省心，此时就要聚焦孩子的学习习惯，比如认真书写、独立完成作业。这个时候孩子习惯没完全养成，对家长来说很有挑战，不过家长需要有耐心，坚持不下，最忌替代孩子学习。第三个机会是孩子上小学高年级的时候。孩子即将进入青春期，独立意识增强，解决问题能力增强，有不想让家长管的强烈意愿。这时家长就需要调整心态，尽量与孩子平等沟通，用制定规则为放手做准备。

有家长说:"孩子到初中了,我也是这么做的,定了学习计划让他自己照着完成,但只要不管,他就放飞了,作业完不成,成绩也下降,所以不管根本不行。"要想让孩子独立自主,首先要把孩子的能力和习惯培养到位。

有个初一的孩子,上六年级时,就算他妈妈不管他的学习,他也能自觉完成作业。但上了初中后,学科增多,他以前没有自己做过学习计划,也不知道课后的时间该怎么安排,所以学习节奏有些乱。这时,他妈妈继续盯着他学习,主要督促他制订学习计划,并且监督执行情况。当孩子执行情况不好的时候,妈妈会帮助孩子复盘、优化,给他提出改进的要求。一段时间后,这个孩子就可以自己制订学习计划了,并且大部分时间可以独立完成计划。然后,妈妈就不再干涉孩子的学习了。从这个案例可以看出,如果孩子的时间管理能力没有培养起来,不知道如何做学习计划,家长一下子放手可能导致孩子手足无措,看上去却是孩子不自觉。

另外,放手不是不管不问,放手的同时也需要给予支持。为了能顺利放手,要在放手的早期重视孩子的求助,看到孩子遇到的问题,给孩子提供一些解决思路,但是让孩子自己解决。最好的状态是孩子意识到学习是自己的事情,学习过程是自己收获的过程。不会学的时候可以请教家长,学累的时候有家长鼓励,坚持不懈地学习时能感受到家长的支持和帮助,孩子就会越来越好,家长也会感到孩子如此省心,令人放心和开心。

2

善用思考与感觉，提升家庭教育能力

警惕家庭教育中的"惯性"

一个初三的男生提起他爸爸时，用了一个很有意思的描述——"我爸爸很'清朝'"。他解释说，他爸爸现在还在相信"棍棒下出孝子"，坚持"长辈都是对的""爸爸说什么孩子都不能顶嘴"，所以他觉得他爸爸来自清朝。可孩子的爸爸很无奈地说，自己知道现在的孩子和自己那时候不一样，也觉得打孩子解决不了问题。不过当孩子犯了错的时候，这位爸爸不由自主地就会打孩子几下；当孩子顶嘴时，他就会觉得被冒犯、被挑战，有时会忍不住唠叨孩子要尊重长辈。这位爸爸说，自己小时候孩子的爷爷就是这么教育他的，他年轻时也想过，以后有了孩子，不能打孩子，一定要当慈父，但不知道怎么回事，有一天突然发现自己成了最不想成为的爸爸的模样。

为什么很多家长总是不由自主地重复上一辈的教育方式？一方面，早年间自己与父母的互动模式会在成长过程中留下深深的印记。另一方面，教育孩子的过程总是容不得思考，让"惯性"起作用。

有一位妈妈分享了自己的经验，说她能够在孩子考得不好的时候做到不批评、不指责，态度良好地和孩子沟通，引导孩子自己思考，助力孩子改进。一开始她并不是这样，孩子成绩长期不理想，每次知道孩子成绩、开完家长会时，这位妈妈总少不了一顿对孩子狂风骤雨式的训斥、责怪。但后来，她觉得这样是解决不了问题的，为了让自己冷静下来，她决定每次去参加家长会都不开车，也不坐车，开完会后慢慢走回家。用她的话来说，"开车一会儿就到家，心里的火正愁没地儿发，怎么看孩子都不顺眼，就想教训他；走路回家要耗费很长时间，边走边想，孩子是自己的孩子，发火也解决不了问题，那怎么做才能行呢？"就这样，这位妈妈的情绪会从愤怒转向平和，也想到了可能的解决方案，到家后和孩子谈话时也能够更冷静、更有条理。孩子本来就因为考得不好忐忑不安，想了很多的借口，但看到妈妈没有责备自己，孩子也放松下来了。于是母子两人就可以心平气和地商量接下来怎么办。一段时间后，孩子的成绩提高了，和妈妈的关系也非常融洽。

看到孩子成绩不理想就想批评孩子，看到孩子拿手机就会心头冒火，听到孩子聊八卦却不关心学习，就想给孩子讲道理……一旦冲动地管教孩子，就会形成家庭教育的"惯性"。这些"惯性"虽然可能只在某种特定的情况下出现，但依然会让孩子养成特定的应对模式。比如有家长看到孩子吃完饭拿着手机玩，就会说教孩子，听不下去后孩子会气愤地摔门进自己房间；时间长了，孩子可能会养成一听到不爱听的话就摔门进房间的习惯。在拒绝沟通的应对模式中，孩子玩手机的问题并不能被彻底解决。

借助"惯性"教育孩子是不费力气的行为，由情绪驱使即可，所以很多家长会陷入一种恶性循环：用惯性教育孩子——效果不佳，反思自己的教育方式——下次又冲动地用惯性教育孩子。

增加思考,提升教育质量

有家长说,打完孩子、对孩子说了难听的话后,可能孩子已经没事了,自己却还在自责中。经常反思和复盘的家长都是在不断进步的家长。现实中有各种各样的教育类书籍;网络上也有海量的育儿经资源,但教育自己家的孩子,永远没有教材和教案,需要个性化。

思考自己的教育方式是家庭教育优化改进的契机。有一位初二女生的爸爸就反思了自己对待女儿学习数学的态度是否太过严厉了。这个初二的女生数学成绩不理想,而这位爸爸高考时数学考了很高的分数,孩子妈妈上学时数学也是优势学科,所以他不能理解,为什么初中这么简单的数学题,女儿却经常考不及格。这位爸爸会监督孩子做课后作业,碰到孩子不会做的题目也会主动给孩子讲解。即便如此,孩子的数学成绩还是提升得不明显,这位爸爸就会忍不住训斥孩子。当他看到自己的教育方式没有发挥应有的作用时,这位爸爸开始思考:问题到底出在什么地方呢?是不是因为是女儿,自己的态度需要更温和一些?但他就是个严厉的人,并不知道怎么不严厉地教育女儿。尝试了几次温和的沟通后,爸爸觉得自己憋得难受,女儿也说爸爸怪怪的,挺吓人的。

思考是改进的契机,改进的方法往往可以在家庭教育中发现,就藏在孩子的反馈中。这位爸爸感觉自己太过严厉,想要改变教育方式。但我们询问女儿希望爸爸怎么做时,女儿却说并不觉得爸爸的批评很严厉,她不能接受的是爸爸对待她学习的态度;爸爸总说数学很容易,但自己就是学不会,这让女儿觉得自己很笨,特别不想学数学,也不相信自己能学好。原来,这位爸爸要改变的,不是严厉的态度，而是对待孩子学习的方式。孩子需要的是爸爸看到自己在学习上遇到的困难。后来，这位爸爸尽量调整，提醒自己女儿是个数学成绩不理想的孩子，需要多鼓励她，提高她的信心，也需要为她提供一些基础的学习方法。一段时间后，这位爸爸虽然还会严厉地批评女儿，但会看到孩子的困难，给她鼓励。孩子在爸爸的指导下，学习数学也逐渐有了信心。

夸奖要真诚，批评时不发飙

孩子在成长过程中犯了错误，家长要批评；做得好，家长要表扬。批评和表扬用好了，就是好的家庭教育。有一个小学五年级的孩子，学习很努力，在班级里一直名列前茅，但是从六年级开始，他就表现出一副"摆烂"的样子。爸妈纳闷："为什么孩子对学习的兴趣下降了呢？"原来，他每次考试无论考多少分、考到第几名，他爸爸说的话总让他很生气。如果他考了第二名或者第三名，他爸爸就会说："你总是粗心大意，要是有能耐就会考到第一名。""为什么你就只差这两分呢？还是学得不够扎实。"如果他考了第一名，他爸爸就会说："千万别骄傲，你只比第二名多了两分，这两分有很多侥幸的成分，别人一努力就会超过你。考了第一名也不能高兴过了头。"正因为孩子无论是考了第一还是第二，他爸爸的评价里总会有冷嘲热讽、指责、打击，所以孩子就认为，无论如何自己也无法让爸妈满意，学习的兴致就会下降。

在家庭教育中，家长的评价一直都很重要。每个孩子都是从家长的评价中知道自己做得对不对、好不好的。小到吃饭的时候挑食要看爸妈的表情，大到在外面做了错事，回家要试探爸妈的反应，孩子都是通过父母的评价来调整自己的言行，形成生活和学习习惯的。家长的评价之所以比学校老师的评价还重要，是因为父母是孩子最亲近的人。尤其是在孩子小的时候，孩子对父母是非常崇拜和信任的，父母若说孩子不好，孩子就会相信自己不好，父母若说孩子很棒，孩子就会相信自己很棒。无论是批评还是表扬，父母的评价都会对孩子的生活习惯、学习应对方式等产生长久的影响。好的评价，无论是批评还是表扬，都能促进孩子的发展；不当的评价，无论是不恰当的批评还是不恰当的表扬，都有可能带来负面的影响，包括学习兴趣下降、逆反对抗以及形成自卑或自负的性格特征等。

如何做好对孩子的评价呢？有很多家长说，好孩子都是夸出来的，但也有一些家长不同意这样的观点，认为夸孩子要慎重，因为他们发现，夸奖了孩子后，孩子不是要奖励就是到处炫耀，或者因为太兴奋好多天不学习。表扬孩子确实可以让孩子学习更积极，不过要想让夸奖和奖励起作用，并不简单。比如孩子非常喜欢画画，学画画也很主动，参加了比赛得了第一名，这个时候该如何去奖励和夸奖他呢？孩子积极做家务，到月底的时候奖励他十块钱，可以吗？为什么夸奖孩子"你真棒"没有效果呢？

如果想让夸奖起作用，其实有一些秘诀。第一个秘诀是，涉及孩子自己有兴趣的事，只夸孩子的付出与努力，不夸孩子的成就与结果。一个孩子很喜欢画画，还在比赛中得了第一名，这件事本身就给了孩子莫大的鼓舞，孩子可以从画画中获得乐趣，从比赛中体验成就感。在这个过程中，孩子已经很开心了，如果家长给了很大的物质奖励，尤其是孩子特别喜欢的物质奖励，这个物质奖励带来的乐趣就会掩盖画画本身带来的乐趣；如果家长又承诺了下次的奖励，孩子接下来就会把画画和奖励联系在一起，久而久之，没奖励时他画画的兴趣就下降了。

　　第二个秘诀是夸奖一定要及时。有家长说，孩子最近学习非常投入，想等孩子考完试奖励他一下。家长想要夸奖孩子的时候，不要等，及时夸奖是为了强化夸奖本身和学习行为之间的关联：孩子努力学习了，就夸他努力；孩子今天做得好，就今天夸他做得好。等到考完试再夸奖孩子，孩子已经不能分辨家长是因为考试结果奖励自己，还是在奖励自己的努力。孩子帮忙做了一个月家务才有奖励，虽然可以锻炼孩子的坚持能力，但降低了奖励对孩子积极做家务的作用。如果想让孩子月底才领到奖励，那么可以采用每天发放一张"代金券"，等到月底一起兑换的方式。虽然每天只是"代金券"，但孩子仍然能感受到获得了奖励。

　　第三个秘诀是夸奖要具体，尤其是对进入青春期的中学生。有位初二的学生说，他妈妈经常说"你真棒"，可他问妈妈自己什么地方很棒，妈妈却说不出来。于是这个学生认为，妈妈说他真棒只是为了鼓励他，并不是真的认为他哪里做得好。具体的夸奖，夸的或许是孩子的努力和付出，或许是孩子的聪明才智，或许是孩子的善意举动。夸奖越具体，孩子越能从夸奖中理解家长的真实感受。

　　最后一个秘诀是夸奖要真诚。饱含诚意的夸奖力量强大。如果家长的夸奖中夹杂着其他的要求，孩子是很容易感受到的。比如，孩子某次考试有了明显的进步，家长说："这次考得真不错，题目对你胃口吧？"那么孩子听到的不只是表扬，还有质疑——因为题目出得偏，你碰巧考得好。如果家长说"你这次考得挺好的，你们班某某同学考得怎么样？"，那么孩子也能听出来，家长在夸奖自己的同时还把自己和别人做比较。如果家长说"考得不错，但是不能骄傲，下次继续努力"，那么这时孩子听不出家长是否满意，对家长的表扬也会充满怀疑。真诚的夸奖是不掩饰自己的开心，由衷地觉得孩子很好，没有"如果""但是""别人""下一次"。真诚的夸奖是家长眉开眼笑地说："太好了，我太高兴了，咱们出去吃好吃的，你辛苦了。"这份开心孩子感受得到。每个孩子都希望获得父母的认同，期待父母因为自己很开心。考试考得好，父母很开心，下次他还想让父母开心，就会更加努力。这时，夸奖就发挥了父母期待中的作用。

与夸奖相比，批评在家庭教育中使用频率会更高，也可以说，孩子在成长的过程是伴随着批评的。有家长担心批评会给孩子带来不好的影响，所以在家里尽量不批评孩子，但孩子还有大量时间在学校里与老师、同学相处，被批评是不可避免的。其实，恰当的批评是孩子成长的必需品，家庭教育中要做的不是不批评，而是用恰当的批评助力孩子成长。

要让批评发挥应有的作用，需要遵循必要性、最少化、针对性三个原则。比如，想让孩子帮忙做家务，而孩子帮忙洗碗时总是洗不干净，有些妈妈可能会批评孩子："你怎么这么笨，跟你爸爸一样，刷个碗都刷不干净，就是糊弄我吧。"孩子听了后很委屈，妈妈也很烦闷，觉得孩子连这点小事都做不好。我们用批评的三个原则来分析这个例，就会发现妈妈的批评为什么没能起作用。

必要性指评估孩子的行为是不是有必要批评。如果孩子在洗碗时故意不洗干净，那就要批评；如果孩子只是不会洗，就可以教他。

最少化指寻找批评以外的解决方法，只要能解决问题就不批评。比如，用监督孩子按照洗碗流程洗两遍的方式取代批评。

针对性指针对孩子犯的错误，而不针对孩子这个人。比如，孩子若真的是故意不洗干净，那批评就要针对孩子的责任心，可以用

"我必须批评你了，洗得非常不认真，很多碗上还有油渍，需要重新洗一遍"这样的表达。但如果像前面的例子那样说孩子笨，这就是对孩子这个人的指责与否定；用爸爸做比较，一样会引起孩子的负面情绪。其实，如果批评没有针对性，不说明孩子的具体问题，孩子就会不知道他哪里错了，要怎么改进，而家长往往会错误地认为孩子很清楚自己错在哪里。

在家庭教育中，批评孩子往往会带着很强烈的负面情绪。这样的批评之所以没有效果，是因为孩子更容易先感受到负面情绪，反而忽视了批评的内容。也就是说，孩子只感受到"爸爸很生气""妈妈发飙了"，但注意不到爸爸为什么生气，妈妈为什么发飙。有一位妈妈尝试改进批评孩子的方式，发现批评越具体，自己越容易控制情绪。比如，在家庭聚餐中，孩子一直玩手机，以往她会说："你看看你自己！一点规矩都没有。"改进后，她的批评话术是"阿姨和你说话时，你都没抬头，还在玩手机，这样可不礼貌"。以前孩子和同学出去玩却不说几点回家时，她会说："你这么大了，能不能让我少操心。"改进后，她也会批评，但批评只是针对孩子没有给自己留言，并表达自己的需求，让孩子明白怎么做更好，"你和同学出去玩，晚回来的时候，记得给我留个信息，可能没什么大事，不过不知道你到哪里了，妈妈会担心"。父母批评孩子时，不发飙比发飙更容易被孩子接受，孩子也更能够记住被批评的内容，忘记被批评的感受。

3

学会表达，传递爱与支持

有位家长说，自从孩子上了初中，亲子间的沟通就变得不再畅快，只要谈学习话题，十有八九是不欢而散。孩子说得最多的两句话就是"说了你也不懂""你根本不理解我"。

为什么孩子总说家长不理解自己？

作为过来人，每个家长都经历过孩子当前这个阶段，感受过校园生活。理论上，每个家长都应该因此更加理解孩子，但"家长不理解自己"不仅仅是孩子的抱怨，更是孩子的真实感受。即便家长很明白孩子的感受和情绪，但在双方的沟通中，孩子依然会感觉家长不理解自己，这和沟通的内容、沟通的方式以及沟通的态度都有关联。

孩子之所以觉得家长不够理解自己，最主要是因为家长和他沟通的内容大多与孩子的学习成绩相关。2017—2018年开展的中美日韩网络时代亲子关系的比较研究发现，在四个国家中，中国中小学生与父母（监护人）交流的首要话题是学习，占比约为72%，而韩国、日本、美国的父母分别将谈学习排在第二、第三、第四的位置。

当家长与孩子沟通的内容非常单一时,孩子更容易感受到家长的不理解,毕竟孩子的生活里不只有学习,可家长只聚焦学习,这样就会忽视孩子其他方面的生活,让孩子有一种家长不关心、不理解自己的感受。

沟通的方式与沟通的态度也会让孩子有家长不理解自己的感受。有位家长感慨,自从孩子上了初中,她就不会和孩子闲聊了。孩子上小学时,她经常带孩子去公园,边走边聊,谈天说地,有时孩子说出的想法让自己忍不住哈哈大笑,并且她从不批评孩子的天真想法,孩子说得很自在,很开心。孩子上初中后,她和孩子沟通时基本上都是自己在说,孩子在听,或者自己批评,孩子反驳。她们说的好像都是重要的事情,但沟通好像没有解决任何事情。

沟通中,除了语言交流传达的内容,表情、肢体、态度等非语言交流传达的内容也是沟通的一部分,都会影响沟通效果。对于中学生来说,和父母对话时父母是否表现出真诚平等,会直接影响他的沟通意愿。

表达"需要"比表达"你要"更有效

向孩子提学习要求是家庭教育中绕不过去的话题,小到要求孩子写字时注意笔画顺序,大到要求孩子达成升学目标。有个初三的女生,春节后拒绝去上学,原因是她觉得太累了,不想学了。和这个女生的妈妈沟通后就会发现,妈妈对孩子的日常学习要求很高,对孩子考入目标高中的分数要求也很高。孩子认为自己根本达不到要求,而妈妈不能接受孩子考不上这所高中。孩子就想,既然妈妈只能接受这一个结果,而自己怎么努力也达不到妈妈的要求,干脆

"躺平"算了。

对孩子表达期待时,家长往往会使用"你要"句式和"你不要"句式。"你要"句式是对孩子提要求,孩子听到的只是家长的要求。比如"你要努力一些""你要把文言文多背几遍""你要在课堂上认真听讲"。"你不要"句式是对孩子否定,孩子听到的是家长对自己的不满意,比如"你不要一吃饭就看手机""你不要觉得自己都会了""你不要看到别人玩,自己也去玩"。对孩子提出学习行为上的要求本身就是家庭教育的一个基本方法,不过提要求不一定非用"你要"句式。

高二女生小林的成绩在班级里中等偏上,爸爸觉得孩子不够努力,希望她能够再努力一些。小林爸爸说:"她如果没有这个能力就算了,但她其实是可以更好的。她就是学习不尽力,不然可以考到班级前五名。她还是怕吃苦,学习不投入。"类似的话,很多家长都说过,他们认为自己的孩子有能力考得更好,但就是不尽力学,并以此来要求孩子——"你要更努力,才会更优秀"。不过孩子可能并不这么认为,小林就觉得爸爸说的"尽力学"永远没有尽头,无论自己怎么学,爸爸都会觉得自己不尽力:"如果考到班级前十名,他会觉得我能考到班级前五名;如果考到班级前五名,他会觉得我能考到年级前五名。除非累倒了、累死了,否则我永远是没尽力。"也有家长说孩子现在的成绩是挺不错的,之所以提要求,是因为父母都希望孩子能更好。

大部分情况下,要想让孩子更加努力,父母表达"需要"比"你要"更加有效果。小林爸爸想让孩子考到班级前五名,但那不是小林的目标,是爸爸的目标,既然是爸爸的目标,那爸爸就要表达出"我需要你考到前五名,这是我想要的"这一层意思。和"你要努力考到前五名"不同,"我需要"代表着爸爸的需求,当爸爸表达需求时,小林感受到的是爸爸的期望。既然考前五名让爸爸更喜欢,为了爸爸,小林可以更加努力;当然也可以不满足爸爸的这个需求。但当小林感受到这只是爸爸对自己的要求时,考到前五名就像是自己必须完成的任务,而且是被强加的任务,小林的第一反应自然是爸爸又在给自己施压。

小林爸爸后来和女儿坦诚地沟通了自己的想法,说自己之所以想让孩子考到前五名,是因为他上高中的时候,成绩也是中等偏上,其实可以更努力,但当时他很贪玩,后来考入的大学不太理想。爸爸回想自己的过去,觉得他完全可以做得更好,所以现在看到小林的学习状态,很担心小林因为不够努力以后像自己一样后悔。小林理解了爸爸的"需要",开玩笑说,自己会更努力些,争取实现爸爸定的目标,不过爸爸要为这个付费,因为满足爸爸的心愿需要自己更辛苦。

很多时候,孩子远比父母想象的更爱父母。孩子为了自己学习当然会动力十足,而让家长开心也会是孩子的动力。最怕的是家长不断地提出要求,让孩子觉得自己永远无法让父母满意,那孩子就真的不知道该怎么做了。

学会说"我爱你",孩子成长有力量

听到"孩子远比父母想象的更爱父母"这句话时,一位高一男生的爸爸说自己没感觉到,因为他的儿子除了要钱,其他时间都不理家长。儿子却反驳说,每次问爸爸要钱,都会感觉爸爸根本不爱自己。为什么爸爸经常给儿子钱花,儿子还说感觉爸爸根本不爱自己呢?

好的家庭教育是对孩子"会爱"又"会管"。爱孩子看起来比管孩子容易做到,其实能把爱孩子做好了,管孩子就很好做到。

这个男生说:"每次问爸爸要钱的时候,爸爸都会给,但都会给人一种施舍的感觉。爸爸给的钱都有附带条件。"原来爸爸给孩子钱时,总会趁机教训孩子一番,跟他讲要节约花钱,对他的学习提出要求,还会批评孩子过去一段时间里不好的表现等。正是因为这些"谆谆教导",孩子感觉爸爸的爱不纯粹。就这样,给孩子钱所表达的"爱意"被冲淡了。

所以家长要学会表达爱。首先,要认同爱孩子会给孩子带来积极的影响。很多家长之所以不向孩子表达爱,有时候是因为担心孩子恃宠而骄,或者给孩子带来负面影响。有位妈妈说,不能给自己的儿子好脸色,一给好脸色他就会"上天"。这位妈妈认为孩子之所以会放肆,是因为他知道妈妈宠爱他。其实这是一种对爱孩子的误解,孩子能够在家人面前放松甚至放肆,恰恰说明家长的爱让孩子有安全感,让孩子有了"无论我做什么妈妈都会爱我"的底气。这份底气可能不会让孩子的学习更好,但可以让孩子在面对困难和挫折时,拥有战胜一切的勇气,这份勇气在孩子的成长过程中至关重要。

其次,要换位思考,思考为什么孩子没有感受到父母对孩子的爱。有位妈妈听到孩子说"妈妈做这么多,根本不是因为爱我"时非常伤心,她说自己为了在重点初中读书的孩子辞去工作,三年里一直陪孩子住在学校旁边,白天返回家中照顾老人和丈夫,晚上再来陪孩子。这三年来她一直悉心照顾孩子的饮食起居,给孩子抄错题、整理资料,省吃俭用给孩子报最好的补习班,付出非常多。现在孩子考上重点高中了,作为妈妈当然很开心,但和孩子产生冲突时，孩子竟然说自己不爱她，这让她很伤心。孩子是一时气话，还是真的感觉妈妈不爱自己呢？这个女生说，自己说的是气话，也是真实的个人感觉。妈妈虽然付出很多，但有时付出可能并不代表爱。原来这个女生自己想选择住校，但妈妈觉得住校太吵，对学习有影响，所以坚持陪女儿住在校外。陪女儿上学期间，她本来可以不用每天回家照顾老人，但她坚持每天回去，所以很辛苦。辛苦时她就向女儿唠叨自己的付出，有时会在感慨女儿成绩好、自己没白付出时，会提醒女儿以后要孝顺自己。女儿经常听到妈妈这么说，总感觉妈妈的付出是一种投资——成绩好了就代表回报高，付出的目的是以后女儿孝顺妈妈。正因如此，女儿觉得妈妈不爱自己。这位妈妈虽然经常唠叨自己的付出，但对女儿的爱也是真实的，女儿之所以没有感受到，是因为这份爱被妈妈的需求掩盖了。父母的爱与期望分不开，但过多地表达期望，提醒子女记住家长的爱，就会让孩子感到父母的爱没有那么纯粹，有附加条件。

最后，"爱孩子"与"管孩子"并不矛盾，会爱孩子，孩子就能从家庭中感受到温暖和支持；会管孩子，孩子就能从家庭中学会遵守规则，约束自己的行为，从而提高个人能力。